THÉATRE COMPLET

DE

ALEX. DUMAS

III

RICHARD DARLINGTON

TERESA — LE MARI DE LA VEUVE

NOUVELLE ÉDITION

PARIS

MICHEL LÉVY FRÈRES, ÉDITEURS

RUE AUBER, 3, PLACE DE L'OPÉRA

LIBRAIRIE NOUVELLE

BOULEVARD DES ITALIENS, 15, AU COIN DE LA RUE DE GRAMMONT

1873

Droits de reproduction, de traduction et de représentation réservés

COLLECTION MICHEL LÉVY

ŒUVRES COMPLÈTES

D'ALEXANDRE DUMAS

THÉATRE

III

OEUVRES COMPLÈTES D'ALEXANDRE DUMAS
PUBLIÉES DANS LA COLLECTION MICHEL LÉVY

Acté.	1
Amaury.	1
Ange Pitou.	2
Ascanio.	2
Une Aventure d'amour.	1
Aventures de John Davys.	2
Les Baleiniers.	2
Le Bâtard de Mauléon.	3
Black.	1
Les Blancs et les Bleus.	3
La Bouillie de la comtesse Berthe.	1
La Boule de neige.	1
Bric-à-Brac.	2
Un Cadet de famille.	3
Le Capitaine Pamphile.	1
Le Capitaine Paul.	1
Le Capitaine Rhino.	1
Le Capitaine Richard.	1
Catherine Blum.	1
Causeries.	2
Cécile.	1
Charles le Téméraire.	2
Le Chasseur de Sauvagine.	1
Le Château d'Eppstein.	2
Le Chevalier d'Harmental.	2
Le Chevalier de Maison-Rouge.	2
Le Collier de la reine.	3
La Colombe. — Maître Adam le Calabrais,	1
Le Comte de Monte-Cristo.	6
La Comtesse de Charny.	6
La Comtesse de Salisbury.	2
Les Compagnons de Jéhu.	3
Les Confessions de la marquise.	2
Conscience l'Innocent.	2
Création et Rédemption. — Le Docteur mystérieux.	2
— La Fille du Marquis.	2
La Dame de Monsoreau.	3
La Dame de Volupté.	2
Les Deux Diane.	3
Les Deux Reines.	2
Dieu dispose.	2
Le Drame de 93.	3
Les Drames de la mer.	1
Les Drames galants. — La Marquise d'Escoman.	1
La Femme au collier de velours.	1
Fernande.	1
Une Fille du régent.	1
Filles, Lorettes et Courtisanes.	1
Le Fils du forçat.	1
Les Frères corses.	1
Gabriel Lambert.	1
Les Garibaldiens.	1
Gaule et France.	1
Georges.	1
Un Gil Blas en Californie.	1
Les Grands Hommes en robe de chambre : César.	2
—Henri IV, Louis XIII, Richelieu.	2
La Guerre des femmes.	2
Histoire d'un casse-noisette.	1
Les Hommes de fer.	1
L'Horoscope.	1
L'Ile de Feu.	2
Impressions de voyage : En Suisse.	3
— Une Année à Florence.	1
— L'Arabie Heureuse.	3
— Les Bords du Rhin.	2
— Le Capitaine Arena.	1
— Le Caucase.	3
— Le Corricolo.	2
— Le Midi de la France.	2
— De Paris à Cadix.	2
— Quinze jours au Sinaï.	1
— En Russie.	4
— Le Speronare.	2
— Le Véloce.	2
— La Villa Palmieri.	1
Ingénue.	2
Isabel de Bavière.	2
Italiens et Flamands.	2
Ivanhoe de Walter Scott (traduction)	2
Jacques Ortis.	1
Jacquot sans Oreilles.	1
Jane.	1
Jehanne la Pucelle.	1
Louis XIV et son Siècle.	4
Louis XV et sa Cour.	2
Louis XVI et la Révolution.	2
Les Louves de Machecoul.	3
Madame de Chamblay.	2
La Maison de glace.	2
Le Maître d'armes.	1
Les Mariages du père Olifus.	1
Les Médicis.	1
Mes Mémoires.	10
Mémoires de Garibaldi.	2
Mémoires d'une aveugle.	2
Mémoires d'un médecin : Balsamo.	5
Le Meneur de loups.	1
Les Mille et un Fantômes.	1
Les Mohicans de Paris.	4
Les Morts vont vite.	2
Napoléon.	1
Une Nuit à Florence.	1
Olympe de Clèves.	3
Le Page du duc de Savoie.	2
Parisiens et Provinciaux.	2
Le Pasteur d'Ashbourn.	2
Pauline et Pascal Bruno.	1
Un Pays inconnu.	1
Le Père Gigogne.	2
Le Père la Ruine.	1
Le Prince des Voleurs.	2
La Princesse de Monaco.	2
La Princesse Flora.	1
Les Quarante-Cinq.	3
La Régence.	1
La Reine Margot.	2
Robin Hood le Proscrit.	2
La Route de Varennes.	1
Le Saltéador.	1
Salvator (suite des Mohicans de Paris).	5
Souvenirs d'Antony.	1
Les Stuarts.	1
Sultanetta.	1
Sylvandire.	1
La Terreur prussienne.	2
Le Testament de M. Chauvelin.	1
Théâtre complet.	24
Trois Maîtres.	1
Les Trois Mousquetaires.	2
Le Trou de l'enfer.	1
La Tulipe noire.	1
Le Vicomte de Bragelonne.	6
La Vie au Désert.	2
Une Vie d'artiste.	1
Vingt Ans après.	3

RICHARD DARLINGTON

DRAME EN TROIS ACTES, EN HUIT TABLEAUX

PRÉCÉDÉ D'UN PROLOGUE

EN SOCIÉTÉ AVEC MM. GOUBAUX ET BEUDIN

Porte-Saint-Martin. — 10 décembre 1831.

DISTRIBUTION

RICHARD DARLINGTON....................	MM.	Frédérick Lemaître.
ROBERTSON FILDY, sous le nom de MAWBRAY................................		Delafosse.
TOMPSON.................................		Doligny.
LE MARQUIS DA SILVA..................		Auguste.
LE DOCTEUR GREY......................		Walter.
Un Inconnu...............................		Éric-Bernard.
SIR STANSON.............................		Ménétrier.
Le Premier Lord de la trésorerie.........		Paul.
Le Secrétaire d'État de l'intérieur.........		Arsène.
Le Secrétaire d'État au département de la guerre.................................		Chilly.
Le Haut Bailly...........................		Valkin.
OUTRAM.................................		Saint-Paul.
Un Constable.............................		Auguste Z.
Premier Bourgeois........................		Ch. Hoster.
Deuxième Bourgeois......................		Auguste Z.
Un Huissier..............................		Tournan.
Un Électeur jaune, domestique chez les Derby.		Émile.
Un Domestique...........................		Alfred.
BLACFORT...............................		Riffaut.
Un Électeur bleu........................		Moulin.
JENNY, fille du docteur Grey..............	Mlle	Noblet.
CAROLINE DA SILVA.....................	Mme	Zélie-Paul.
MISTRESS GREY..........................	Mlles	Delatre.
BETTY...................................		Lainé.
MISS WILMOR............................		Estelle.
Une Marchande de ruban bleu.............	Mme	Saint-Paul.
Une Marchande de ruban jaune............	Mlle	Adèle.
Commissaires, Électeurs, Peuple, Domestiques, Enfants, etc.		

Le prologue et le premier acte, à Darlington, dans le Northumberland;
le deuxième et le troisième acte, à Londres et dans les environs de cette ville

PROLOGUE

LA MAISON DU DOCTEUR

PAMPHILA.

*Miseram me! differor doloribus.
Juno Lucina, fer opem! servamne, obsecro!*

HEGIO.

Hem!
Numnam illa, quæso, parturit?

Térence, *Adelphes,* acte III, scène V.

PAMPHILA.

Ah! malheureuse! je succombe à mes douleurs! Junon Lucine, à mon aide! sauve-moi, je t'en supplie!

HÉGION.

Hein! est-ce qu'elle accoucherait? je vous le demande!

Le cabinet du docteur Grey. — Des rayons chargés de livres. Porte au fond; portes latérales. Fenêtre à gauche.

SCÈNE PREMIÈRE

LE DOCTEUR GREY, MISTRESS GREY.

Le Docteur, assis devant une table sur laquelle est une lampe, se dispose à travailler; sa femme est debout près de lui, la main appuyée sur son épaule, et tenant un bougeoir de l'autre main.

LE DOCTEUR.

Bonsoir, Anna; je ne tarderai pas à te rejoindre.

MISTRESS GREY.

Oui, tu me dis cela, et puis tu vas encore passer une partie de la nuit à travailler, et, demain, à peine s'il fera jour, que l'on viendra te chercher pour quelque malade. Songe que tu es le seul médecin de ce village; et, si tu tombes malade à ton tour, qui te soignera?

LE DOCTEUR.

Bonsoir, Anna.

MISTRESS GREY

C'est-à-dire que je t'ennuie, n'est-ce pas ?... Voyons, as-tu besoin de quelque chose avant que je m'en aille ?

LE DOCTEUR.

De rien, bonne.

MISTRESS GREY, *lui mettant des lunettes vertes.*

Mets tes lunettes vertes, au moins; elles ménageront ta vue; me promets-tu de les garder?... Oui?....Bonsoir....Ne travaille pas trop tard surtout.

(Elle sort.)

LE DOCTEUR.

Non, non, sois tranquille, une heure au plus.

(Il va à sa bibliothèque, en tire deux ou trois volumes et se met à lire. — On entend dans la rue une voiture qui arrive au grand galop.)

SCÈNE II

LE DOCTEUR GREY, ROBERTSON, UN POSTILLON.

ROBERTSON, en dehors.

Postillon ! postillon !...

LE POSTILLON, *arrêtant la voiture*

Eh !

ROBERTSON.

Descendez et frappez à cette fenêtre où il y a de la lumière.

LE POSTILLON.

Oui, notre maître.

LE DOCTEUR.

C'est ici.

LE POSTILLON, frappant à la fenêtre.

Holà ! ho !

LE DOCTEUR, ouvrant la fenêtre.

Qu'est-ce, mon brave ?

ROBERTSON.

Monsieur, y a-t-il un médecin dans ce village ?

LE DOCTEUR.

Oui.

ROBERTSON.

Bon ?

LE DOCTEUR.

Je serais un juge partial, monsieur : c'est moi.

ROBERTSON.

Et vous êtes le seul ?

LE DOCTEUR.

Oui, monsieur.

ROBERTSON.

Ayez la bonté de m'ouvrir la porte.

LE DOCTEUR.

Je vais appeler.

UNE VOIX DE FEMME.

Oh ! non, non, monsieur, n'appelez personne... Ouvrez vous-même.

LE DOCTEUR.

J'y vais... (Il ouvre et recule.) Un homme masqué !...

SCÈNE III

LE DOCTEUR GREY, ROBERTSON, masqué.

LE DOCTEUR.

Que me voulez-vous ?

ROBERTSON.

Silence ! et ne craignez rien.

LE DOCTEUR.

Cependant, monsieur...

ROBERTSON.

Docteur, votre état est-il de secourir ceux qui souffrent ?

LE DOCTEUR.

C'est plus que mon état, c'est mon devoir.

ROBERTSON.

Lorsque ces secours sont instants, lorsque tout retard amènerait la mort d'une créature de Dieu, croyez-vous avoir besoin, pour la sauver, de connaître son nom ou de voir son visage?

LE DOCTEUR.

Non, monsieur...

ROBERTSON.

Eh bien, il y a une personne là, dans cette voiture, une personne qui souffre, qui a besoin de vous, qui mourra si vous ne lui portez secours à l'instant même.

LE DOCTEUR.

Mais ne puis-je savoir à qui?...

ROBERTSON.

Je vous le répète, monsieur, dix minutes vous restent à peine, et il me faudrait plus d'une heure pour vous donner des explications auxquelles je vous jure que vous ne prendriez aucun intérêt, tant elles me sont personnelles.

LE DOCTEUR.

Je suis prêt.

ROBERTSON.

Une question encore, monsieur : si cette personne ne pouvait repartir aussitôt qu'elle aura reçu vos soins, consentiriez-vous, au nom de l'humanité, à la cacher chez vous à tous les yeux, moi vous jurant sur l'honneur qu'aucune cause politique ne nous force à nous entourer de ce mystère ?

LE DOCTEUR.

Oui, monsieur, je le ferais.

ROBERTSON.

Êtes-vous marié, docteur ?

LE DOCTEUR.

Pourquoi cette question ?

ROBERTSON, *lui tendant la main.*

Pour savoir si votre femme est aussi excellente femme que vous êtes brave homme.

LE DOCTEUR.

Je le crois.

ROBERTSON.

Eh bien, ayez la bonté de l'appeler, je vous prie ; ses soins nous seront nécessaires ; la personne qui les réclame est du même sexe qu'elle.

LE DOCTEUR.

Je vais le faire.

ROBERTSON.

Merci. (Posant un rouleau d'or sur la table.) Voici, non pas pour m'acquitter envers vous, tout l'or du roi Georges n'y suffirait pas, mais pour vous indemniser, autant qu'il est en mon pouvoir, du moins, du dérangement que je vous cause.

LE POSTILLON, de la porte.

La jeune dame vous appelle, monsieur.

ROBERTSON.

Me voici ! me voici !

(Il sort.)

LE DOCTEUR, frappant à la porte de sa femme.

Anna ! Anna !

MISTRESS GREY, de sa chambre.

Qu'est-ce donc que tout ce bruit ?

LE DOCTEUR.

Des voyageurs qui ont besoin de nos secours à tous deux ; viens donc vite, puisque tu n'es pas couchée.

SCÈNE IV

Les Mêmes, MISTRESS GREY, CAROLINE.

Mistress Grey sort de sa chambre au moment où Robertson apporte dans ses bras une Jeune Femme, qu'il pose sur une chaise longue.

MISTRESS GREY, effrayée par le masque de Robertson.

Oh ! vois donc.

LE DOCTEUR.

Silence !

ROBERTSON, à Caroline.

Souffres-tu toujours, mon ange ?

CAROLINE.

Oh! oui, beaucoup, beaucoup..

ROBERTSON.

Docteur!...

LE DOCTEUR, s'approchant et tâtant le pouls de la malade.

Monsieur, cette jeune femme est sur le point d'accoucher.

ROBERTSON.

Et il ne faut pas que nous songions à aller plus loin, n'est-ce pas ?

LE DOCTEUR.

Impossible.

CAROLINE, à mistress Grey.

Vous aurez donc soin de moi, madame ?

MISTRESS GREY, lui prenant la main.

Comme de ma sœur.

CAROLINE.

Oh ! que vous êtes bonne! (Elle appuie sa tête sur les mains de mistress Grey.) Je souffre bien.

LE DOCTEUR.

Anna, cède ta chambre à madame et va tout y préparer. Hâte-toi.

MISTRESS GREY.

Dois-je réveiller Alix ?

ROBERTSON.

Qu'est-ce qu'Alix ?

LE DOCTEUR.

Notre servante... Mais elle a le défaut d'être un peu bavarde, et cela ne nous conviendrait point, n'est-ce pas ?

ROBERTSON.

Oh ! non, non ; madame, vous aurez plus de peine, mais aussi nous vous devrons plus que la vie.

CAROLINE.

Et Dieu vous récompensera, mistress.

(Mistress Grey sort.)

ROBERTSON.

Caroline, je vais donner l'ordre au postillon de déposer ici nos malles, nos paquets.

CAROLINE.

Oh! non, non, ne me quitte pas; je tremble dès que tu me quittes un instant.

ROBERTSON.

Docteur, auriez-vous la bonté?... Pardon, mille fois!

LE DOCTEUR.

Mais sans doute.

(Il va à la porte.)

CAROLINE.

Ils ont l'air d'être de braves gens.

ROBERTSON.

Oui, oui... Mais quelle malédiction! n'avoir plus que six lieues à faire pour arriver au port de mer où tout était préparé pour notre fuite, et nous trouver arrêtés ici dans ce misérable petit bourg, où tu ne trouveras peut-être ni les soins ni le talent nécessaires! Oh! nous sommes bien misérables!

CAROLINE.

Je souffre moins, Robertson, je souffre moins.

ROBERTSON.

Tu souffres moins?... Eh bien, peut-être pourrions-nous repartir?

CAROLINE.

Oh! non, non... Mais, ici; tu peux ôter ton masque?

ROBERTSON.

Si loin que ce village soit de Londres, il se peut que le docteur y ait été et m'y ait vu.

CAROLINE.

Tu étais donc bien connu à Londres?

ROBERTSON.

Oui, oui... Parlons d'autre chose.

CAROLINE.

Oui, parlons de mon père.

ROBERTSON, frappant du pied.

Ton père!

CAROLINE.

Tu le juges mal.

ROBERTSON.

Comme tous les hommes.

CAROLINE.

Il m'aime.

ROBERTSON.

Moins que son nom.

CAROLINE.

Si tu m'avais laissée tout lui dire ?

ROBERTSON

Il t'eût défendu de me voir.

CAROLINE.

Pourquoi ?

ROBERTSON.

Il est noble, et moi, je suis du peuple.

CAROLINE.

Mais lorsqu'il aurait su...

ROBERTSON.

Quoi ?

CAROLINE.

Que tu m'avais sauvé la vie !

ROBERTSON.

Qu'est cela ?

CAROLINE.

Au risque de la tienne, enfin.

ROBERTSON.

Chaque batelier de la Tamise en fait tous les jours autant ; vont-ils demander en mariage les jeunes filles qu'ils sauvent ?

CAROLINE.

Mais tu n'es pas un batelier, toi ?

ROBERTSON.

Plût au ciel que je le fusse !

CAROLINE.

Oh ! il eût été attendri.

ROBERTSON.

Oui ! et, dans son attendrissement, il m'eût fait jeter une bourse par ses valets. Si je ne suis pas noble, je suis riche du moins, et n'ai pas besoin de son or.

CAROLINE.

Oh ! Robertson, Robertson !... je souffre ;

ROBERTSON.

Docteur !

LE DOCTEUR, rentrant, et allant dans la chambre.

A l'instant!

CAROLINE.

Et si mon père nous poursuit?

ROBERTSON.

Voilà ce qui me damne !

CAROLINE.

Oh! si je le revoyais avant d'être ta femme... Robertson, j'en mourrais de honte.

ROBERTSON.

Ah! vous voilà, docteur.

LE DOCTEUR, rentrant.

Tout est prêt.

(Caroline retient Robertson par les mains.)

ROBERTSON.

Écoute, chère amie, il faut que je fasse cacher la voiture, dételer les chevaux; si par hasard ton père suivait la même route que nous, cet équipage pourrait nous trahir... Écoute ! (Une voiture passe au grand galop; Robertson court à la porte.) On ne voit rien, tant est noire cette nuit d'enfer !... Je reviens à l'instant; du courage, ma Caroline! je reviens à l'instant.

CAROLINE.

Oh! reviens, vite ; je mourrai si tu n'es pas là.

(Elle entre dans la chambre ; Robertson sort par la porte du fond, mistress Grey reste seule en scène.)

MISTRESS GREY.

C'est quelque grand seigneur... Est-ce qu'il gardera toujours son masque? Il a l'air de bien aimer sa femme. Pauvre petite! puisse-t-elle, plus heureuse que moi, conserver l'enfant que Dieu lui aura donné ! elle ne connaîtra pas une des plus grandes douleurs de ce monde.

ROBERTSON, rentrant.

Mistress, comment vous nommez-vous, s'il vous plaît? mistress ?...

MISTRESS GREY.

Anna Grey.

ROBERTSON.

Mistress Grey, à peine ai-je eu le temps de parler à votre mari ; j'allais le faire, quand l'état de ma femme a réclamé ses soins ; mais, comme lui, mistress, vous avez une figure qui commande la confiance, et je vais mettre en vous une partie de la mienne.

MISTRESS GREY.

Parlez, monsieur.

ROBERTSON.

Des motifs qui n'ont pour vous aucun intérêt me forcent à tenir mon visage caché : ne vous inquiétez donc pas de ce masque, il couvre la figure d'un honnête homme.

MISTRESS GREY.

Je le crois, monsieur.

ROBERTSON.

Qu'il vous suffise donc de savoir, madame, que le bonheur de deux existences tout entières serait compromis, si j'étais reconnu ; et je vous dis cela, mistress, parce que deux choses vont arriver : ou nous serons forcés de partir aussitôt l'accouchement...

MISTRESS GREY.

Mais ce serait risquer de tuer cette jeune dame !

ROBERTSON.

Aussi est-ce la moins probable des deux hypothèses... ou nous resterons ici jusqu'à son rétablissement.

MISTRESS GREY.

Oh ! cela vaudrait mieux, mille fois mieux !

ROBERTSON.

Je tâcherai qu'il en soit ainsi ; mais, en tout cas, mistress, je désirerais que vous fussiez bien pénétrée de cette vérité, que, d'une manière ou de l'autre, la moindre indiscrétion, la moindre, peut faire le malheur de trois personnes ; car l'enfant qui va voir le jour dans un instant serait compris, tout innocent qu'il est de nos fautes, en supposant que nous en ayons commis, dans l'arrêt de proscription qui nous atteindrait.

MISTRESS GREY.

Soyez parfaitement tranquille, monsieur.

ROBERTSON.

Il se pourrait encore, si nous partions à l'instant... (Tressaillant.) Oh! c'est un cri de Caroline!

MISTRESS GREY.

Ne craignez rien, mon mari ne la quittera pas.

ROBERTSON.

Et votre mari est instruit, n'est-ce pas?

MISTRESS GREY.

Soyez tranquille; mais allez près d'elle, et, plus tard, vous me direz...

ROBERTSON.

Moi, aller près d'elle! près d'elle quand elle souffre! Oh! je ne pourrais pas voir souffrir Caroline, cet ange! Qu'est-ce que je vous disais, mistress?

MISTRESS GREY.

Vous me parliez de votre enfant.

ROBERTSON.

Oui, je disais qu'il se pourrait, si nous partions à l'instant, ou même si nous restions quinze jours, que la santé de notre enfant ne nous permît pas de l'emmener. Alors, mistress, je vous le confierais comme à une seconde mère. N'est-ce pas, vous auriez soin et pitié du pauvre petit abandonné? Et quatre fois par an, jusqu'au jour où il me serait permis de venir vous le reprendre, vous recevriez un rouleau pareil à celui-ci: serait-ce assez?

MISTRESS GREY.

C'est trop, beaucoup trop! mais, au reste, monsieur, le surplus serait fidèlement conservé; et, si un jour quelque accident, ce qu'à Dieu ne plaise! le privait de ses parents, ou privait ses parents de leur fortune, eh bien, il retrouverait cette petite somme; et, moi qui ai déjà perdu deux enfants, je deviendrais sa mère!

ROBERTSON.

Ma bonne madame Grey! Oh! l'entendez-vous? l'entendez-vous?

MISTRESS GREY.

Rassurez-vous. Et, si cet enfant restait près de nous, serait-ce une indiscrétion de vous demander quel nom il devrait porter?

ROBERTSON.

Si c'est un garçon, Richard; si c'est une fille, Caroline.

MISTRESS GREY.

Ce ne sont là que des prénoms.

ROBERTSON.

Comment s'appelle ce village ?

MISTRESS GREY.

Darlington.

ROBERTSON.

Eh bien, Richard ou Caroline Darlington ; il est juste qu'il prenne pour nom de famille le nom du village où il en aura trouvé une. (On entend des gémissements.) Oh ! mistress, mistress, répétez-moi qu'il n'y a pas de danger ! Cette enfant, cet ange, me doit tous ses malheurs. Pour venir à moi, elle est descendue de bien haut ! Rang, fortune, famille, elle m'a tout sacrifié. Oh ! je vous en prie, je vous en supplie ! secourez-la, allez près d'elle.

MISTRESS GREY.

Mais venez-y vous-même.

ROBERTSON.

Moi, moi ! j'en sortirais fou ! Oh ! madame Grey au nom du ciel, je resterai seul, allez, allez ! (Mistress Grey sort ; Robertson tombe à genoux.) Oh ! devant quelqu'un je n'osais pas prier ! Mon Dieu ! mon Dieu ! prenez pitié de nous ! (Se levant.) Plus rien ! Si elle mourait, mon Dieu ! sans que je fusse là pour recevoir son dernier soupir !... Oh ! il faut que j'y aille, je ne puis supporter cette incertitude !

CAROLINE, de la chambre.

Robertson ! Robertson !

ROBERTSON, reculant.

Ah !

LE DOCTEUR, entrant en scène.

Où est-il ? où est-il ?

ROBERTSON.

Eh bien ?

LE DOCTEUR.

Eh bien, bravo, bravo ! un gros garçon.

ROBERTSON, l'embrassant.

Vous êtes notre sauveur, notre père ! Oh ! laissez-moi pleurer.

(Il sanglote.)

LE DOCTEUR.

Mais allez donc embrasser votre femme, votre fils !

ROBERTSON.

Oh ! je suis fou ! conduisez-moi, je n'y vois plus, docteur.

LE DOCTEUR, le poussant dans la chambre.

Par ici, allez, allez. (On frappe à la porte de la rue ; le Docteur s'arrête.) Qu'est cela ? (On frappe encore.) Que voulez-vous ?

DA SILVA, de la rue.

Au nom du roi, ouvrez ! ouvrez, ou nous mettons la porte en dedans.

LE DOCTEUR.

Qui êtes-vous ?

UNE AUTRE VOIX.

Le constable. Vous devez reconnaître ma voix, docteur ; ouvrez pour vous épargner une mauvaise affaire.

DA SILVA.

Monsieur le constable, pas tant de façons ; enfonçons cette porte.

LE DOCTEUR, ouvrant.

Arrêtez, sirs !...

SCÈNE V

LE CONSTABLE, DA SILVA, LE DOCTEUR GREY, DEUX HOMMES DE JUSTICE.

DA SILVA, entrant précipitamment.

Le docteur Grey ?

LE DOCTEUR.

C'est moi, monsieur.

DA SILVA.

Vous me répondrez d'eux, car ils sont chez vous.

LE DOCTEUR.

Holà ! ne me touchez point. Vous êtes chez moi, monsieur ; ne me forcez pas à vous en faire souvenir.

DA SILVA.

Répondez donc alors !

LE DOCTEUR.

Prouvez-moi d'abord que vous avez le droit de m'interroger.

DA. SILVA.
Ces messieurs sont porteurs d'un mandat.

LE DOCTEUR.
Eh bien, je répondrai à ces messieurs s'ils m'en justifient, et non à vous, qu'à votre accent je ne reconnais même pas pour Anglais.

DA. SILVA.
Soit ; mais prenez-y garde ! nous savons qu'ils sont ici, nous les suivions de plus près qu'ils ne croyaient ; ils ont relayé à la dernière poste, on ne les a point vus à celle-ci, et, en passant, j'ai cru reconnaître, j'ai reconnu la voiture devant votre porte : ainsi, songez-y bien, il serait inutile et peut-être dangereux de mentir.

LE DOCTEUR.
Je ne mens jamais, monsieur.

DA SILVA, se jetant sur une chaise.
Monsieur le constable, faites votre devoir.

LE CONSTABLE.
Docteur Grey, vous avez reçu chez vous, ce soir, un homme masqué ?

LE DOCTEUR.
Oui, monsieur.

LE CONSTABLE.
Il était accompagné d'une jeune dame ?

LE DOCTEUR.
C'est vrai.

DA SILVA, se levant.
Où sont-ils ? (Le Docteur se tait.) Où sont-ils ? vous dis-je.

LE DOCTEUR, froidement.
Monsieur le constable, j'attends que vous m'interrogiez

LE CONSTABLE.
Je ne puis que répéter la question de monsieur : où sont-ils ?

LE DOCTEUR.
Ici cesse pour moi l'obligation de répondre, jusqu'à ce que je sache de quel droit vous me faites cette question.

DA SILVA.
De quel droit ?... Cette jeune femme, c'est ma fille ; cet homme masqué, son séducteur.

LE DOCTEUR.

Votre mandat?

LE CONSTABLE.

Le voici, lisez.

LE DOCTEUR.

« Ordre d'arrêter, partout où on la retrouvera, une jeune fille dont le signalement suit. » Son nom n'y est pas.

DA SILVA.

Lisez.

LE DOCTEUR.

« Le porteur du mandat désignera lui-même la personne contre laquelle il devra être mis à exécution. » Vous êtes puissant, monsieur, pour obtenir un tel ordre contre une femme, dans un pays libre!

DA SILVA.

Eh bien, monsieur, ma fille, à l'instant!

LE DOCTEUR.

Vous la verrez, monsieur, je ne puis m'y opposer; mais je ne puis consentir à ce que vous l'emmeniez.

DA SILVA.

Et qui m'en empêchera, quand le roi et la loi le veulent?

LE DOCTEUR.

Moi, monsieur, qui, en cette occasion, suis plus puissant que la loi et le roi; moi qui m'y oppose en vertu de mon pouvoir de médecin, et qui déclare qu'il est impossible que cette jeune dame suive en ce moment qui-que ce soit, même son père.

DA SILVA.

Pourquoi cela?

LE DOCTEUR.

Parce qu'il y aurait danger de mort pour elle à le faire; que l'exiger serait un assassinat, et qu'à mon tour je sommerais ces messieurs de me prêter main-forte pour conserver une existence dont, à l'heure qu'il est, je réponds devant Dieu et devant les hommes.

LE CONSTABLE.

Expliquez-vous, docteur.

LE DOCTEUR.

La jeune personne que vous poursuivez vient d'accoucher, il y a quelques minutes.

DA SILVA.

Malédiction sur elle, si tu ne mens pas!... Mais tu mens pour la sauver; avoue-le, et je te pardonne tout.

SCÈNE VI.

Les Mêmes, ROBERTSON.

ROBERTSON, entrant vivement.

Docteur! docteur! Caroline et son enfant ont besoin de vous... (Apercevant da Silva) Dieu!

DA SILVA, le prenant au collet.

Arrête!

ROBERTSON, accablé.

Le marquis!

DA SILVA.

Misérable! je te tiens enfin! Ma fille?

LE DOCTEUR.

Messieurs, messieurs, chez moi une pareille violence!

DA SILVA.

Laissez-nous, docteur! — Infâme, réponds-moi!

ROBERTSON.

Prenez garde, monsieur! le respect et la patience peuvent m'échapper à la fois.

DA SILVA.

Et alors?...

ROBERTSON.

Et alors j'oublierais que vous êtes le père de Caroline...

DA SILVA.

Puis?...

ROBERTSON.

Puis vous êtes encore assez jeune, monsieur, pour que nous croisions le fer, ou que nous échangions une balle.

DA SILVA.

Un duel! un duel avec toi! Oh! c'est le masque qui te cache le visage, qui te donne cette hardiesse de parler ainsi à un homme... Écoute, je sais qui tu es, finissons.

ROBERTSON.

Damnation!

DA SILVA.

Ma fille !

LE CONSTABLE, s'approchant.

Monsieur, nous ne pouvons souffrir...

DA SILVA.

Dis à cet homme de s'éloigner, que c'est librement que tu dis cela, Robertson Fildy.

ROBERTSON.

Fildy ! plus de doute ! — Éloignez-vous, messieurs ; éloignez-vous, docteur.

DA SILVA.

Conduis-moi près d'elle.

ROBERTSON.

Votre vue la tuera.

DA SILVA.

Mieux vaut fille morte que déshonorée, et déshonorée par toi.

ROBERTSON.

Pitié pour elle, et tuez-moi.

DA SILVA.

Elle est là, n'est-ce pas ?

ROBERTSON.

Oui ; mais vous ne pouvez la voir en ce moment.

DA SILVA.

Je la verrai.

ROBERTSON, devant la porte.

Impossible.

DA SILVA.

Qui m'en empêchera ?

ROBERTSON.

Moi !

DA SILVA.

Tu me braves ?

ROBERTSON.

Je brave tout pour elle.

DA SILVA.

Arrière ! ou je dis qui tu es.

ROBERTSON.

Silence ! ou je vous nomme.

DA SILVA.

Eh bien ?

ROBERTSON.

Eh bien, on saura que la fille du marquis da Silva d'Aguavallès est la femme du...

DA SILVA.

Tais-toi !...

ROBERTSON.

Car elle est ma femme devant Dieu, et l'enfant qui vient de naître est votre petit-fils.

DA SILVA.

Raison de plus pour que je la voie.

ROBERTSON.

Vous ne la verrez pas.

DA SILVA.

Tu m'assassineras donc?

ROBERTSON.

Si c'est un moyen !

DA SILVA, à haute voix.

Caroline ! Caroline !

CAROLINE, en dehors.

Mon père !

ROBERTSON.

Damnation ! elle l'a entendu ! Silence, monsieur, silence !...

SCÈNE VII

Les Mêmes, CAROLINE.

CAROLINE, pâle et en désordre; venant tomber aux pieds du Marquis.

Mon père ! mon père !...

MISTRESS GREY, la suivant.

Que faites-vous !... vous voulez donc mourir ?

CAROLINE.

Plût au ciel !...

ROBERTSON.

Tout est perdu !

LE DOCTEUR.

Soyez tranquille, je ne la quitte pas.

DA SILVA.

Levez-vous.

CAROLINE.

Oh! non, non, je suis bien là... à vos pieds, à vos genoux, que j'embrasse...

DA SILVA.

Fille indigne !...

CAROLINE.

Oui, oui, tout sur moi, tout sur moi, mon père!... car lui n'a eu qu'un tort, c'était de ne pas vouloir que je vous révélasse notre amour.

DA SILVA.

Elle l'avoue!

CAROLINE.

Et pourquoi ne l'avouerais-je pas, mon père? Il est si brave et si généreux!

DA SILVA.

Lui! lui! celui-là!

CAROLINE.

Oui, brave et généreux!... Il m'a sauvé la vie, mon père... Il passait là quand je tombai de cette gondole dans la Tamise; il passait là par hasard... Je vous dis que j'avais été sauvée par un étranger que je n'avais pas revu... Je mentais, mon père, je l'ai revu... Mon père, il a sauvé votre fille; mais songez-y...

DA SILVA.

Mieux valait mourir que de devoir la vie à cet homme.

CAROLINE.

Je croyais que vous m'aimiez, mon père!... Quand je le revis, je voulus tout vous dire : il ne voulut pas, lui; pourquoi? Je l'ignore.

DA SILVA.

Je le sais, moi.

CAROLINE.

Je l'aimai comme un sauveur : son esprit élevé, sa figure noble, tout fut d'accord pour me perdre. Mon père! mon père! pardonnez-nous!

DA SILVA.

Jamais!

CAROLINE.

Robertson! oh! parle-lui! implore-le de ton côté... L'intérêt qui s'attache à un proscrit...

DA SILVA.

Lui, un proscrit?

CAROLINE.

Oui, oui, voilà pourquoi il se cache, pourquoi ce masque...

DA SILVA.

Il t'a trompée, enfant !

CAROLINE.

Mais dis-lui donc que non, Robertson ! dis-lui que tu ne m'as pas trompée !... Oh ! un mot, un mot !

DA SILVA.

Tu vois qu'il se tait...

CAROLINE.

Robertson, un mot, un seul !

DA SILVA.

Assez ! suis-moi.

CAROLINE.

Je ne le puis, mon père.

DA SILVA.

Tu crains donc bien la mort ?

CAROLINE.

Je crains de le quitter.

DA SILVA.

Malheureuse ! tu l'aimes donc bien ?

CAROLINE.

Comme j'aime le jour, comme j'aime la vie, comme j'aime Dieu...

DA SILVA.

Mais c'est l'enfer !... Viens.

CAROLINE.

Et mon enfant, mon pauvre enfant !

LE DOCTEUR.

Malheureuse mère !

DA SILVA.

Le docteur l'élèvera.

LE DOCTEUR

Je reçois cette mission du ciel ; il sera mon fils !

CAROLINE, résistant.

Oh ! je ne veux pas me séparer de mon enfant ! On ne sépare pas une mère de son fils. Dieu le lui a donné pour qu'elle le nourrisse de son lait. Oh ! laissez-moi du moins emporter mon enfant !

DA SILVA.

Impossible !

CAROLINE.

J'appellerai au secours, mon père ; et tout ce qui aura un cœur me secourra, quand je dirai : « Oh ! voyez, voyez ; c'est une mère qui pleure pour qu'on lui laisse son enfant, qu'elle a à peine vu, à peine embrassé. »

DA SILVA, aux Agents.

Messieurs, aidez-moi.

(Il veut emporter Caroline.)

MISTRESS GREY et LE DOCTEUR.

Pitié ! pitié pour elle !

ROBERTSON, appuyant la main sur l'épaule de da Silva.

Laissez là cette jeune femme !

CAROLINE.

Oh ! mon père ! mon Robertson !

DA SILVA.

Ton Robertson !... Eh bien, venez tous, et que tout le monde connaisse ton Robertson... A bas ce masque ! (Il le lui arrache.) Regarde ! c'est...

LE DOCTEUR, aux personnes qui s'avancent.

Oh ! messieurs ! messieurs !

ROBERTSON

Silence ! au nom de votre fille et pour votre fille !

(Il remet promptement son masque ; le public a seul eu le temps de voir son visage.)

DA SILVA.

Tu as raison : qu'elle seule te connaisse !... (Bas, à sa fille.) Cet homme...

CAROLINE, avec anxiété.

Eh bien ?...

DA SILVA.

C'est le bourreau !...

CAROLINE.

Ah !...

(Elle tombe évanouie.)

ACTE PREMIER

RICHARD
PREMIER TABLEAU

Même décoration qu'au prologue; seulement, elle est, ainsi que les meubles, vieillie de vingt-six ans.

SCÈNE PREMIÈRE

MAWBRAY et LE DOCTEUR GREY font une partie d'échecs; MISTRESS GREY travaille; RICHARD écrit; un instant après, entre JENNY.

MAWBRAY.
Non, docteur, vous vous trompez : mon fou était ici, mon cavalier là, j'ai fait échec à la dame.

LE DOCTEUR.
Et moi, avec la tour, je prends la dame.

MAWBRAY.
Mais non.

LE DOCTEUR.
Mais si.

MAWBRAY.
Remettons les pièces telles qu'elles étaient.

LE DOCTEUR.
Oui.

MAWBRAY.
Voilà.

LE DOCTEUR.
C'est bien... Richard, je te fais juge.

RICHARD.
Oh! excusez-moi, mon père, je n'ai pas suivi votre jeu; je fais un travail important et pressé.

LE DOCTEUR.
Relatif aux élections?

RICHARD.
Oui, mon père.

MISTRESS GREY.
Maudite politique! n'entendrai-je donc jamais parler que de cela?

JENNY, entrant.

Mon père, votre journal.

LE DOCTEUR.

Ah! donne.

JENNY.

Bonjour, maman. (Elle la baise au front.) Que fais-tu là?

MISTRESS GREY.

Tu vois, des manchettes pour ton père.

JENNY.

Elles ne sont pas si jolies que les miennes.

MISTRESS GREY.

Tu en fais aussi?

JENNY.

Oui, pour Richard; il ne faut pas le lui dire, maman; je veux lui faire une surprise.

LE DOCTEUR, lisant.

Je suis à vous, Mawbray.

JENNY, allant à Richard.

Bonjour, Richard, bonjour.

RICHARD.

Ah! c'est toi, ma sœur? Bonjour.

LE DOCTEUR.

Par saint Georges! encore un!

RICHARD.

Qu'avez-vous, mon père?

LE DOCTEUR.

Le parti de l'opposition a succombé dans le Westmoreland!

RICHARD.

Comment! les élections sont déjà terminées? et qui a été nommé?

LE DOCTEUR.

Lord Stapfort.

RICHARD.

Imbéciles! un noble pour représenter les droits du peuple! Je crois, Dieu me damne, que, si les moutons votaient, ils nommeraient le boucher!

LE DOCTEUR.

C'est à notre tour après-demain.

RICHARD.

Il n'en sera pas ainsi, je l'espère; lord pour lord, peuple

pour peuple, Dieu pour tous, et les droits de chacun seront maintenus.

MAWBRAY.

La réunion préparatoire des électeurs va avoir lieu ; croyez-vous, docteur, que j'y puisse assister?

LE DOCTEUR.

Pourquoi non?

MAWBRAY.

Étranger à cette contrée, où, depuis dix ans seulement, je suis venu chercher un port après une longue absence de l'Angleterre, je n'ai aucun droit politique.

LE DOCTEUR.

A cette assemblée, on ne fait que discuter, on ne vote pas.

MAWBRAY.

Mais je tremble toujours qu'on ne me demande, sur ma vie passée, des détails que des malheurs qui ne me sont pas tout personnels m'ont empêché de confier même à vous.

LE DOCTEUR.

Et dont je ne vous ai jamais demandé compte, Mawbray, vous me rendrez cette justice. Une vie simple, des mœurs douces, votre affection presque paternelle pour nos enfants, voilà qui vous a fait notre ami. (Mawbray veut répliquer, le Docteur avec amitié.) N'en parlons plus. (A Richard.) Viens-tu avec nous?

RICHARD.

Sans doute.

LE DOCTEUR

Et à qui donneras-tu ta voix?

RICHARD.

A moi, mon père, et je vous demande la vôtre et celles de vos amis.

MAWBRAY et LE DOCTEUR.

A toi?

JENNY.

Richard, député!

RICHARD.

Pourquoi pas?

LE DOCTEUR.

Et depuis quand as-tu eu cette idée?

RICHARD.

Depuis que je pense.

III.

LE DOCTEUR.

Et tes espérances datent...?

RICHARD.

D'hier.

LE DOCTEUR.

Elles reposent?...

RICHARD.

Sur cette lettre.

MAWBRAY.

Une lettre anonyme?

RICHARD.

Lisez toujours.

LE DOCTEUR, lisant.

« Vous êtes jeune, ardent, ambitieux ; le comté nomme demain son mandataire, mettez-vous sur les rangs. M. Grey et vous exercez une grande influence sur la bourgeoisie, j'en ai sur le peuple ; je vous promets cent voix, réunissez-en autant, et nous enlevons d'assaut votre élection. Je vous verrai demain. Vous saurez les motifs qui me font agir ; je vous crois homme à les comprendre. » Et tu crois à cette lettre ?

RICHARD.

Nul n'aurait intérêt à me tromper ; beaucoup peuvent désirer que je réussisse.

LE DOCTEUR.

Richard, tu es bien jeune !

RICHARD.

Pitt était ministre à vingt et un ans.

MAWBRAY.

Et quelle garantie offriras-tu aux électeurs?

RICHARD.

Ma vie passée.

LE DOCTEUR

Mais tu ne possèdes rien.

RICHARD.

Vous avez quelque fortune.

MISTRESS GREY.

Mais je croyais que le manufacturier Stilman se mettait sur les rangs?

RICHARD.

Les électeurs craindront qu'il ne se vende pour une fourniture de laine.

LE DOCTEUR.
Le banquier Wilkie...

RICHARD.
Eh bien ?

LE DOCTEUR.
Il a la réputation...

RICHARD.
D'un sot.

LE DOCTEUR.
Et d'un homme incorruptible..

RICHARD.
Le comté voudra un représentant dont les discours soient cités dans les journaux.

JENNY.
Voyez, ma mère, il répond à tout.

MISTRESS GREY.
L'ambition a bien de la logique, ma fille.

MAWBRAY.
Et quels seront tes principes à la tribune?

RICHARD.
Cette profession de foi les contient; les circonstances les développeront.

MAWBRAY.
C'est cela que tu écrivais?

RICHARD.
Oui.

LE DOCTEUR.
C'est un moyen bien usé.

RICHARD.
On le rajeunit par le style..

LE DOCTEUR.
La tribune a tant de fois démenti les promesses de l'élection !

RICHARD.
Les masses sont crédules.

MAWBRAY.
Et tu es décidé à t'exposer aux débats de la place publique; aux discours sur la borne, au boxing dans la rue ?

RICHARD.
J'ai la voix forte et le poignet ferme.

LE DOCTEUR.

Et sais-tu la langue qu'on doit parler au peuple?

RICHARD.

Je parle toutes les langues, mon père.

LE DOCTEUR, prenant Mawbray à part.

N'est-ce pas le moment de lui apprendre qu'il n'est pas mon fils?

MAWBRAY.

Il voudra savoir quel est son père, et, vous me l'avez dit, vous n'avez rien à lui apprendre sur ce point.

JENNY, allant à Richard.

Oh! Richard, si les femmes votaient!

LE DOCTEUR.

Oui, oui, cela lui ôterait peut-être de son assurance, et, je vous l'avoue, Mawbray, j'aime à le voir ainsi, ayant la confiance de sa force et la conscience de son mérite.

MAWBRAY.

Mon bon docteur.

LE DOCTEUR.

Mawbray, nous irons entendre son premier discours à la Chambre. — Eh bien, Richard, soit; j'avais fait aussi ce rêve, mais je ne croyais pas qu'il dût sitôt s'accomplir.

MISTRESS GREY.

Monsieur Mawbray, vous ne quitterez pas mon mari?

JENNY.

Ni Richard?

MAWBRAY.

Soyez tranquilles; j'assiste à cette assemblée en spectateur désintéressé, puisque, étranger à cette contrée, je n'y ai aucun droit politique.

RICHARD, regardant à sa montre.

Allons, allons, partons, mon père; c'est l'heure.

MISTRESS GREY.

Adieu donc, messieurs; ne tardez pas à rentrer.

JENNY.

Bonne chance, Richard. Adieu! adieu!

(Richard, préoccupé, sort avec Mawbray et le Docteur sans répondre à Jenny.)

SCÈNE II

MISTRESS GREY, JENNY.

JENNY, les yeux fixés sur la porte par laquelle ils sont sortis.

Pas un mot!... pas un regard !

MISTRESS GREY.

Eh bien, Jenny !

JENNY, tressaillant.

Ma mère ?

MISTRESS GREY.

Que fais-tu donc là, immobile ?

JENNY.

Je... je réfléchissais.

MISTRESS GREY.

En effet, j'ai cru remarquer que, depuis quelque temps, tu es bien pensive ; c'est surtout lorsque Richard n'est pas là, que tu te livres aux réflexions.

JENNY.

La solitude leur est favorable.

MISTRESS GREY.

La solitude... Eh bien, moi, donc ?

JENNY.

Oh ! vous n'êtes pas quelqu'un, vous... Vous êtes ma mère.

MISTRESS GREY.

Mon enfant, il ne faudrait pas te laisser aller ainsi à tes pensées.

JENNY.

Sont-elles donc un mal ?

MISTRESS GREY.

C'est selon leur nature.

JENNY.

Ne peut-on penser à son frère ?

MISTRESS GREY.

A son frère, oui ; à Richard, non. Richard se croit ton frère, mais tu sais qu'il ne l'est pas. Le secret t'a été révélé aussitôt que tu as été en état de comprendre les différences d'affections dues à un frère ou à un ami.

2.

JENNY.

Et pourquoi n'a-t-on pas révélé ce secret à Richard lui-même ?

MISTRESS GREY.

Mawbray a toujours insisté près de mon mari pour qu'il le laissât dans cette ignorance.

JENNY.

Et cela fait qu'il m'aime comme un frère.

MISTRESS GREY.

Et comment voudrais-tu donc qu'il t'aimât ?

JENNY.

Oh ! pardon, ma mère, je suis folle.

MISTRESS GREY.

Tu vois bien que tu penses tout haut et que tu n'es pas seule.

JENNY.

Ma mère, j'ai bien envie de pleurer ; serait-ce un mal aussi ?

MISTRESS GREY.

Ah ! mon enfant, garde tes larmes ! Dieu les a faites pour des malheurs réels, et, avant la fin de sa vie, chaque homme trouve l'occasion de verser les siennes.

JENNY.

Ma mère, qui peut donc empêcher le bonheur ?

MISTRESS GREY.

C'est que chacun le rêve à sa manière, coordonne la série des événements qui doivent y concourir, croit que le sort se prêtera à ses calculs d'avenir ; puis l'avenir vient, et le sort renverse ce château de cartes. Ton bonheur, à toi, celui que tu rêves du moins, serait une vie paisible, aux lieux où tu es née, entre tes parents, ayant notre petit domaine pour toute patrie, Richard pour époux.

JENNY.

Eh bien ?

MISTRESS GREY.

Eh bien, mon enfant, nous sommes vieux, nous mourrons.

JENNY.

Oh ! ma mère !

MISTRESS GREY.

Richard t'emmènera à Londres, et tu quitteras le pays où tu es née.

JENNY.

Partout, partout avec lui !

MISTRESS GREY.

Ses occupations politiques vous isoleront l'un de l'autre, et chaque jour davantage. Il ne pourra toujours rester près de toi pour te rendre tes parents que tu auras perdus, ton domaine que tu auras quitté, ta tranquillité que tu ne sauras où reprendre!

JENNY.

Maman, mon rêve n'était-il pas le vôtre, et n'avez-vous pas été heureuse avec mon père?

MISTRESS GREY.

M. Grey n'était pas ambitieux, Jenny.

JENNY.

Eh bien, si ce que vous me dites est vrai, ma mère, croyez-vous que le temps de pleurer ne soit pas venu pour moi?

MISTRESS GREY.

Mon enfant, distrais-toi; il y a longtemps que tu ne t'es occupée de dessin?

JENNY.

Je n'y fais plus de progrès.

MISTRESS GREY.

Ton piano?

JENNY.

Je sais toutes les sonates que Richard m'a données, et les autres sont trop difficiles.

MISTRESS GREY.

Tu l'aimes plus que tu ne le devrais, mon enfant!

JENNY.

J'en ai peur, ma mère!

MISTRESS GREY.

O Jenny, quelle folie! Sais-tu même s'il t'aime, lui?

JENNY.

Il se croit mon frère, il m'aime comme sa sœur.

MISTRESS GREY.

Et si, en apprenant qu'il n'est pas ton frère, il continuait de t'aimer comme un frère?...

JENNY.

Ma mère...

MISTRESS GREY.

Si cela était enfin?....

JENNY.

Oh! je serais bien malheureuse!

MISTRESS GREY.

Tu vois!

JENNY.

Ma mère, pressée par vos questions, je vous réponds sans trop savoir ce que je vous dis. Si j'étais seule un instant, si votre présence ne me faisait pas rougir et ne troublait pas toutes mes idées, j'essayerais d'y mettre de l'ordre; et, quand je vous reverrais, ma mère, je serais plus calme et probablement plus raisonnable.

MISTRESS GREY.

Eh bien, mon enfant, interroge ton âme, ne te fie pas à tes forces plus que tu ne crois le pouvoir faire; ne sois pas plus défiante de toi-même qu'il n'est raisonnable de l'être; songe qu'une fille n'a pas de meilleure amie que sa mère, et que tout se calme dans ses bras, même le remords. Adieu, mon enfant.

JENNY.

Au revoir, ma mère.

SCÈNE III

JENNY, puis RICHARD.

JENNY.

Oh! Richard, Richard! si ce que ma mère dit est vrai, si tu ne devais jamais m'aimer que comme un frère, oh! je le sens là, ce serait trop peu pour mon bonheur. C'est qu'elle a raison, ma mère; sa main tremble-t-elle quand il prend la mienne et que je frissonne de tout mon corps rien qu'en la touchant? son cœur bat-il quand, le matin ou le soir, il pose ses lèvres sur mon front, et que je sens mon cœur se gonfler comme s'il allait briser ma poitrine? Non, il est calme, Richard, toujours calme, excepté quand il parle de ses projets d'avenir: c'est alors que son âme s'allume, que ses yeux s'enflamment; tout à l'heure l'espoir d'être nommé député ne lui avait-il pas fait oublier jusqu'à mon existence? A-t-il répondu à mes adieux de la voix ou du regard? Oh! contre les autres, j'ai la force de le défendre; et, contre moi-même, ô mon Dieu! je sens que je ne l'ai pas... Oh! c'est lui; qu'a-t-il donc?

RICHARD, entrant.

Malédiction!

JENNY.

Comme il est pâle! comme il paraît agité!

RICHARD.

Je n'y pouvais plus tenir... Échouer de cette manière! opprobre et dérision!... Je ne suis pas le fils du docteur Grey!

JENNY, poussant un cri.

Ah!...

RICHARD.

C'est vous, Jenny! Saviez-vous cela, que je n'étais pas votre frère?

JENNY.

Je le savais, Richard.

RICHARD.

Et vous ne me l'avez pas dit! et le docteur ne me l'a pas dit! et pas un ami ne me l'a dit! Un étranger m'a jeté ce secret à la face comme une injure, et chaque électeur alors de dire: « C'est vrai, il n'est pas le fils de M. Grey, il ne possède ni nom ni propriétés; donc, il ne peut représenter des hommes qui ont des propriétés et un nom. » Savez-vous le mien, Jenny? Si vous le savez, dites-le-moi.

JENNY.

Hélas! non.

RICHARD.

Une seconde fois, Jenny, dites-le-moi, si vous le savez; que je puisse aller me rejeter au milieu de ces insolents bourgeois et leur dire: «Moi aussi, j'ai un nom connu; et, de plus que vous, j'ai une âme qui comprend et un esprit qui pense. Les imbéciles!... « On ne connaît pas sa famille!... » Le comté est donc bien heureux d'avoir donné naissance à la noble famille des Stilman et des Wilkie! Oui, je suis étranger au comté; et qu'importe, si je prête au comté qui m'adopte la force de l'intelligence et la puissance du talent! Je ne possède rien; non, c'est vrai: je n'ai ni l'atelier de M. Stilman, ni le comptoir de M. Wilkie; mais j'ai la tête qui conçoit et le bras qui exécute. Il n'y faut plus penser; n'y plus penser, Jenny! comprenez-vous cela? perdre en une minute l'espoir de dix ans...

JENNY.

Mon ami...

RICHARD.

N'y plus penser!... quand je sens, dans ce front qui brûle ma main, le génie et le pouvoir de dominer cette foule qui me juge et que je méprise. Sans cette révélation, à laquelle n'a su que répondre votre père, la masse était pour moi; l'aristocratie d'un tailleur et la fierté d'un bottier compromises, si son mandataire ne voit pas clair dans sa race jusqu'à la quatrième génération! c'est toujours ce peuple avec son besoin de despotisme et ses habitudes d'aristocratie; ce peuple de Shakspeare, qui ne connaît d'autre moyen de récompenser l'assassin de César qu'en le faisant César!... Oh! qui te trompe a raison, il se venge de ton aveuglement et échappe à ton ingratitude... Et cependant, avec quelle force ma voix eût tonné à la tribune pour défendre tes droits! mes conceptions politiques eussent bientôt embrassé, non plus les intérêts d'une chétive bourgade, d'un étroit comté, mais d'une nation entière. Oracle d'un parti, les autres m'eussent appelé de leurs vœux, sollicité de leurs promesses, et j'étais maître, dans la vieille Angleterre, de choisir à ma fantaisie ma place à la tête du peuple ou sur les premières marches du trône. Malédiction sur ces lâches bourgeois, qui ont coupé mes ailes sans s'apercevoir que c'étaient celles d'un aigle!

UN DOMESTIQUE, entrant.

Monsieur Richard...

RICHARD, avec emportement.

Que me veux-tu?

LE DOMESTIQUE.

Il y a là plusieurs hommes qui demandent à vous parler.

RICHARD.

Quels sont-ils?

LE DOMESTIQUE.

Des électeurs qui sortent de la réunion préparatoire.

RICHARD.

Eh! qu'ai-je besoin de leurs compliments de condoléance!

LE DOMESTIQUE.

Ils disent qu'ils ont des choses de la dernière importance à vous communiquer.

RICHARD.

Faites entrer alors; que le ressentiment du passé ne compromette pas l'espérance de l'avenir.

SCÈNE IV

Les Mêmes, plusieurs Bourgeois, TOMPSON.

RICHARD, allant au-devant d'eux.

Eh bien, messieurs, vous le voyez, le succès nous échappe... Je dis nous, car j'ai trouvé en vous de chauds amis.

PREMIER BOURGEOIS.

Soyez sûr que nos regrets...

RICHARD.

Je vous remercie; il est doux d'exciter l'intérêt de ceux qu'on estime... La réunion des électeurs s'est séparée, messieurs?

DEUXIÈME BOURGEOIS.

Oui, mais sans avoir rien terminé.

RICHARD.

Comment! ce choix ne s'est pas fait?

PREMIER BOURGEOIS.

Nous n'avons pas pu nous entendre; c'est une chose importante que le choix du candidat qu'on oppose à un ministre aussi corrompu que le nôtre, et à la puissante famille des Derby, qui, depuis qu'il y a une chambre des communes, y a toujours envoyé ses créatures.

RICHARD.

Comment! vous ne trouvez personne à opposer à leur âme damnée sir Stanson, qu'ils vous imposent à chaque élection?

DEUXIÈME BOURGEOIS.

Nous avons plusieurs concurrents, mais nous ne sommes pas d'accord.

RICHARD.

M. Wilkie se présentait.

DEUXIÈME BOURGEOIS.

Il n'est pas orateur, et il nous faut un homme qui parle, et parle haut.

RICHARD.

M. Stilman.

PREMIER BOURGEOIS.

Tous les marchands de laine se sont déclarés contre lui.

RICHARD.

Et pourquoi?

DEUXIÈME BOURGEOIS.

Ils craignaient qu'il n'échangeât sa conscience contre le titre de fournisseur de l'armée.

RICHARD.

Alors, messieurs, qui me procure le plaisir de vous voir?

TOMPSON, à demi-voix.

Éloignez cette jeune fille.

RICHARD.

Jenny, nous causons d'affaires politiques ; cette conversation est peu attrayante pour vous, et peut-être, devant vous, ces messieurs ne s'exprimeraient-ils pas en toute liberté.

JENNY.

Je me retire, Richard ; soyez prudent.

RICHARD.

Oui, oui. (Jenny sort.) Et moi, messieurs, dois-je seulement mon insuccès à l'ignorance où je suis de ma naissance?

DEUXIÈME BOURGEOIS.

A ce seul motif: vous aviez pour vous les antagonistes de MM. Stilman et Wilkie, et c'était la majorité. Les souscriptions pour les frais de l'élection se multipliaient d'instant en instant; mais beaucoup ont dit: « Il est impossible d'élire un homme qui n'a pas de parents qui l'attachent au comté. »

TOMPSON, à demi-voix.

On peut se marier, et l'on a une famille.

(Richard regarde Tompson.)

PREMIER BOURGEOIS.

Encore, disait-on, s'il était propriétaire!

TOMPSON, même jeu.

Si le beau-père a deux ou trois fermes?

RICHARD, regarde Tompson avec pénétration, puis il se retourne.

Et voilà les seules raisons qui ont fait échouer mon élection?

PREMIER BOURGEOIS.

Nous n'en connaissons pas d'autres.

RICHARD.

Si je levais ces objections?

LES BOURGEOIS.

Le succès serait certain.

RICHARD.

Et alors je pourrais compter sur vous?

PREMIER BOURGEOIS.

Comme sur des amis.

RICHARD.

Eh bien, messieurs, ce soir, j'espère avoir à vous annoncer quelque changement dans ma position. Voulez-vous prendre rendez-vous à la taverne des *Armes du roi*, à cinq heures?

LES BOURGEOIS.

C'est dit.

RICHARD.

Recevez mes remerciments, messieurs. (A Tompson.) Restez, il faut que je vous parle. Sans adieu, messieurs; à cinq heures.

SCÈNE V

RICHARD, TOMPSON.

RICHARD.

Vous vous êtes donné beaucoup de peine pour mon élection, monsieur!

TOMPSON.

Je vous ai eu cent voix.

RICHARD.

Et puis-je savoir ce qui a fait naître l'intérêt que je vous inspire? Car je n'ai point l'honneur de vous connaître.

TOMPSON.

C'est moi qui vous ai écrit.

RICHARD.

Quel motif m'a valu l'honneur de votre lettre?

TOMPSON.

Votre caractère.

RICHARD, souriant.

Lequel?

TOMPSON.

D'ambitieux.

RICHARD.

Qui vous a dit que je l'étais?

TOMPSON.

Moi qui le suis.

RICHARD.

Vous êtes franc.

TOMPSON.
Je suis concis.

RICHARD.
Et vous appuyez vos prétentions?...

TOMPSON.
Sur ma tête et mon bras, comme vous.

RICHARD.
Et qui êtes-vous?

TOMPSON.
Rien, comme vous.

RICHARD.
Et comment croyez-vous avoir besoin de moi pour réussir?

TOMPSON.
Ma position, quelques antécédents, m'ôtent l'espoir de parvenir seul. Je suis né trop près du peuple pour pouvoir exercer directement pour moi l'influence que j'ai sur lui. Je vous ai eu cent voix; si je m'étais présenté, je n'aurais eu que la mienne.

RICHARD.
Ainsi vous voulez faire de moi un instrument?

TOMPSON.
Non, un patron : vous serez le vaisseau de guerre, et moi, je serai la chaloupe qu'il remorque; mais faites-y attention, sir Richard, dans un gros temps, la chaloupe peut sauver l'équipage.

RICHARD.
Et, si j'acceptais ce traité, et que nous montassions ensemble, quelle serait ma place?

TOMPSON.
La première.

RICHARD.
Toujours?

TOMPSON.
Toujours; à moi la seconde. Entre le génie et le monde qu'il remue, il faut un levier.

RICHARD.
Vous voulez être la baguette de la fée? Eh bien, soit, si j'en ai la puissance.

TOMPSON.
A vous corps et âme.

RICHARD.
Nos premiers moyens de réussite?
TOMPSON.
Votre mariage avec la fille du docteur.
RICHARD.
Le projet n'aurait rien que de simple, si l'exécution ne devait en être si précipitée.
TOMPSON.
On vous aime trop pour ne pas se hâter de céder.
RICHARD.
Le succès ne pourra être annoncé que trop tard.
TOMPSON.
Oui, si, pour proclamer la victoire, on attend qu'elle soit gagnée.
RICHARD.
Il faudrait donc qu'un ami zélé se mêlât aux électeurs douteux.
TOMPSON.
Qu'il leur annonçât l'affaire comme conclue.
RICHARD.
Qu'il parlât de la fortune du docteur.
TOMPSON.
En la grossissant de quelques livres sterling de revenu sur la banque.
RICHARD.
Et ces bruits, qui les répandra?
TOMPSON.
Moi; j'entre aujourd'hui en fonctions.
RICHARD.
Nos conventions d'avance?
TOMPSON.
A Richard simple particulier, Tompson, valet; à sir Richard propriétaire, Tompson intendant; à l'honorable sir Richard député, Tompson secrétaire; à monseigneur Richard ministre, Tompson ce que voudra monseigneur. Arrivé au résultat, y proportionner la récompense : sir Richard est trop adroit pour ne pas être reconnaissant.
RICHARD.
Soit; touchez là.
TOMPSON.
Adieu donc.

RICHARD.

Vous partez?

TOMPSON.

Vous avez besoin de moi à la taverne des *Armes du roi*.

SCÈNE VI

RICHARD, puis JENNY.

RICHARD.

Intrigant subalterne! qui ne veut que de l'or! toujours valet, jamais rival! C'est l'homme qu'il me faut... Jenny !

JENNY.

Ils vous ont apporté de bonnes nouvelles?

RICHARD.

Pourquoi, chère Jenny?

JENNY.

Je vous ai quitté triste et vous retrouve joyeux.

RICHARD.

Ma joie me vient de moi-même, Jenny, et non pas des autres.

JENNY.

Je ne comprends pas.

RICHARD.

Jenny, je ne suis pas le fils du docteur.

JENNY.

Et cela vous rend heureux; mauvais fils! mauvais frère!

RICHARD.

Oh! oui, bien mauvais frère, Jenny.

JENNY.

Qui a donc pu changer votre âme si subitement?

RICHARD.

Ce secret.

JENNY.

Vous le saviez en rentrant, et vous êtes rentré la figure bouleversée.

RICHARD.

Vous ne me tutoyez plus, Jenny.

JENNY.

Vous n'êtes plus mon frère, Richard.

RICHARD.

Votre main, Jenny !

JENNY.

Ma main ?

RICHARD, à part.

Elle tremble. (Haut.) Jenny, je suis le plus heureux des hommes.

JENNY.

Quel changement !

RICHARD.

Oh ! malheur à moi, si vous ne comprenez pas !

JENNY, retirant sa main.

Monsieur...

RICHARD.

Quand je suis rentré, ce secret venait d'éclater sur ma tête ; j'étais frappé de la foudre ; je n'avais pu encore rassembler mes idées ; j'avais fui comme un homme perdu ; car, au premier abord, ce secret m'enlevait tout, une position sociale, des parents adorés, une sœur chérie... Une sœur... Je me suis arrêté sur ce mot, et j'ai vu clair dans mon âme. Que de fois ce mot *sœur*, sans savoir pourquoi, m'a paru douloureux à prononcer !... Que de fois, en vous regardant, je suis devenu pensif ! Je me disais : « C'est ma sœur, » et je m'éloignais de vous avec une crainte dans le cœur, qui était presque un remords ; ce tourment vague que je n'osais approfondir me rendait fantasque ; mon âme brûlait, et je m'étudiais à paraître froid ou préoccupé ; car, si vous eussiez été vraiment ma sœur, Jenny, et que vous eussiez éprouvé ce que j'éprouvais ; si, en prenant votre main, je l'avais sentie trembler comme elle le fait...

JENNY.

Richard...

RICHARD.

Si j'avais senti ton cœur bondir, comme en ce moment...

JENNY.

Laissez-moi.

RICHARD.

Quand je m'approchais de vous pour vous donner un baiser de frère...

(Il la prend dans ses bras.)

JENNY.

Mon Dieu!... mon Dieu!

RICHARD.

Si, au lieu de rencontrer votre front, j'avais touché vos lèvres...

(Il l'embrasse.)

JENNY, se renversant.

Ah!

RICHARD.

Eh bien, maintenant, Jenny, au lieu de crime, c'est joie; au lieu de remords, c'est bonheur; car je t'aime, Jenny, je t'aime comme un fou... et, si tu étais ma sœur, la mort seule me sauverait d'un crime.

JENNY.

Oh! grâce! grâce! pitié.

RICHARD.

Oh! oui, pitié pour moi, Jenny, pour moi qui meurs, et qui attends un mot de toi pour vivre. Oh! réponds, réponds!

JENNY.

Le puis-je? Oh! c'est un délire; j'ai la tête perdue. Je suis folle.

RICHARD.

Jenny, Jenny, m'aimes-tu?

JENNY.

Si je l'aime! il le demande!

RICHARD.

O ma Jenny! mon amour!

JENNY, apercevant le Docteur et Mawbray, qui rentrent.

Mon père!

(Elle se sauve.)

RICHARD, à part.

Voilà qui m'épargne une explication d'un quart d'heure.

SCÈNE VII

LE DOCTEUR GREY, MAWBRAY, RICHARD.

LE DOCTEUR.

Eh bien, Richard, que veut dire cela? (A Mawbray.) Il n'a pas perdu de temps.

RICHARD.

Mon père, mon ami, je ne chercherai pas à nier, à me défendre.

LE DOCTEUR.

Mais il me semble que ce serait difficile.

RICHARD.

D'ailleurs, je suis trop heureux pour me repentir.

LE DOCTEUR.

Mais, moi, Richard, comme père, j'ai droit de me plaindre.

RICHARD.

Oh! du moment que ce secret m'a été révélé, que je n'étais pas votre fils, je n'ai pu résister à une affreuse idée, celle que Jenny verrait toujours en moi un frère, quoiqu'elle eût cessé d'être ma sœur.

LE DOCTEUR.

Et voilà ce qui t'a fait quitter l'assemblée comme un fou, abandonner la partie qui n'était qu'à moitié perdue?

RICHARD.

Eh! mon père, partie, élection, royaume, que m'importait tout cela? Tout cela s'était évanoui devant une seule idée, celle de redevenir ce que j'avais cru longtemps être, votre fils; mon père, m'ôterez-vous ce nom? ne pourrai-je plus dire: « Mon père, mon bon père? »

LE DOCTEUR.

Eh! que diable! dis toujours, j'y suis aussi habitué que toi, et il m'en coûterait plus qu'à toi, peut-être, de ne plus dire: « Mon fils! » mais, pour cela, il faut deux choses, l'amour de Jenny...

RICHARD.

Oh! elle m'aime, mon père, elle m'aime, elle me l'a dit.

LE DOCTEUR.

Et le consentement de sa mère... sa mère, dont vous oubliez les droits, Richard.

RICHARD.

Mon père, j'avais oublié le monde entier, pour ne me souvenir que de Jenny.

LE DOCTEUR.

Richard, dites à ma femme que je l'attends.

RICHARD.

Je vais l'avertir, mon...

LE DOCTEUR.

Eh bien ?

RICHARD.

Mon...

LE DOCTEUR.

Père !... Allons donc !

RICHARD, se jetant dans ses bras.

Mon père !

(Il sort.)

MAWBRAY.

Eh bien, mon ami?

LE DOCTEUR.

Il méritait cette leçon, n'est-ce pas?

MAWBRAY.

Laquelle ?

LE DOCTEUR.

Celle que je viens de lui donner.

MAWBRAY.

Ah ! vous appelez cela une leçon?

LE DOCTEUR.

Eh ! comment aurais-je été plus sévère quand ce drôle-là s'avise de réaliser tout à coup des espérances de quinze ans, mes projets d'avenir, un rêve que je n'avais abandonné que lorsque je crus m'apercevoir que Richard faisait peu d'attention à ma fille? Vrai-Dieu, Mawbray, je suis enchanté de m'être trompé !

SCÈNE VIII

Les Mêmes, MISTRESS GREY.

MISTRESS GREY, entrant.

Vous m'avez fait demander, mon ami ?

LE DOCTEUR.

Oui, ma chère Anna, j'ai besoin de votre aide. Voici le moment de réaliser un de vos rêves les plus chers.

MISTRESS GREY.

Lequel?

LE DOCTEUR.

Jenny a dix-sept ans ; Richard en a vingt-six.

MISTRESS GREY.

Eh bien?

LE DOCTEUR.

Mon Anna, c'est au même âge que nous avons été fiancés. Que diriez-vous d'un anniversaire?

MISTRESS GREY.

Richard l'époux de Jenny?

LE DOCTEUR.

Qu'y a-t-il là qui t'étonne? Vingt fois ne m'as-tu pas dit toi-même que ce projet ferait le bonheur de nos vieux jours s'il pouvait réussir?

MISTRESS GREY.

Autrefois; mais, depuis longtemps, mon ami, vous avez dû remarquer que je ne vous en parlais plus.

LE DOCTEUR.

Et pourquoi?

MISTRESS GREY.

Mon ami, c'est qu'avec les années s'est développé le caractère de Richard; son caractère, que j'ai suivi avec l'œil et l'âme d'une mère.

LE DOCTEUR.

Eh bien?

MISTRESS GREY.

Eh bien, mon ami, il est ambitieux.

LE DOCTEUR.

Et tu crains cette passion?

MISTRESS GREY.

Pour Jenny.

LE DOCTEUR.

C'est la source des grandes vertus.

MISTRESS GREY.

Et quelquefois des grands crimes... Si ce mariage faisait à jamais le malheur de notre fille!

LE DOCTEUR.

Leur malheur est bien plus certain si nous les séparons... Anna, nos enfants s'aiment...

MISTRESS GREY.

Et comment le savez-vous? Il y a deux heures, Richard se croyait encore notre fils.

3.

LE DOCTEUR.

Eh bien, il y a dix minutes, j'ai surpris notre fils aux pieds de notre fille. Ferons-nous le malheur de ces pauvres enfants?

MISTRESS GREY.

Si j'étais sûre que Jenny fût heureuse!

LE DOCTEUR.

Elle le sera... Nous profiterons des nobles élans du cœur de Richard pour lui inspirer de nobles actions; et, s'il s'écartait de la route du bien, nous serions toujours là pour l'y ramener.

MISTRESS GREY.

Et si Dieu nous rappelle à lui?

LE DOCTEUR.

Notre ami Mawbray sera là pour nous remplacer, et veiller sur notre enfant si elle en a besoin.

MAWBRAY.

J'en prends l'engagement formel devant le ciel.

MISTRESS GREY.

Allons, je le veux bien. Le ciel a toujours béni ce que vous avez fait.

LE DOCTEUR, embrassant sa femme.

C'est toi qui nous mérites sa bénédiction.

SCÈNE IX

Les Mêmes, RICHARD, puis JENNY.

LE DOCTEUR.

Ah! tu écoutes aux portes, toi?

RICHARD.

Pardonnez, mon père, le temps me paraissait long.

MISTRESS GREY.

Eh bien, mon ami, nous consentons.

RICHARD.

Je le savais, ma mère; mais je ne voulais pas m'ôter le bonheur de me l'entendre répéter de votre bouche. Vous voulez donc que je vous doive tout dans ma vie, mon père?

LE DOCTEUR.

N'avais-tu pas prévu ma réponse?

RICHARD

Je craignais que quelque obstacle que je ne connais pas, venant de ma famille ou de ma naissance... Permettez-vous que j'aille annoncer cette nouvelle à Jenny ?

LE DOCTEUR.

Pas encore, mon ami. Tu viens de parler de ta famille et de ta naissance... C'est un sujet dont j'avais toujours évité de m'entretenir avec toi; je trouvais plus simple, et surtout plus selon mon cœur, de t'appeler mon fils; car que pouvais-je te révéler, puisque tout était doute et incertitude? D'ailleurs, j'espérais toujours que quelque événement viendrait jeter du jour sur cette aventure. Puisque le ciel ne l'a pas voulu, que le moment est venu de tout te dire, je vais, du moins, te raconter ce que je me rappelle. (A Mawbray, qui pâlit et veut se retirer.) Restez, Mawbray ; je n'ai rien à dire dont Richard ou moi ayons à rougir.

RICHARD.

Mon père, je vous écoute.

LE DOCTEUR.

Il y a vingt-six ans, une voiture s'arrêta, vers dix heures du soir, devant cette même maison. On frappa, j'ouvris... Un homme masqué se présenta (Mawbray écoute), implorant mon secours pour une jeune femme qui l'accompagnait, et qui paraissait arrivée au dernier terme de sa grossesse; sur la prière de cet homme, et sans qu'il se démasquât, la jeune femme, dont la figure était aussi belle que la voix était douce, fut installée dans la chambre qu'occupe encore aujourd'hui mistress Grey. (Mawbray paraît vivement ému.) La Providence exauça nos vœux, je reçus dans mes bras un enfant que sa mère couvrit de baisers et de larmes... Cet enfant, Richard, c'était toi !

(Mawbray regarde Richard avec tendresse.)

RICHARD.

La voiture qui amena ma mère avait-elle des armoiries?

LE DOCTEUR, réfléchissant.

En effet, c'eût été un moyen de reconnaissance; mais, non, je me rappelle qu'elle n'en avait pas.

RICHARD.

Encore une espérance trompée !... Continuez, je vous prie, mon père.

LE DOCTEUR.

A peine ta mère t'avait-elle mis au jour, pauvre enfant, que l'on frappa une seconde fois à la porte : c'étaient des gens de justice qui obéissaient à un homme accompagné du constable ; il me montra un ordre de remettre entre ses mains la jeune dame qui était dans ma maison ; je refusai, il la réclama comme père ; et, à sa voix, ta mère, faible et tremblante, vint tomber à ses pieds ; l'étranger donna l'ordre qu'on la portât dans sa voiture.

MAWBRAY, à part.

Pauvre Caroline !

RICHARD.

Et mon père, que faisait-il ?

LE DOCTEUR.

Il voulut la défendre, il s'approcha de l'inconnu dans ce but, car il paraissait aimer ardemment ta mère.

MAWBRAY, accablé et à part.

Oh ! oui, ardemment !

LE DOCTEUR.

L'étranger l'arrêta d'un mot que nous ne pûmes entendre : il chancela et tomba anéanti sur ce fauteuil.

(En se retournant, le Docteur et Richard aperçoivent Mawbray, qui, ne pouvant résister à son émotion, est tombé sur le fauteuil que le Docteur indique.)

MISTRESS GREY.

Qu'avez-vous, Mawbray ?

LE DOCTEUR.

Il se trouve mal.

MISTRESS GREY, appelant.

Jenny, Jenny, mon flacon de sels !

LE DOCTEUR.

Mawbray, Mawbray, mon ami !

JENNY.

Qu'y a-t-il donc, ma mère ? Oh ! mon Dieu ! je suis toute tremblante !

LE DOCTEUR.

Notre ami qui vient de s'évanouir ; mais ce ne sera rien.

MAWBRAY.

Non, mes amis, non, un éblouissement passager...

JENNY.

Oh ! maman, quand je t'ai entendue appeler ainsi, j'ai eu grand'peur. — C'est bien mal, monsieur Mawbray, d'effrayer ainsi ses amis.

MAWBRAY.

Je suis tout honteux du trouble que je vous cause; je vous ai interrompu... Continuez, mon ami; je suis mieux, tout à fait mieux.

LE DOCTEUR.

Je n'avais plus rien de bien intéressant à dire.

RICHARD.

N'importe, mon père, continuez.

LE DOCTEUR.

J'achève donc. Depuis la scène dont je viens de te parler, je n'ai jamais revu ni ton père ni ta mère; seulement, à des intervalles réglés, je recevais par la poste des sommes plus que suffisantes pour ton entretien. Il y a environ dix ans, peu de temps avant l'arrivée de Mawbray dans cette ville, je reçus cinq mille livres sterling avec l'avertissement que cet argent serait le dernier qu'on me ferait parvenir. Depuis ce temps, toutes mes recherches ont été inutiles, et j'ai pensé que l'adoption que nous avions faite de toi était à jamais ratifiée par tes parents.

MAWBRAY, serrant la main du Docteur.

Noble et généreux ami!

RICHARD.

Eh bien, vous étonnez-vous encore, mon père, que je veuille vous appartenir par un nouveau lien?

LE DOCTEUR.

Non, mais Jenny s'y refuse.

JENNY, dans les bras de sa mère.

Oh! maman, je n'ai pas dit cela.

LE DOCTEUR.

Ainsi donc, si je dis à Richard : « Sois l'époux de ma fille, » tu ne viendras pas me démentir?

JENNY.

Vous ai-je jamais désobéi, mon père?

LE DOCTEUR.

Eh bien, comme il ne manquait plus que ton consentement...

RICHARD.

Vous entendez, Jenny, votre consentement!

JENNY.

Richard, mon ami, vous savez bien que je n'ai plus besoin de le donner.

LE DOCTEUR, avec une voix douce mais solennelle.

Richard, en présence de notre meilleur ami, seul témoin de cet engagement sacré, ma femme et moi te donnons ce que nous avons de plus cher au monde, notre enfant; prends sur elle les droits d'un époux ; nous t'abandonnons ceux que nous tenons de la nature; son bonheur a été notre pensée de tous les instants, notre prière de tous les soirs ; tu nous remplaces maintenant, mon ami; regarde ces larmes dans les yeux de ta mère adoptive, écoute ma voix qui tremble! Oh ! je t'en supplie, Richard, rends Jenny heureuse, et tu seras quitte envers nous !

MAWBRAY, saisissant le bras de Richard.

Richard, cette prière d'un père est entendue au ciel !

RICHARD, montrant son cœur.

Et là, monsieur.

MISTRESS GREY.

Jenny, sois bonne épouse.

JENNY.

Je vous imiterai, ma mère.

RICHARD.

O Jenny ! tous les jours de ma vie sont à toi ! Meurent mes projets d'ambition ! ai-je quelque chose à désirer, puisque tu m'appartiens !

LE DOCTEUR.

Voilà bien les jeunes gens, extrêmes en tout. Eh bien, non, monsieur, vous ne renoncerez pas à vos projets, quand leur réussite est plus que probable. Vos succès ne sont plus à vous seul maintenant; la moitié appartient à Jenny, elle a le droit de la réclamer.

RICHARD.

Vous le voulez, mon père! mais déjà me séparer d'elle ! Jenny...

JENNY.

Mon Richard !

LE DOCTEUR.

Allons, va devant, nous te rejoignons.

RICHARD.

Tu le veux donc, Jenny? (A part.) Cinq heures!... il était temps. (Haut.) Adieu donc ! Stanson a ses couleurs, il me faut les miennes. (Détachant la ceinture de Jenny.) Les voici.

TOUS.

Bonne chance!

RICHARD.

Oh! tout doit me réussir, je suis dans un jour de bonheur.
(Il sort par la porte du fond; la famille se retire par la porte latérale.)

DEUXIÈME TABLEAU

La place publique de la ville de Darlington; au fond, la taverne des *Armes du roi*; au premier étage, une salle praticable, avec balcon. A gauche du spectateur, la taverne de *Marlborough*, ayant aussi un balcon saillant; à droite, les *hustings* ou gradins adossés aux maisons. En avant des gradins, des tables protégées par des barrières à claire-voie de quatre pieds de haut; la plupart des fenêtres sont garnies de drapeaux, les uns bleus, les autres jaunes.

SCÈNE PREMIÈRE

TOMPSON, RICHARD, Habitants, Électeurs, Peuple, une Marchande de ruban bleu, une Marchande de ruban jaune.

Au moment du changement de décoration, la place est déjà couverte d'un assez grand nombre d'Habitants portant au chapeau et à la boutonnière des rubans aux couleurs de leur candidat; ils forment des groupes animés. Dans la salle de la taverne des *Armes du roi*, on aperçoit Tompson assis à une table, entouré de Bourgeois, partisans de Richard. Les uns écrivent, les autres plient des papiers. Tompson remet un paquet de placards à un Afficheur, qui sort et les pose sur différents points de la place : on y distingue en grosses lettres le nom de *Richard*. Un Afficheur sorti de la taverne de *Marlborough* en placarde d'autres où paraît le nom de *Stanson :* des Curieux se groupent autour des affiches.)

UN FERMIER qui entre à un Électeur bleu qui fait partie d'un groupe.

Pouvez-vous m'enseigner, monsieur, le comité de M. Richard?

L'ÉLECTEUR.

C'est ici, à la taverne des *Armes du roi;* avez-vous des nouvelles?

LE FERMIER.

Aucune; j'arrive. Je viens souscrire pour cinquante livres sterling aux frais de l'élection.

L'ÉLECTEUR, aux autres de sa couleur.

Bravo, mes amis! c'est un des nôtres! Et vous n'avez pas de ruban bleu? Je veux vous en donner un, moi. (A une Marchande de ruban.) Eh! la marchande, deux aunes de ruban bleu.

LA MARCHANDE.

Allez ailleurs, radical; je ne vends que des rubans jaunes.

UNE AUTRE MARCHANDE.

Et moi, j'en donne, des bleus, pour rien à ceux qui souscrivent à l'élection de M. Richard.

LES ÉLECTEURS BLEUS.

Vive la marchande!

(Ils mettent des rubans au chapeau et à la boutonnière du Fermier, et le conduisent à la taverne des *Armes du roi*. — Des groupes d'Électeurs bleus se portent à l'entrée d'une rue aboutissant à la place en criant : *Voilà M. Richard! voilà M. Richard!* — Richard entre, accompagné de trois Commissaires portant ses couleurs; l'un d'eux tient un registre. Au mouvement qui se fait sur la place, Tompson s'avance sur le balcon.)

TOMPSON.

Eh bien, monsieur Richard, vos visites?

RICHARD.

La majorité est à moi.

ÉLECTEURS BLEUS.

Vivat!

TOMPSON.

Et M. Stanson?

RICHARD.

Je viens de l'apercevoir, terminant sa tournée dans York street; moi, je n'ai plus à voir que les électeurs qui demeurent sur cette place.

TOMPSON.

Le comité n'a pas perdu son temps; tout est prêt, et nous venons de répondre au dernier pamphlet de M. Stanson.

RICHARD.

Très-bien.

TOMPSON.

Allons, finissez vos visites, et bon succès!

RICHARD.

Dans un quart d'heure, je vous rejoins.

(Tompson rentre dans la salle; Richard, avec les Commissaires, se dirige vers une boutique à gauche, portant pour enseigne : *Blacfort, cordonnier.* Un Commissaire frappe à la porte.)

SCÈNE II

Les Mêmes, hors TOMPSON; BLACFORT, sortant de sa boutique.

BLACFORT, ouvrant.

Qu'y a-t-il pour votre service, monsieur?

LE COMMISSAIRE.

M. Blacfort?

BLACFORT.

C'est moi, monsieur.

RICHARD, s'approchant.

Monsieur Blacfort, je me présente à vous comme candidat du commerce et de l'industrie. (Mistress et miss Blacfort viennent à la porte de la boutique écouter ce qui se dit.) Ce n'est plus un étranger, imposé par une famille arrogante, c'est un des vôtres qui vient solliciter vos suffrages. Puis-je compter sur votre voix?

BLACFORT, qui l'a écouté avec attention.

Vous l'aurez.

RICHARD, au Commissaire portant le registre.

Inscrivez M. Blacfort. (A Blacfort.) Je vous remercie. (Il lui serre la main.) Mistress Blacfort permettra... (Il l'embrasse.) Miss est déjà trop bonne Anglaise pour ne pas permettre...

(Il embrasse aussi la jeune fille; et, en s'éloignant, serre de nouveau la main à Blacfort, qui rentre avec sa famille. Le Commissaire frappe à la porte de la taverne de *Marlborough*.)

LE COMMISSAIRE.

M. Outram?

SCÈNE III

Les Mêmes, hors BLACFORT; OUTRAM, sortant de la taverne.

OUTRAM.

Me voici, monsieur.

RICHARD.

Monsieur Outram, appelé par un grand nombre de mes concitoyens à l'honneur de la candidature, j'attache trop d'importance au suffrage d'un ami de la vieille Angleterre, pour ne pas m'empresser de venir vous demander votre voix.

OUTRAM.

Monsieur Richard, je vous verrai avec plaisir l'élu de Darlington ; mais j'ai des engagements ; ma taverne est celle du comité de sir Stanson.

RICHARD.

Monsieur Outram, je vous remercie.

(Le Commissaire va frapper à la maison voisine, et le même jeu de scène continue jusqu'à l'arrivée du haut Bailli. Au moment où M. Outram va rentrer, un Électeur de Stanson le rappelle.)

L'ÉLECTEUR.

Monsieur Outram !

OUTRAM.

Qu'y a-t-il ?

L'ÉLECTEUR.

Savez-vous si le comité a encore des bons pour boire et manger ?

OUTRAM.

J'ai distribué à des douteux tous les bons de dîner et de déjeuner ; mais il m'en reste encore pour des pots de bière. Êtes-vous seul ?

L'ÉLECTEUR.

Oui.

OUTRAM.

Voilà des bons pour quatre personnes.

L'ÉLECTEUR.

Je vais consommer.

(Tous les Électeurs portant des rubans jaunes se dirigent vers l'entrée d'une des rues qui aboutissent à la place, en criant : *M. Stanson ! Voici M. Stanson !* Stanson entre en scène avec ses Commissaires : l'un d'eux porte aussi son registre d'inscription.)

SCÈNE IV

LES MÊMES, STANSON.

OUTRAM.

Sir Stanson, soyez le bienvenu. Et vos visites ?

STANSON.

La majorité est à moi. (Vivat.) Ces messieurs du comité sont-ils encore là ?

OUTRAM.

Ils ont passé toute la nuit à rédiger des brochures et des affiches.

STANSON.

Je vais les remercier. (Aux Électeurs qui l'entourent.) A tout à l'heure, mes amis ! le haut bailli s'approche, et le moment décisif n'est pas loin.

(Stanson entre avec ses Commissaires dans la taverne de *Marlborough*. Une musique des rues annonce l'arrivée de troupes d'Électeurs bleus et jaunes, avec des bannières portant pour inscriptions : *Richard pour toujours! Richard et Réforme. Stanson et Derby. Stanson et la Constitution.* Les uns ont leur chapeau entouré d'une affiche où se lit le nom de leur candidat; d'autres portent des placards semblables au bout de longues perches. Le haut Bailli entre à son tour en costume d'ancien magistrat. Les hustings se garnissent de spectateurs, parmi lesquels on voit le Docteur, Mawbray, Anna et Jenny Grey. Les fenêtres des maisons sont occupées par des femmes, des enfants; on ferme les boutiques.)

SCÈNE V

Les Mêmes, LE DOCTEUR GREY, MAWBRAY, MISTRESS GREY, JENNY.

Richard et Stanson paraissent, chacun sur le balcon de sa taverne.

RICHARD, apercevant le Docteur et sa famille.

Mes amis, je suis à vous.

LE DOCTEUR, MAWBRAY, JENNY.

Bonjour, bonjour.

(Ils agitent leurs mouchoirs.)

STANSON, de son balcon.

Mes amis, un renfort vous arrive de l'extrémité du comté; j'ai fait remonter la rivière par un bâtiment dont le patron m'est dévoué, il vous apporte un renfort de cinquante voix.

RICHARD.

Mon père ! ma bonne mère ! Jenny !

LE DOCTEUR.

Eh bien?

RICHARD.

Tout va pour le mieux. Jenny, vous serez la femme d'un député.

JENNY.

Pourvu que mon mari s'appelle Richard Darlington, c'est tout ce que je désire.

RICHARD.

Et vous, mon père, qu'avez-vous fait pour moi?

LE DOCTEUR.

Je suis passé chez le notaire, et...

RICHARD.

Mais pour mon élection?

LE DOCTEUR.

J'ai vu vos amis, ils m'ont promis dix voix.

JENNY, avec joie, à Richard.

Richard, le contrat est déjà préparé.

RICHARD, avec distraction.

Très-bien. (Au Docteur.) Mon père, vous annoncerez publiquement mon mariage, n'est-ce pas, si vous voyez que cela devienne nécessaire à mon élection?

LE DOCTEUR.

Sois tranquille...

RICHARD, s'approchant de Jenny et la présentant à des Électeurs.

Saluez ces messieurs, Jenny; je viens de leur annoncer que, demain, vous serez ma femme.

(Jenny salue; Richard reçoit les félicitations de ses amis.)

TOMPSON.

Maître!

RICHARD, se retournant.

Qu'y a-t-il?

TOMPSON.

Un sloop arrive chargé d'électeurs jaunes, criant: « Vive Stanson! »

RICHARD.

Malheur! que faire?... Prends deux cents livres sterling, monte dans une barque, gagne le bâtiment; deux cents livres au patron, pour les descendre jusqu'à la mer, au lieu de les débarquer ici.

TOMPSON.

J'y cours.

(Il disparaît.)

RICHARD.

Pardon, mes amis, si je vous quitte; mais, vous voyez, il faut faire face à tout.

TOUS.

Adieu, adieu, bonne chance!

(Richard et Stanson avec leurs amis paraissent sur le balcon de leur taverne.)

LE HAUT BAILLI, après avoir réclamé le silence.

Habitants de Darlington, deux candidats se présentent pour être élus à la chambre des communes, M. Richard et M. Stanson : qu'on les écoute en silence.

(Le haut Bailli s'assied; Richard indique par ses gestes qu'il veut prendre la parole : toute la foule se tourne de son côté. — La musique cesse.)

RICHARD.

Nobles citoyens de la vieille Angleterre!... (Vivat, hourras, huées, voix qui réclament le silence.) C'est un spectacle étrange pour vous, qu'un homme nouveau qui vient disputer la place à M. Stanson, en possession depuis trente-cinq ans d'un siége à la chambre des communes. Oui, depuis que les Derby, en parcourant notre comté, peuvent dire: « Ces forêts, ces rivières, ces bourgs, ces vallées sont à nous, » ils ont pu dire aussi, et ils disent: « Il faut que les représentants de ce pays soient à nous. »

VOIX DIVERSES.

Non!... non! Oui!... oui!

RICHARD.

Vous le niez en vain! le comté a sept places au parlement; les Derby y envoient sept âmes damnées : c'est l'enfer représenté par les sept péchés capitaux. (Huées, applaudissements.) Leur règne est fini; un simple avocat, moi, votre homme, votre ouvrage, j'ose me mesurer avec eux, parce que vous avez compris vos droits, parce que vous êtes dit: « A nous tous, nous sommes plus riches qu'eux; puisque la liberté s'achète avec des guinées, donnons des guinées. (Bravos presque universels.) Avec nos modestes souscriptions, nous nous rirons des cent mille livres sterling des Derby. » Hommes oranges, vous voulez de l'or, allez aux Derby, c'est leur couleur! Citoyens bleus, vous voulez vos droits, mettez-moi l'arme à la main par vos suffrages, et je vous donne ma vie pour les défendre. (Sifflets, hourras.) Sir Stanson, vous vous croyiez déjà assis à l'aise dans le fauteuil où le représentant élu est porté en triomphe; mais, avant de vous laisser retomber dans votre sommeil septennal, je viens vous secouer un peu; laissez là votre modestie; dites-nous ce que vous avez fait pour nous, célébrez vos combats ; montrez-nous votre corps amaigri par les veilles! (Rire général.) Allons, que Darlington soit plus heureux que Westminster : qu'il entende votre voix; et, pour acheter le privilége d'aller vous taire sept ans dans la Chambre, enrouez-vous une fois en plein air. (Rires, mouvement de mécontentement des Jaunes.) Concitoyens, M. Stanson a pour lui le passé; moi, je n'ai que l'avenir: malgré cette différence, essayez d'un député qui, corps et âme, soit à vous, qui défende pied à pied vos droits et votre argent, qui, après chaque session, vienne vous dire: « Voilà ce que j'ai fait; êtes-vous contents? »

(Aussitôt qu'il a cessé de parler, tous les Électeurs se retournent vers le balcon où est M. Stanson.)

STANSON.

Habitants de Darlington, pour condamner l'audace de la tentative qu'on fait aujourd'hui (sifflets, applaudissements ; Stanson répète sa phrase), je ne veux pas invoquer d'autre fait que ce qui se passe sur cette place.

VOIX CONFUSES.

Qu'y a-t-il de si terrible?... Pourquoi donc?... Taisez-vous!... Silence!

STANSON.

Comparez ce tumulte, ces préparatifs de guerre au calme des dernières élections.

(Rires bruyants.)

PLUSIEURS VOIX.

Silence donc!... On a laissé parler M. Richard!

STANSON.

Permettrez-vous que le premier audacieux venu ose troubler ainsi la paix du comté?

(Cris, huées.)

TOMPSON, rentrant, à Richard.

Anglais, silence!... Le bruit fait mal à la tête de M. Stanson.

(Rires.)

STANSON.

Depuis quand ose-t-on parler avec cette irrévérence de la noble famille des Derby, le plus beau, le plus ancien diamant de la couronne d'Angleterre ?

VOIX.

Bravo! bravo!

D'AUTRES VOIX.

Qu'est-ce que cela nous fait?

STANSON.

Depuis trois cents ans, les Derby sont les maîtres...

(Explosion des Bleus, à la tête desquels on remarque Tompson. *Pas de maîtres ! nous ne voulons pas de maîtres !* Huées, sifflots. M. Stanson, malgré ses amis qui le pressent, fait signe qu'il renonce à la parole ; mais, pendant le tumulte, les Bleus se sont précipités vers les placards portant le nom de M. Stanson, qui sont arrachés, foulés aux pieds, et dont les débris sont lancés contre le malencontreux orateur.)

LE HAUT BAILLI, réclamant le silence.

Vous avez entendu les candidats ; que ceux qui sont d'avis de nommer M. Richard lèvent la main. (Un grand nombre de mains se lèvent.) Que ceux qui sont d'avis de nommer M. Stanson lèvent la main. (Huées, cris. Un moindre nombre de mains se lèvent.) Mon avis est que M. Richard est nommé représentant de la ville de Darlington.

(Applaudissements prolongés.)

UN DES COMMISSAIRES DE M. STANSON, du haut du balcon.

Nous demandons le scrutin du poll.

LE HAUT BAILLI.

M. Stanson demande le scrutin. Les candidats ont-ils nommé les officiers du poll?

RICHARD, STANSON et LEURS AMIS.

Oui, oui ; ils sont prêts.

PLUSIEURS PERSONNES, près des tables.

Nous voici.

LE HAUT BAILLI, aux Officiers du poll.

Messieurs, vous pouvez ouvrir le scrutin : quand un quart d'heure se sera passé sans qu'un électeur se soit présenté pour voter, le scrutin sera fermé ; que ceux qui veulent contrôler les droits des électeurs s'approchent des barrières.

(Mouvement général. Richard, Stanson et leurs amis descendent sur la place ; les balcons qu'ils occupaient sont aussitôt remplis par les Curieux. On voit Tompson, au milieu des partisans des deux candidats, se diriger vers les tables du scrutin et s'établir sur un des gradins qui les dominent ; d'autres Électeurs se cramponnent aux barrières pour surveiller les votes. Pendant ce temps, toute la foule est en mouvement ; on s'arrache les bannières au milieu d'une lutte presque générale à coups de poing. Lorsque le calme est un peu rétabli, on voit, après bien des efforts, quatre Électeurs pénétrer dans l'intérieur des barrières ; parmi eux est le docteur Grey. Chacun d'eux jure, en baisant la Bible, qu'il ne s'est pas laissé corrompre; ils donnent leur nom, leur demeure, et leur vote, qui sont inscrits par un des Officiers; d'autres Électeurs les remplacent. Ceux qui sont montés sur les balustrades comptent les suffrages, et, de temps en temps, en font connaître à haute voix le résultat.)

TOMPSON, à un Électeur qui se présente.

Vous n'êtes pas électeur; vous êtes domestique chez lord Derby.

LE DOMESTIQUE.

C'est vrai; mais je suis propriétaire d'un bien qui donne quarante schellings.

TOMPSON.

Où est votre ferme?

LE DOMESTIQUE.

A dix lieues d'ici, à peu près, sur la route de Londres, je crois.

TOMPSON.

Comment, vous croyez? Vous n'y avez donc jamais été?

LE DOMESTIQUE.

Non, je la loue.

TOMPSON.

A qui la louez-vous?

LE DOMESTIQUE.

Je ne sais pas.

TOMPSON.

Qui donc vous paye votre rente?

LE DOMESTIQUE.

L'intendant de lord Derby.

TOMPSON.

Messieurs, je vous signale la fraude.

ÉLECTEURS JAUNES.

Il est en règle! Il doit voter.

TOMPSON et PARTISANS DE RICHARD.

C'est indigne! c'est affreux!

(Une voiture chargée d'affiches amène des Électeurs bleus qui sont accueillis par les leurs avec des applaudissements et par les Jaunes avec des huées. Pendant tout ce temps, le poll a continué. Tompson, avec ses deux amis, exhorte ceux qui paraissent hésiter et applaudit ceux qui votent pour Richard. Les partisans de Stanson en font autant de leur côté. Une seconde voiture, couverte de placards comme la première, apporte un renfort aux partisans de Stanson, qui les reçoivent avec des hourras, au milieu des huées de leurs adversaires.)

TOMPSON, s'élançant des gradins sur la barrière, et montant sur un tonneau.

Cela ne peut continuer ainsi, monsieur le bailli!

(Mouvement général de curiosité.)

QUELQUES VOIX.

Qu'y a-t-il?

(Le haut Bailli paraît sur les hustings.)

TOMPSON.

Monsieur le bailli, espérant que tout se passerait avec bonne foi et loyauté, nous n'avions pas voulu établir de distinction entre les protestants et les catholiques; mais nous ne savons quelles promesses M. Stanson a faites aux papistes, voilà le septième qui se présente pour lui donner son suffrage. Nous demandons que le serment de suprématie soit exigé.

VOIX NOMBREUSES.

Il est trop tard! il fallait demander le serment avant le scrutin! vous n'en avez plus le droit.

D'AUTRES VOIX.

Pas de papistes! A bas le papiste Stanson! Vive notre religion protestante!

(Pendant ce temps, Tompson a parlé vivement au Bailli, qui réclame le silence.)

LE HAUT BAILLI.

La loi ne disant pas à quel instant le serment de suprématie doit être exigé, nous accordons sa demande à sir Richard. En conséquence, chaque électeur, avant de voter, déclarera par serment qu'il ne reconnaît au pape aucun pouvoir ni spirituel ni temporel, et que la doctrine de la transubstantiation est une doctrine damnable.

(Cette déclaration est suivie d'un violent tumulte et de cris sur divers points. Tompson cherche Richard au milieu de la foule et le rencontre.)

TOMPSON, avec vivacité.

Prolongez le désordre, il y va de l'élection!

(Richard disparaît quelques instants au milieu des groupes, puis on l'entend crier.)

RICHARD.

Je veux parler! je veux parler! (Plusieurs de ses amis lui indiquent la voiture; avec leur aide, il monte sur l'impériale, et, de là, harangue la foule.) Braves amis, s'il s'agissait de mon intérêt particulier, je vous aurais déjà dit: « Cédez à l'injustice et à la violence! » Mais, pour vous, je suis prêt à tout souffrir ; il s'agit de ne plus payer le plus épouvantable des budgets. Avez-vous jamais calculé ce budget? savez-vous qu'en monnaie de cuivre, il ferait vingt-huit fois le tour de la terre ?

VOIX DIVERSES.

Ah ! bon Dieu ! c'est horrible ! est-il possible ?

RICHARD.

Mais ne parlons que de notre province. Si ce que nous payons était compté en ligne droite sur une grande route, savez-vous combien de temps il vous faudrait pour le parcourir?

VOIX.

Non, non... Voyons! dites !

RICHARD.

Vous êtes bons marcheurs dans le Northumberland ?

VOIX.

Oui, oui !

RICHARD.

Mais, en recommençant tous les matins, vous ne feriez pas plus de trente-six milles par jour.

VOIX.

Non ! C'est cela ! c'est vrai !

RICHARD.

Eh bien, pour le voyage de notre budget particulier, il faudrait à un piéton six cent quatre-vingt-douze jours : un an, dix mois, vingt-sept jours.

VOIX.

C'est inconcevable ! quel calcul ! c'est une bonne tête

RICHARD.

Qu'est-ce que je veux, moi qui paye comme vous ?

VOIX.

Ah ! oui, vous payez beaucoup !

RICHARD.

Diminuer de quelques milles la longueur de cet interminable ruban. (Tirant une pierre de sa poche.) Voici comme on m'en récompense ! une pierre a été lancée contre moi, moi que vous avez applaudi, moi que vos mains ont proclamé votre élu. Pour repousser leur adversaire, ils veulent l'assassiner !

(Cette plainte de Richard excite un tumulte bien plus violent que tout ce qui a précédé; les cris, les menaces volent d'un parti à l'autre. On apostrophe

M. Stanson de la manière la plus vive : *Lâche ! brigand ! scélérat !* Ses partisans le protégent.)

STANSON, à ses partisans.

Apportez une table.

(Défendu par eux, il monte sur la table où l'on reçoit les suffrages et réclame un silence qu'on ne lui accorde qu'avec peine.)

TOMPSON, regardant sa montre.

Dix minutes !

(Il s'approche du haut Bailli et lui montre l'heure.)

STANSON, avec véhémence.

C'en est trop ! la voix qui me manque, dit-on, la colère me la donnera. On vous trompe, Anglais, on n'en veut pas à la vie d'un misérable qui vous rend ses dupes ; votre bien-être, votre repos, peu lui importe ! mais à lui des honneurs, des richesses ! Il défendra vos fortunes, lui ? Il ment, le bâtard ! sait-il ce que c'est qu'une fortune ? a-t-il un patrimoine ? a-t-il une famille ? Non, il ment encore quand il dit qu'il est fils du docteur : j'adjure M. Grey...

(Explosion : *Oui ! oui !... Non ! non !* Richard, Tompson, le Docteur, veulent parler : longtemps le bruit les en empêche ; enfin le Docteur, d'une voix forte, s'écrie.)

LE DOCTEUR.

Non, il n'est pas mon fils.

VOIX.

Ah ! ah !

LE DOCTEUR.

Mais il est mon gendre.

D'AUTRES VOIX.

Ah ! ah ! bravo !

STANSON.

En l'adoptant, M. Grey lui a-t-il donné ses vertus ? Plusieurs de vous le connaissent déjà. Les péchés capitaux, a-t-il dit : il n'en a qu'un, lui, mais le père de tous les autres, l'orgueil ! Par orgueil, il criera pour vous ; par orgueil, il vous trahira ; par orgueil... par orgueil...

(Tompson s'est approché de nouveau du Bailli en lui montrant l'heure et le scrutin interrompu.)

LE HAUT BAILLI, interrompant Stanson.

Le scrutin est fermé.

VOIX CONFUSES.

Comment cela ? On ne le savait pas ! c'est une surprise !
STANSON.

Un moment ! j'attends quarante électeurs qui viennent du fond du Northumberland, sur un sloop que j'ai frété.
TOMPSON.

Sir Stanson, si votre brick a bon vent, vos électeurs sont maintenant en pleine mer.
UN ÉLECTEUR JAUNE, accourant.

Sir Stanson, le sloop a passé sans débarquer ; malgré les cris des électeurs, il a doublé de voiles, et bientôt on ne le verra plus !
STANSON.

Mais c'est une forêt, un coupe-gorge, une trahison !
LE HAUT BAILLI.

Depuis un quart d'heure et plus, aucun électeur ne s'est présenté pour donner son vote. (Réclamations : *On écoutait*.) Je vais faire connaître le résultat du scrutin.

(Profond silence. Les Officiers du poll apportent au Bailli leur registre.)

LE HAUT BAILLI.

Le résultat du poll est : pour M. Richard, 142 voix ; pour M. Stanson, 137 voix. En conséquence, M. Richard est proclamé représentant de la ville de Darlington.

(Explosion d'applaudissements et de huées ; mais bientôt les Électeurs jaunes sont chassés par les bleus ; M. Stanson se retire dans la taverne de *Marlborough* ; Richard remercie ses amis, donne la main à ceux qui l'entourent et va embrasser sa famille adoptive.)

VOIX NOMBREUSES.

Le triomphe du fauteuil ! le triomphe du fauteuil !

(On apporte un large fauteuil sur une espèce de pavois, et l'on invite Richard à y monter.)

TOMPSON, lui présentant la main.

Sir membre du parlement...
RICHARD.

Merci, mon secrétaire.
TOMPSON.

Montez à votre siége de la chambre des communes !
RICHARD, montant.

C'est le marchepied de celle des lords.

(Tandis qu'on porte Richard autour de la place, la musique joue de toutes parts; on agite les bannières, sur la place, aux fenêtres; on jette en l'air les chapeaux garnis de rubans; les Dames font voltiger leurs mouchoirs; et, au milieu des hourras et des vivat, Richard adresse ses remercîments à la foule, qui le salue.)

ACTE DEUXIÈME

JENNY

TROISIÈME TABLEAU

Une tribune de la chambre des communes, réservée aux ministres et aux lords ; l'ouverture du fond laisse apercevoir la Chambre : le Président est au fauteuil; lui seul est visible; une rumeur annonce que les bancs des députés, que l'on ne peut voir, sont remplis. — Au commencement de l'acte, un rideau empêche les spectateurs d'apercevoir la chambre des communes. Mawbray, appuyé contre le mur, regarde par le rideau entr'ouvert. On entend sourdement la voix de Richard.

SCÈNE PREMIÈRE

MAWBRAY, UN HUISSIER.

L'HUISSIER, regardant Mawbray.

Bien! il a été fidèle à ma recommandation, et n'a pas tiré les rideaux. Avec ses habits de voyage, je ne me serais pas soucié qu'on le vît dans la tribune des ministres; mais il ne peut plus rester ici. Sir Richard est à la fin de son discours; aussitôt qu'il aura terminé, il va se faire un mouvement d'entrée et de sortie dans la Chambre, il faut que je l'avertisse... Monsieur!

MAWBRAY, presque sans se déranger.

Je suis à vous.

L'HUISSIER.

Il paraît qu'il a un grand intérêt au bill que l'on discute; c'est quelque fournisseur. (On entend dans la Chambre des applaudissements et des bravos.) Sir Richard a fini. (Voyant Mawbray applaudir.) Eh bien, eh bien, que faites-vous donc là? Est-ce que l'on applaudit dans les tribunes?

4.

MAWBRAY.

Ah! pardon, je n'ai pu résister à l'entraînement général! j'étais subjugué par une raison si éloquente... Quel talent! quelle énergie!

L'HUISSIER.

C'est un homme qui, depuis trois ans, nous a fait bien du tort!

(L'Huissier va au fond et regarde par une porte latérale.)

MAWBRAY.

Pauvre Jenny! que n'était-elle là! elle eût oublié son abandon pendant quelques instants peut-être; car les plaisirs de l'amour-propre ne cicatrisent pas pour longtemps les blessures du cœur! Il faut que je parle à Richard, et...

L'HUISSIER, revenant en scène.

On vient de ce côté.

MAWBRAY.

Je me retire (lui donnant une pièce d'argent), et vous renouvelle mes remercîments.

L'HUISSIER.

Passez par ce couloir. (Il le reconduit, et, le voyant s'éloigner.) Il était temps!

SCÈNE II

DA SILVA, TOMPSON.

Da Silva entre le premier.

TOMPSON, s'arrêtant avec une hésitation affectée.

Sans nous en apercevoir, nous avons quitté la salle des conférences. Si l'honorable sir Richard avait besoin de moi...

DA SILVA.

Soit. (A l'Huissier.) Ouvrez les rideaux et laissez-nous.

(L'Huissier obéit et se retire; ils s'asseyent devant la balustrade de la loge et la conversation continue.)

DA SILVA.

Vous voyez que nos bancs sont encore bien garnis.

(On entend un murmure sourd et une voix dont on ne peut distinguer les paroles.)

TOMPSON.

Mais oui... L'assemblée est bien distraite... C'est un des vôtres qui a la parole.

DA SILVA, après avoir écouté.

Tout cela est très-juste.

(Tumulte dans la Chambre.)

TOMPSON.

Tout le monde n'est pas de votre avis...

(On voit le *Speaker* faire des efforts pour rétablir l'ordre; d'une voix qui couvre le tumulte, il crie : *La parole est au premier lord de la trésorerie*.)

RICHARD, dans la Chambre.

Et, moi, je demande d'avance la parole pour réfuter ce que va dire le ministre.

DA SILVA, se levant précipitamment.

Il n'y a pas moyen d'y tenir.

TOMPSON, fermant les rideaux.

Prenez donc garde, monsieur le marquis! on vous voit.

DA SILVA.

C'est une guerre à mort!

TOMPSON.

Je vous l'ai dit: qui ne l'a pas pour lui, l'a contre lui; et qui ne l'a pas pour lui, succombe.

DA SILVA.

Jouons cartes sur table, monsieur Tompson.

TOMPSON.

Volontiers, puisque vous mettrez tous les enjeux.

DA SILVA.

Je ne veux pas perdre ma fortune; le ministère veut rester, et le roi veut garder un ministère choisi dans la plus haute aristocratie.

TOMPSON.

Je comprends le vouloir; et le pouvoir?...

DA SILVA.

Nous pouvons tout cela, pourvu que sir Richard nous prête son appui.

TOMPSON.

Vous vous y êtes pris trop tard.

DA SILVA.

Une entrevue peut tout réparer.

TOMPSON.

Avec qui?

DA SILVA.

Avec sir Richard.

TOMPSON.

Et vous croyez que l'on peut ainsi marchander et vendre une conscience? Vous vous trompez, monsieur le marquis; vous échoueriez même avec un homme corrompu, et sir Richard est encore à corrompre.

DA SILVA.

Mais cette affaire ne peut-elle pas se traiter par votre intermédiaire, monsieur Tompson?

TOMPSON.

Quelque confiance qu'ait en moi sir Richard, je crois encore de cette manière la chose impossible.

DA SILVA.

Que faire alors?

TOMPSON.

Supposez sir Richard caché quelque part, ignorant que vous connaissez sa présence en cet endroit, et vous, comme si vous ne parliez que pour moi seul, haussant la voix et me faisant connaître quelle espèce d'avantage sir Richard trouverait à quitter le parti qu'il a embrassé. Si ces offres ne paraissent pas à sir Richard en harmonie avec le sacrifice, il se retire, me fait un signe de tête; ses commettants n'ont pas même à lui reprocher une entrevue avec un défenseur du pouvoir... Si, au contraire, les offres lui agréent, un autre signe de tête suffit; tout se prépare dans le silence; et, lorsqu'il est compromis enfin, il a nt déjà, de manière qu'on ne puisse le lui reprendre, le dédommagement de ce qu'il a perdu.

DA SILVA.

Cela est faisable.

TOMPSON.

Plutôt aujourd'hui que demain.

DA SILVA.

Il faut que le moyen trouvé par vous soit mis en œuvre aujourd'hui même.

TOMPSON.

Où?

DA SILVA, *ouvrant la porte.*

Ce cabinet sera-t-il favorable?

TOMPSON.

Une simple cloison sépare.

DA SILVA.

Il entendra tout.

TOMPSON.

Et vous offrirez tout?

DA SILVA.

Oui.

TOMPSON.

Pas un mot qui puisse faire croire que vous connaissez sa présence?

DA SILVA.

Je serai sur mes gardes.

TOMPSON.

Permettez que j'appelle l'huissier...

DA SILVA.

Faites.

TOMPSON, écrivant quelques lignes au crayon.

Allez remettre ce billet à sir Richard.

DA SILVA.

Il va venir?

TOMPSON.

Dans un instant.

DA SILVA.

Monsieur Tompson, il y a dans ce portefeuille mille livres sterling ; en échange d'une bonne nouvelle, j'aurai l'honneur de vous en offrir un second qui en contiendra huit mille.

TOMPSON.

Monsieur le marquis, mes intérêts sont trop liés à ceux de sir Richard pour que je n'emploie pas toute l'influence que j'ai sur lui à le déterminer.

(Da Silva sort.)

SCÈNE III

TOMPSON, seul.

Depuis trois ans, tout a été fait pour la gloire, pour la vanité de Richard. Aujourd'hui va commencer ma récompense. (Il va aux rideaux qu'il entr'ouvre.) On lui remet mon billet... Il le lit... Il vient...(Redescendant la scène.)Maître, tu peux venir... Il débute dans l'accomplissement de ses promesses, le serviteur qui s'est donné à toi pour recueillir les miettes de ta fortune.

SCÈNE IV

RICHARD, TOMPSON.

TOMPSON.
Je vous ai fait demander.
RICHARD.
Pourquoi? Quelque message de ma femme, sans doute?
TOMPSON.
Comment?
RICHARD.
En venant ici, j'ai cru voir, au bout de la galerie, la figure de Mawbray.
TOMPSON.
Je crois que vous vous êtes trompé.
RICHARD.
Eh bien, alors, que me veux-tu?
TOMPSON.
Une démarche du ministère.
RICHARD.
Ah! les superbes s'humilient!
TOMPSON.
Ils sont à vos pieds.
RICHARD.
Il est trop tard.
TOMPSON.
Comment cela?
RICHARD.
Demain, le bill sera refusé.
TOMPSON.
Eh bien?
RICHARD.
Après-demain, le ministère tombe.
TOMPSON.
Que vous en reviendra-t-il?
RICHARD.
Rien.
TOMPSON.
Le roi protége trop l'aristocratie pour choisir un nouveau ministère dans l'opposition de la chambre des communes.

RICHARD.

Je le sais.

TOMPSON.

Vous n'avez donc aucune chance?

RICHARD.

Aucune.

TOMPSON.

Tandis que, si le ministère reste...

RICHARD.

Eh bien?

TOMPSON.

Je vous l'ai dit, il est à vos pieds.

RICHARD.

Je ne le relèverai pas.

TOMPSON.

Vous avez tort.

RICHARD.

Et mon mandat!

TOMPSON.

Et votre ambition!

RICHARD.

Je suis arrivé à mon but.

TOMPSON.

Je croyais que vous n'en étiez qu'à moitié chemin.

RICHARD.

J'ai réfléchi.

TOMPSON.

Et votre position?...

RICHARD.

Me paraît glorieuse; je me la suis faite par mon talent.

TOMPSON.

Et vous la soutenez par votre fortune. Deux années de séjour à Londres avaient déjà épuisé vos deux mille livres sterling; la mort du docteur, puis celle de sa femme, sont venues soutenir d'un raisonnable héritage le luxe que vous êtes forcé de déployer. Aujourd'hui, votre plus beau diamant est la franchise des lettres que vous vendez à votre banquier; la retraite où vit mistress Richard vous permet, je le sais, de réunir toutes vos ressources sur un seul point, mais elles ne sont pas inépuisables. Vous avez encore trois ans à siéger sur les

bancs de la Chambre, et elles ne vous conduiront pas jusque-
là. Que vous restera-t-il, alors?
RICHARD.
Une pauvreté honorable.
TOMPSON.
Qui vous ôtera jusqu'à la chance d'être réélu.
RICHARD.
Le peuple n'oubliera pas son défenseur.
TOMPSON.
Votre triomphe vous enivre, sir Richard. Le peuple! il n'est puissant que pour renverser : c'est un élément; sa colère peut effrayer un ministre, je le conçois; sa faveur ne peut rassurer un ambitieux; l'or, les places, sont-ils entre ses mains? peut-il en disposer sans l'approbation d'un ministre? Le peuple! mourez pour le défendre, et il n'aura pas même le droit de vous donner une pierre sépulcrale à Westminster. Parlons franc, sir Richard.
RICHARD.
Bref, qui est venu près de vous?
TOMPSON
Da Silva.
RICHARD.
Ce banquier portugais?
TOMPSON.
Oui.
RICHARD.
Quel intérêt prend-il au ministère?
TOMPSON.
Il a avancé des sommes considérables...
RICHARD.
Qu'il craint de perdre?...
TOMPSON.
Si le ministère tombe.
RICHARD.
Et il vient en son nom?...
TOMPSON.
Proposer un traité de paix.
RICHARD.
Ses conditions?
TOMPSON.
Vous les entendrez de sa propre bouche.

RICHARD.

Vous avez pu lui laisser concevoir l'espérance que je consentirais même à un pourparler? Niais!

TOMPSON.

Je mériterais ce nom, sir Richard, si j'avais fait ce que vous dites.

RICHARD.

Comment avez-vous donc arrangé cela?

TOMPSON.

De manière que rien ne puisse vous compromettre.

RICHARD.

Voyons.

TOMPSON.

C'est à moi que les propositions vont être faites.

RICHARD.

Où?

TOMPSON.

Ici.

RICHARD.

Et je serai?...

TOMPSON, ouvrant le cabinet.

Là.

RICHARD.

Sans qu'on le sache?

TOMPSON.

Cela va sans dire.

RICHARD.

Pas mal. Et da Silva?...

TOMPSON.

Va revenir.

RICHARD.

Il vient donc de vous quitter?

TOMPSON.

Au moment où je vous ai fait remettre ce billet.

RICHARD.

Et surtout pas un mot qui puisse me compromettre; n'avancez rien en mon nom : que je reste libre de tout refuser, tout démentir, tout nier.

(Richard se dirige vers le cabinet; Tompson va ouvrir la porte pour appeler l'Huissier : Mawbray se présente à lui.)

TOMPSON.

Assurément... Monsieur Mawbray!

RICHARD, s'arrêtant.

Mawbray!

SCÈNE V

RICHARD, MAWBRAY, TOMPSON.

MAWBRAY.

Pourquoi donc ma présence a-t-elle l'air de t'embarrasser, Richard?

RICHARD.

Vous vous trompez, monsieur Mawbray.

MAWBRAY.

J'aurais dû, peut-être, pour t'entretenir du motif qui m'amène à Londres, t'attendre chez toi; mais, ayant appris que tu étais à la Chambre, j'ai voulu t'entendre, je t'ai entendu.

RICHARD, se rapprochant de lui.

Eh bien?

MAWBRAY.

Sais-tu rien de plus beau qu'un député incorruptible, que l'élu de la nation, qui la défend comme un enfant sa mère; dont la voix est toujours prête à flétrir le pouvoir, si le pouvoir tente quelque chose contre ses intérêts et son honneur; qui use sa fortune privée pour la fortune de tous, et, la session finie, sort pauvre et nu de la Chambre comme un lutteur de l'arène! Le peuple, Richard... le peuple n'a ni or ni emplois à donner, mais il dresse des autels et il y place ses dieux.

RICHARD.

Cette gloire est belle, n'est-ce pas?

MAWBRAY.

Cette gloire est la tienne; celle que ton génie s'était promise, celle que je n'osais rêver pour toi, celle qui aujourd'hui aurait payé de son adoption le vertueux Grey, car il aurait pu dire en mourant: « J'ai donné à mon pays un grand citoyen. »

(Tandis que Richard écoute Mawbray avec attention et plaisir, Tompson s'approche et lui dit à mi-voix.)

TOMPSON.

On attend.

RICHARD.

Qu'on attende.

MAWBRAY.

Oui, Richard, au nom de tous ceux qui t'aiment, qui t'ont aimé, je le déclare, comme homme public, tu as dépassé toutes leurs espérances; mais tu les as trompées comme fils, comme époux.

RICHARD.

Comment?

MAWBRAY.

Tu as oublié ces prières de ton père adoptif, de sa femme, quand ils t'ont donné leur fille, quand ils t'ont dit: « Rends notre Jenny heureuse! »

RICHARD.

Ne faites point un crime à mon cœur du tort des circonstances.

MAWBRAY.

Nous ne sommes plus au temps où les talents dispensaient des vertus, et la gloire va bien avec la bonté.

RICHARD.

Il y a de l'amertume dans vos éloges.

MAWBRAY.

C'est que je viens te parler au nom d'une femme souffrante, d'une femme que tu as reléguée loin de toi, dans une obscure campagne; qui, depuis trois mois, gémit de ton absence, sans autre consolateur qu'un vieillard qui pleure avec elle.

RICHARD.

Et pourquoi tant de larmes?

MAWBRAY.

Parce qu'elle t'aime, parce que tu la dédaignes.

RICHARD.

Peut-elle le croire?

MAWBRAY.

Elle le croit, et pourtant elle ignore un cruel affront.

RICHARD.

ue voulez-vous dire?

MAWBRAY.

Chez toi, lorsque je me suis présenté, les domestiques, dans leurs réponses, m'ont fait voir que tu caches ici ton mariage; et, pour t'épargner le blâme de tes valets, il m'a fallu, par de honteux détours, expliquer mes premières paroles, et m'associer à ton mensonge.

RICHARD, à Tompson.

Ne m'avez-vous pas dit que l'on m'attendait?

TOMPSON.

Depuis longtemps.

MAWBRAY.

Je vous gêne, Richard.

RICHARD.

Je suis obligé d'entrer là ; des affaires importantes...

TOMPSON va parler à l'Huissier.

Prévenez le marquis.

MAWBRAY.

N'oubliez pas que Jenny attend dans la plus vive inquiétude la décision de son mari. Quand pourrons-nous reprendre cet entretien?

RICHARD.

Mais tantôt.

(Il entre dans le cabinet.)

MAWBRAY.

Quelle froideur!

SCÈNE VI

MAWBRAY, TOMPSON, DA SILVA.

DA SILVA.

Eh bien, monsieur Tompson...?

(Il s'arrête en voyant Mawbray, dont les regards sont attachés sur lui. Moment de silence. Tompson les regarde tous deux avec étonnement et curiosité.)

MAWBRAY, attirant Tompson à lui.

Quelle est cette personne?

TOMPSON.

Le marquis da Silva.

MAWBRAY.

Da Silva!

(Tompson examine les traits de Mawbray, qui peignent la terreur. Da Silva l'appelle à lui d'un signe.)

DA SILVA.

Quel est cet homme?

TOMPSON.

Mawbray.

MAWBRAY, revenant à lui.

Il y a ici un malheur sur moi. Fuyons.

(Il sort précipitamment.)

SCÈNE VII

TOMPSON, DA SILVA.

DA SILVA, qui a réfléchi.

Mawbray! je ne le connais pas.

TOMPSON.

Enfin, il est parti.

DA SILVA, bas.

Sir Richard?

TOMPSON, bas.

Il est là.

DA SILVA.

Si vous pouvez m'accorder quelques instants, monsieur Tompson, nous continuerons la conversation que nous avons été forcés d'interrompre.

TOMPSON.

Je vous écoute.

DA SILVA.

Je voulais vous dire...

TOMPSON, tirant des siéges du côté du cabinet de Richard.

Asseyez-vous d'abord.

DA SILVA.

Merci. Je voulais vous dire qu'au dernier conseil des ministres, Leurs Excellences s'étonnaient de l'acharnement avec lequel sir Richard poursuit leurs actes. Elles regrettaient que votre maître usât les belles années de sa vie, les ardeurs de son éloquence, pour des commettants qui ne peuvent ni comprendre les sacrifices qu'il leur fait, ni apprécier le talent qu'il dépense.

TOMPSON.

Vous conviendrez du moins qu'ils en profitent, et c'est le principal but de sir Richard.

DA SILVA.

Mais quelles sont les récompenses dont dispose le peuple,

monsieur Tompson? Des couronnes de chêne, dont huit jours suffisent pour faner les feuilles.

TOMPSON.

Et croyez-vous que le peuple aux mille voix n'a pas sa publicité aussi? S'il ne peut récompenser, il peut du moins flétrir; et ce que vous proposez, car ce sont des propositions, monsieur le marquis, serait le déshonneur éternel de sir Richard. Se vendre !...

DA SILVA.

Oui, si c'était une vente.

TOMPSON.

Qu'est-ce donc?

DA SILVA.

Une alliance.

TOMPSON.

Un député ne s'allie pas avec les ennemis du peuple.

DA SILVA.

Non; mais il peut se marier avec une fille noble.

TOMPSON, avec surprise.

Se marier !

DA SILVA.

Sir Richard est garçon?

TOMPSON, un moment embarrassé.

Oui, monsieur le marquis.

DA SILVA.

Ses intérêts alors changent de nature. Qui blâmera le lord d'avoir d'autres vues d'avenir que le simple député des communes? L'intérêt du pays, vu de sa nouvelle position, se présente à lui sous une nouvelle face; et voir d'en bas ou d'en haut, fait une grande différence dans la perspective.

TOMPSON.

J'avoue, monsieur, que cela change la question.

DA SILVA.

Et, si à une grande fortune la fiancée joint une grande beauté, sir Richard n'est pas homme à avoir le cœur aussi désintéressé que la conscience.

TOMPSON.

Mais pourquoi un mariage?

DA SILVA.

Parce qu'il faut que les liens qui nous attacheront sir Richard soient durables.

TOMPSON.

Est-ce une indiscrétion de vous demander le nom...?

DA SILVA.

Miss Wilmor.

TOMPSON.

La petite-fille de Votre Seigneurie?

DA SILVA.

Oui, l'enfant que lord Wilmor avait eue d'un premier lit et que ma fille unique, Caroline, adopta en l'épousant. Je lui donne cent mille livres sterling de dot.

TOMPSON.

C'est tout, monsieur le marquis?

DA SILVA.

Lord Wilmor était pair d'Angleterre.

TOMPSON.

Je le sais.

DA SILVA.

Peut-être obtiendra-t-on de Sa Majesté de faire revivre ce titre en faveur de l'époux de sa fille.

TOMPSON.

Et tout cela...?

DA SILVA.

Serait assuré par le contrat de mariage.

TOMPSON.

Ces promesses sont belles; mais qui garantira pour sir Richard...?

DA SILVA.

Le besoin que nous avons de lui.

TOMPSON.

Une fois qu'il aura renoncé à combattre le bill?

DA SILVA.

Une fois qu'il aura les titres entre les mains.

TOMPSON.

C'est juste.

DA SILVA, se levant.

Alors, vous me promettez...?

TOMPSON.

Que vos offres seront fidèlement rapportées.

DA SILVA.

Je vous remets de hauts intérêts, monsieur Tompson.

TOMPSON.

Je les apprécie.

DA SILVA.

Vous savez que le temps nous presse; après demain serait trop tard.

TOMPSON.

Je ne l'oublierai pas.

DA SILVA.

Au revoir.

SCÈNE VIII

RICHARD, TOMPSON.

TOMPSON, bas, ouvrant à sir Richard.

Qu'en dites vous, sir Richard?

RICHARD, sortant.

Qu'il est fâcheux que ce ne puisse être qu'une plaisanterie.

TOMPSON.

Comment cela?

RICHARD.

Et mon mariage?

TOMPSON.

Et le divorce?

RICHARD, lui appuyant la main sur l'épaule.

Répète!

TOMPSON.

Eh bien, qu'y a-t-il là d'étonnant? Oui, le divorce.

RICHARD.

Et qu'ai-je à reprocher à Jenny, qui puisse me le faire obtenir?

TOMPSON.

N'avons-nous pas le consentement mutuel?

RICHARD.

Elle refusera.

TOMPSON.

Vous la forcerez.

RICHARD.

Les moyens?...

TOMPSON.

Nous en trouverons.

RICHARD.
Et quand veut-on la réponse?
TOMPSON.
Demain au soir.
RICHARD.
Il faut se hâter.
TOMPSON.
Profiter du séjour à Londres de M. Mawbray, qui vous livre ainsi mistress Richard, sans appui, sans conseil!
RICHARD.
Attends un instant.
(Il s'approche de la table pour écrire : Mawbray paraît.)

SCÈNE IX

MAWBRAY, RICHARD, TOMPSON.

MAWBRAY, à part.
J'ai vu partir cet homme.
TOMPSON, à mi-voix à Richard, en s'approchant de lui.
Encore Mawbray!
RICHARD, continuant d'écrire.
Qu'importe!
MAWBRAY.
J'ai voulu te voir encore, Richard; que dois-je répondre à Jenny?
RICHARD.
Mon cher Mawbray, attendez jusqu'à demain au soir, j'ai besoin de ce délai.
MAWBRAY.
Vous le voulez?
RICHARD.
Je vous en prie. (A Tompson.) Dans une heure, nous partons.
(Il sort.)

SCÈNE X

LES MÊMES, hors RICHARD; DA SILVA.

MAWBRAY, qui a entendu les derniers mots de Richard.
Que dit-il? Il part! une crainte vague me serre le cœur.
(Da Silva entre précipitamment et va ouvrir les rideaux.)

5.

LE SPEAKER, dans la Chambre.

La parole est à sir Richard pour répondre à M. le ministre des finances.

(Tumulte dans la Chambre; voix confuses : *La parole est à sir Richard Silence ! écoutez !*

DA SILVA.

Que va-t-il dire ?

RICHARD, dans la Chambre.

Je renonce à la parole.

DA SILVA.

Le premier pas est fait.

TOMPSON

Il n'y a que celui-là qui coûte.

(Da Silva et Tompson sortent.)

MAWBRAY, seul.

Vertueuse Anna Grey, as-tu donc seule connu Richard !

QUATRIÈME TABLEAU

La chambre de Jenny dans une maison de campagne isolée. Jenny paraît sur un balcon. On aperçoit la cime seule des arbres, et l'on doit deviner qu'au-dessous est une immense profondeur.

SCÈNE PREMIÈRE

JENNY, seule.

Encore un jour tout entier passé à attendre vainement à cette fenêtre, à compter les flots du torrent qui se précipitent dans le gouffre; ainsi font les heures de ma vie ! O Richard !... Richard !... Si ma pauvre mère était là du moins... Oh ! le cœur d'une mère !... c'est là que s'est réfugié le don de la double vue. Elle seule avait prévu mon isolement, mon abandon; elle avait deviné Richard. Depuis un an que je vis dans cette retraite, et que Mawbray remplace mes parents, nul ne sait que j'existe; et j'y puis mourir, sûre que ma mort y restera aussi ignorée que mon existence. Oh ! mais c'est affreux, de vivre ainsi ! Depuis que Mawbray est parti, il me semble que lui aussi ne reviendra plus. Il m'avait promis de m'écrire aussitôt son arrivée.

(Elle sonne; une Femme de chambre entre.)

SCÈNE II

BETTY, JENNY.

JENNY.

Est-il arrivé une lettre pour moi?

BETTY.

Non, madame.

JENNY.

S'il en arrivait une, vous la monteriez aussitôt. Ecoutez donc.

BETTY.

Quoi?

JENNY.

C'est le bruit...

BETTY, écoutant.

D'une voiture.

JENNY.

Une voiture, une voiture qui vient de ce côté... oh! qui s'arrête! elle s'arrête, Betty!

BETTY.

C'est peut-être M. Mawbray qui revient.

JENNY.

Non, non, Mawbray serait revenu par le coach jusqu'au village, et, du village ici, à pied. Descendez, descendez. Oh! sir Richard seul peut venir ici en voiture. Allez donc... Mes genoux tremblent, mon pauvre cœur... (Elle s'assied la tête dans ses mains.) Oh! je n'ose regarder, de peur de voir entrer une autre personne. Mais c'est insensé à moi de croire qu'il vient. Ce ne peut pas être lui; il faudrait être folle pour espérer que c'est lui. On monte... C'est son pas!... c'est mon Richard! (Elle jette ses bras autour du cou de Richard qui paraît.) Oh!

SCÈNE III

RICHARD, JENNY.

RICHARD.

Qu'avez-vous donc, Jenny?

JENNY.

Ce que j'ai! il me demande ce que j'ai! J'ai que je pleure, que je ne t'espérai jamais, que je t'attendais toujours, qu'il y a un an que je ne t'ai vu, comprends-tu?... un an! un an! et que te voilà, toi, mon Richard! Ah! voilà ce que j'ai!

RICHARD.

Jenny, remettez-vous.

JENNY.

Et moi qui t'accusais, qui pensais que tu m'avais oubliée! J'étais injuste, pardonne!... Tu ne sais pas?... comment oser te le dire maintenant! à force de me voir pleurer, inquiète de voir que tu ne m'écrivais pas, car, méchant, il y a trois mois que je n'ai reçu de tes nouvelles!... eh bien, qu'est-ce que je disais? j'ai la tête perdue! Embrasse-moi, embrasse-moi!

RICHARD.

Peut-être vouliez-vous me parler de Mawbray?

JENNY.

Oh! oui. Pardonne-moi, mais je l'ai envoyé à Londres.

RICHARD.

Je l'ai vu.

JENNY.

Et pourquoi n'est-il pas revenu avec toi?

RICHARD.

Il était fatigué et ne pouvait partir que demain.

JENNY.

Et toi, quand tu as su mon inquiétude, demain t'a paru trop long, tu as pensé que tu ne pouvais trop tôt consoler la pauvre femme qui pleurait... Oh! tu es toujours mon Richard, le Richard de mon cœur! Et tu l'as laissé?

RICHARD.

Je voulais vous parler sans témoin.

JENNY.

Sans témoin?

RICHARD.

Oui.

JENNY.

As-tu quelque secret à me dire?

RICHARD.

J'ai un sacrifice à vous demander.

JENNY.

A moi, Richard? Oh! que je suis heureuse! je vais **donc**

faire quelque chose pour toi. Mon consentement te serait-il nécessaire pour vendre une de nos fermes? Tu dois avoir besoin d'argent, ta position nécessite tant de dépenses!

RICHARD.

Ce n'est point cela.

JENNY.

Qu'est-ce donc? Mais asseyez-vous, mon ami.

RICHARD.

Ce n'est point la peine.

JENNY.

Comment?

RICHARD.

Je repars dans une heure.

JENNY.

Sans moi?

RICHARD.

Je ne puis vous emmener.

JENNY.

Eh bien, je vous aurai toujours vu une heure; mais asseyez-vous.

RICHARD.

Vous vous ennuyez donc bien ici?

JENNY

Je m'ennuie loin de vous: je ne m'y ennuierais pas avec vous. Ce n'est point ma retraite qui me pèse, c'est votre absence. Si du moins vous répondiez à mes lettres!...

RICHARD.

Vous devez bien penser...

JENNY.

Oh! ne vous excusez pas: j'écrivais trop souvent. Souvent, ce sont nos exigences, à nous autres femmes, qui vous refroidissent pour nous. Notre vie est toute à l'amour; la vôtre se partage en vingt passions différentes, nous devrions le comprendre. Moi surtout, qui chaque jour avais de vos nouvelles (montrant des journaux); car ces journaux me parlaient de vous. Quand je voyais les colonnes entrecoupées de ces mots : « Écoutez!... écoutez!... Bravos... » Je me disais : « C'est lui qui parle! oh! si j'étais là pour partager son triomphe! oh! je serais trop heureuse. »

RICHARD.

Vous savez qu'entre les privations que nous impose notre

peu de fortune, vivre séparés est peut-être la plus nécessaire.

JENNY.

Je m'y suis soumise; et, si j'ai pleuré, j'ai eu soin du moins que mes lettres ne vous portassent point la trace de mes larmes.

RICHARD.

Elles n'auraient rien changé à notre position, et nous eussent rendus malheureux tous les deux.

JENNY.

La seule chose que vous craigniez était donc les embarras, et surtout les dépenses de la maison que vous seriez obligé de tenir, si j'étais près de vous?

RICHARD.

C'est, en effet, la principale.

JENNY.

Eh bien, cessez de la craindre. Des droits que me donne le titre de votre femme, je n'en réclame qu'un, celui de vivre près de vous, dans la solitude. J'ai peu le goût du monde, Richard; mais j'ai perdu mes parents, qui m'aimaient, et j'ai conservé le besoin d'être aimée. Eh bien, seul vous irez dans ce monde, où je figurerais mal. Retirée dans mon appartement, je vous verrai du moins, le soir, un instant; ou, si je ne vous vois pas, je saurai que vous êtes là, près de moi. Ah! le voulez-vous? Nul ne saura que je suis votre femme; personne ne me verra, ne m'invitera.

RICHARD.

Vous êtes folle.

JENNY.

Parlons d'autre chose alors. Vous veniez me demander un sacrifice, dites-vous?

RICHARD.

Loin de m'éloigner de mon but, cette conversation nous y ramène.

JENNY.

Voyons.

RICHARD.

De nouvelles circonstances qui tiennent aux chances politiques que je cours, ma position près de changer, des engagements de parti, rendent encore notre séparation trop incomplète.

JENNY.

Quinze lieues ne vous paraissent-elles pas une distance assez considérable? Depuis deux ans, ne vous ai-je pas été totalement étrangère? La voix publique seule m'apportait de vos nouvelles, et j'étais instruite en même temps que toute l'Angleterre de ce que faisait mon mari.

RICHARD.

Des reproches?

JENNY.

Des larmes.

RICHARD.

Les uns et les autres me sont insupportables.

JENNY.

Mais qu'exigez-vous donc, au nom du ciel? Vous me faites mourir... Faut-il que je quitte l'Angleterre, le lieu où je suis née, la terre où reposent mes parents? Eh bien, j'y consens! un jour encore pour pleurer sur leur tombe, et demain je pars. Mais au moins, Richard, dites-moi combien de temps durera cet exil. Oh! dites-le-moi! car un seul mot fera l'attente de toute ma vie : « Reviens. »

RICHARD.

Vous vous trompez, Jenny : je n'ai pas l'intention de vous arracher à votre terre natale. Je n'ai pas le droit de vous vouer à l'abandon. Le sort fit une erreur en nous liant l'un à l'autre, ce n'est pas à vous de l'expier. Puis-je vous condamner à porter les liens d'un mariage qui ne vous rend pas épouse, qui ne vous fera pas mère? Ce serait une cruauté. Si une fatalité contre laquelle j'ai lutté longtemps nous sépare,... je ne veux, je ne dois pas être un éternel obstacle à votre bonheur, et je n'aurai quelque repos, Jenny, que lorsque je vous aurai rendu, avec votre liberté, les chances probables d'un avenir plus heureux.

JENNY.

Je vous écoute sans vous comprendre, Richard.

RICHARD.

D'ailleurs, ce que je vous propose existe déjà à peu près pour nous avec tous ses maux, et sans que vous puissiez jouir des biens qui s'y rattachent.

JENNY.

Parlez, parlez toujours, que je vous comprenne donc... ou plutôt, taisez-vous, car je commence à vous comprendre, et c'est affreux !

RICHARD.

Tandis qu'une séparation...

JENNY.

Encore un mot...

RICHARD.

Légale...

JENNY.

Le divorce?

RICHARD.

Le divorce...

JENNY.

Oh! mon Dieu!

RICHARD.

Concilie tout.

JENNY.

Ayez pitié de moi!

RICHARD.

Ce mot vous effraye, parce que vous ne le voyez qu'environné de scandaleux débats, de honteuses révélations.

JENNY.

Je n'ai pas regardé l'arme, j'ai senti le coup.

RICHARD.

Le temps le guérira. Vous êtes jeune, Jenny, et un autre amour...

JENNY.

Oh! un autre amour!... profanation! sacrilége! un autre amour! Tuez-moi et ne m'insultez pas! du sang, mais pas de honte!

RICHARD.

Il n'y a ni sang ni honte ; de grands mots et de grands gestes ne m'éloignent pas de mon but.

JENNY.

Il est atroce... Une union demandée par vous, bénie par mon père et ma mère ; l'engagement pris par vous en face de Dieu... Et vous voulez briser tout cela!... L'appui sur lequel ils ont compté pour moi en mourant, vous me l'ôtez! enfin vous demandez à un tribunal de rompre ce qui a été lié devant l'autel!

RICHARD.

Eh! vous ne comprenez pas! Un procès! qui vous parle de faire un procès?... le pourrais-je pour moi-même?

JENNY.

Mais que voulez-vous donc alors? Expliquez-vous clairement; car tantôt je comprends trop, et tantôt pas assez.

RICHARD.

Pour vous et pour moi, mieux vaut un consentement mutuel.

JENNY.

Vous m'avez donc crue bien lâche! Que j'aille devant un juge, sans y être traînée par les cheveux, déclarer de ma voix, signer de ma main que je ne suis pas digne d'être l'épouse de sir Richard? Vous ne me connaissez donc pas, vous qui croyez que je ne suis bonne qu'aux soins d'un ménage dédaigné, qui me croyez anéantie par l'absence, qui pensez que je ploierai parce que vous appuyez le poing sur ma tête?... Dans le temps de mon bonheur, oui, cela aurait pu être; mais mes larmes ont retrempé mon cœur, mes nuits d'insomnie ont affermi mon courage; le malheur enfin m'a fait une volonté : ce que je suis, je vous le dois, Richard, c'est votre faute; ne vous en prenez donc qu'à vous. Maintenant, à qui aura le plus de courage, du faible ou du fort. Sir Richard, je ne veux pas...

RICHARD.

Madame, jusqu'ici, je n'ai fait entendre que des paroles de conciliation.

JENNY.

Essayez d'avoir recours à d'autres

RICHARD, marchant à elle.

Jenny!

JENNY, froidement.

Richard!

RICHARD

Malheureuse! savez-vous ce dont je suis capable?

JENNY.

Je le devine.

RICHARD.

Et vous ne tremblez pas?

JENNY, souriant.

Voyez.

RICHARD, lui prenant la main.

Femme!

JENNY, tombant à genoux de la secousse.

Ah!

RICHARD.

A genoux!

JENNY, levant les mains au ciel.

Mon Dieu, ayez pitié de lui!

(Elle se relève.)

RICHARD.

Oh! c'est de vous qu'il a pitié, car je m'en vais... Adieu, Jenny... Demandez au ciel que ce soit pour toujours.

JENNY, courant à lui, et lui jetant les bras autour du cou.

Richard! Richard! ne t'en va pas!

RICHARD.

Laissez-moi partir.

JENNY.

Si tu savais comme je t'aime!

RICHARD.

Prouve-le moi.

JENNY.

Ma mère! ma mère!

RICHARD.

Voulez-vous?

JENNY.

Tu me l'avais bien dit.

RICHARD.

Encore un mot.

JENNY, lui mettant la main sur la bouche.

Ne le dis pas.

RICHARD.

Consens-tu?

JENNY.

Écoute moi.

RICHARD.

Consens-tu?... C'est bien!... mais plus de messages, plus de lettres; que rien ne vous rappelle à moi;... que je ne sache pas même que vous existez... Je vous laisse une jeunesse sans époux, une vieillesse sans enfants...

JENNY.

Pas d'imprécations!...

RICHARD.

Adieu.

JENNY.

Vous ne partirez pas.

RICHARD.

Damnation!...

JENNY.

Vous me tuerez plutôt.

RICHARD, la repoussant.

Ah! laissez-moi!

JENNY, repoussée, va tomber la tête à l'angle d'un meuble.

Ah!... (Elle se relève tout ensanglantée.) Ah! Richard!... (Elle chancelle, étend les bras de son côté, et retombe.) Il faut que je vous aime bien...

(Elle s'évanouit.)

RICHARD.

Évanouie! blessée! du sang!... Malédiction! Jenny! Jenny! (Il la porte sur un fauteuil.) Et ce sang qui ne s'arrête pas! (Il l'étanche avec son mouchoir.) Je ne veux pourtant pas rester éternellement ici. (Il se rapproche d'elle.) Jenny! finissons! Je me retire... Tu ne veux pas répondre?... Adieu donc. (Il va sortir et entend un bruit de pas à la porte.) Qu'est-ce?

SCÈNE IV

RICHARD, TOMPSON, JENNY.

TOMPSON, paraissant.

De la voiture où j'étais resté pour faire le guet, je viens de voir Mawbray sortir du village et se diriger de ce côté.

RICHARD.

Que vient-il faire?

TOMPSON.

Défendre sa protégée... Mais il arrivera trop tard, n'est-ce pas? Qu'avez-vous obtenu?

RICHARD, montrant Jenny évanouie.

Rien, malgré mes prières, mes violences... Mais Mawbray! il va la voir ainsi; nouvelles armes contre moi... Jenny! Jenny! oublions tout!

JENNY, revenant à elle.

Richard! moi dans tes bras!... Je suis donc morte? je suis donc au ciel?

RICHARD.

Mon amie, oublions tout.

JENNY.

Je ne me souviens de rien. (Portant la main à son front.) Je saigne !

RICHARD, à part.

Damnation ! (Haut.) Jenny, quelqu'un vient ici ; essuie ces larmes, qu'on ne puisse voir ces traces de sang, je t'en conjure !

JENNY.

On vient, dis-tu ? Qui donc ?

RICHARD.

C'est Mawbray.

JENNY, avec douceur.

Ah ! tant mieux !

RICHARD.

Jenny, Mawbray ne doit pas connaître ces funestes débats. Promets-moi de te taire, promets-le-moi, je t'en prie.

TOMPSON, s'approchant de Richard.

Mawbray !

RICHARD, à Jenny.

Je te l'ordonne !

SCÈNE V

RICHARD, JENNY, MAWBRAY, TOMPSON.

Mawbray entre vivement. Moment de silence. Il regarde avec inquiétude et tour à tour Jenny et Richard

RICHARD.

Vous ici, Mawbray ?

MAWBRAY.

Ayant appris votre départ, j'ai craint pour Jenny les ennuis de la solitude et me suis hâté de revenir près d'elle.

RICHARD.

Vous avez bien fait et je vous remercie.

MAWBRAY.

Dois-je demain retourner à Londres pour chercher votre réponse ?

RICHARD.

Il me semble que ma présence en ces lieux vous en dispense.

MAWBRAY.

Vous avez donc apporté à votre femme des paroles de consolation ?

(Jenny se jette dans les bras de Richard.)

RICHARD.

Oui.

MAWBRAY.

Mais ce n'est que près de vous que pour elle le passé sera sans douleur et l'avenir sans inquiétude.

RICHARD.

Eh! qui vous dit qu'elle restera loin de moi?

MAWBRAY, avec joie.

Elle ira à Londres?

JENNY, saisissant le bras de Richard, et avec amour.

Serait-il vrai ?

RICHARD.

Sans doute, si vous le désirez tant... Adieu! il faut que je parte.

JENNY.

Sans m'attendre?

RICHARD.

Je ne puis... Je dois être au parlement à l'ouverture de la séance. (A part.) Les ministres me payeront cher le rôle que je joue ici.

MAWBRAY.

Adieu donc.

JENNY, à Richard.

A bientôt.

RICHARD.

A bientôt.

JENNY, à Mawbray, après que Richard est sorti.

Mon ami, j'espère encore pouvoir être heureuse !

MAWBRAY, lui essuyant le front.

Essuyez ce sang, Jenny; peut-être ensuite espérerai-je avec vous.

(Jenny court à la fenêtre et envoie des adieux à Richard; Mawbray la regarde avec attendrissement.)

CINQUIÈME TABLEAU
La chambre du conseil.

SCÈNE PREMIÈRE

Les Secrétaires d'État au département de l'intérieur et de la guerre; deux autres Ministres, un Huissier; puis le Premier Lord de la trésorerie.

LE MINISTRE DE L'INTÉRIEUR.

Messieurs, le conseil est assemblé.

LE MINISTRE DE LA GUERRE.

Où est notre président?

LE MINISTRE DE L'INTÉRIEUR, indiquant la porte du fond.

Le premier lord de la trésorerie est chez Sa Majesté.

LE MINISTRE DE LA GUERRE.

Savez-vous quel nouvel incident a fait convoquer ce conseil extraordinaire?

LE MINISTRE DE L'INTÉRIEUR.

Je l'ignore; mais, à la veille du rejet du bill qui entraîne notre chute, je conçois que nos communications doivent être plus fréquentes.

L'HUISSIER, annonçant.

M. le premier lord de la trésorerie.

LE MINISTRE DE LA GUERRE.

Nous allons tout savoir, car voici notre président.

LE LORD DE LA TRÉSORERIE, à l'Huissier.

Laissez-nous seuls.

LE MINISTRE DE LA GUERRE, au Lord de la trésorerie.

Vous sortez de chez le roi?

LE LORD DE LA TRÉSORERIE.

Oui, messieurs.

LE MINISTRE DE LA GUERRE.

Eh bien?...

LE LORD DE LA TRÉSORERIE.

Sa Majesté est plus que jamais affligée de l'opposition qui se manifeste dans la chambre des communes, et elle met entre nos mains tous les moyens qui sont en son pouvoir pour que nous la combattions.

LE MINISTRE DE LA GUERRE.

Dans une telle circonstance, il faut bien l'avouer, il ne nous reste qu'un seul parti.

LE MINISTRE DE L'INTÉRIEUR.

Lequel?

LE MINISTRE DE LA GUERRE.

Quoi qu'il puisse nous en coûter, disons-le, il faut amener à nous sir Richard.

LE LORD DE LA TRÉSORERIE.

C'est pour vous parler de lui, messieurs, que je vous ai réunis. Une première démarche a été faite; mais, avant d'aller plus loin, j'ai dû me rappeler que nous sommes tous solidaires et vous consulter sur ce qui me reste à faire.

LE MINISTRE DE LA GUERRE.

Nous écoutons Votre Grâce.

LE LORD DE LA TRÉSORERIE.

Des ouvertures ont été faites par le marquis da Silva à son secrétaire Tompson; elles ont été reçues de manière à nous laisser beaucoup espérer : j'ai cru alors que de semblables négociations voulaient être pressées, et j'ai fait demander à sir Richard une entrevue secrète pour ce soir.

LE MINISTRE DE L'INTÉRIEUR.

Nous présumons bien quel en doit être l'objet; mais jusqu'à quel point pouvons-nous nous engager?

LE LORD DE LA TRÉSORERIE.

Messieurs, toutes mes promesses seront réalisées, j'en ai l'assurance, et je suis autorisé à promettre beaucoup.

LE MINISTRE DE LA GUERRE.

Mais enfin s'il résistait?

LE LORD DE LA TRÉSORERIE.

Dans ce cas, il resterait encore un moyen à essayer, une tentative hasardeuse, inusitée, un tête-à-tête dangereux.

L'HUISSIER, entrant.

Un membre de la chambre des communes demande à être introduit près de Leurs Excellences.

LE MINISTRE DE LA GUERRE.

Son nom?

L'HUISSIER.

C'est l'honorable sir Richard.

LES MINISTRES.

Sir Richard!

LE LORD DE LA TRÉSORERIE.
Déjà! en plein conseil! ce n'étaient pas nos conventions. (A l'Huissier.) Faites entrer. (Aux Ministres.) Nous ne pouvons nous dispenser de le recevoir.

SCÈNE II

LES MÊMES, RICHARD.

RICHARD.
Salut à Leurs Excellences.
LE LORD DE LA TRÉSORERIE.
Soyez le bienvenu, sir Richard.
RICHARD.
Sa Grâce dit-elle ce qu'elle pense?
LE LORD DE LA TRÉSORERIE.
Jamais entrevue ne fut plus désirée.
RICHARD.
Vous y comptiez?
LE LORD DE LA TRÉSORERIE.
Nous l'espérions.
RICHARD.
Cet espoir n'est pas un éloge de la modestie que vous me supposiez.
LE LORD DE LA TRÉSORERIE.
Et pourquoi cela?
RICHARD.
C'est que je doute encore moi-même que tout ceci ne soit pas un songe. Moi, avocat obscur d'une petite ville, simple membre de la chambre des communes, en face des hommes que leur nom, que leur position politique place autour des marches du trône de la vieille Angleterre; c'est par trop hardi à moi, Richard Darlington, député du peuple.
LE LORD DE LA TRÉSORERIE.
Monsieur, le peuple s'est écrit avec le sang des révolutions des lettres de noblesse qui lui permettent, comme à la vieille aristocratie, de traiter d'égal à égal avec la royauté.
RICHARD.
Monsieur le ministre, ses droits sont plus anciens que vous ne le pensez; son blason sanglant remonte à Cromwell, et il

a pris pour armes parlantes une couronne à terre près d'une hache et d'un billot debout.

LE LORD DE LA TRÉSORERIE.
Est-ce de la menace, sir Richard?

RICHARD.
C'est de l'histoire, monsieur.

LE LORD DE LA TRÉSORERIE.
Eh bien, sir Richard, c'est pour éviter ces grandes catastrophes entre la royauté et le peuple, dont le sang se perd toujours en proportion à peu près égale, qu'un pouvoir intermédiaire a été créé comme un double bouclier où viennent s'amortir l'orgueil de l'un et les exigences de l'autre. Leurs mains, que nous tenons de chacune des nôtres, nous pouvons les réunir.

RICHARD.
Cela ne se peut pas, Excellence.

LE LORD DE LA TRÉSORERIE.
Sir Richard, ce n'est pas là ce qu'on nous avait promis.

RICHARD.
Promis! et qui avait été assez audacieux pour promettre en un autre nom que le sien?

LE LORD DE LA TRÉSORERIE.
Fait espérer du moins.

RICHARD.
Une trahison, n'est-ce pas?

LE LORD DE LA TRÉSORERIE.
Une concession tout au plus.

RICHARD.
Une concession! le peuple n'en fait plus aujourd'hui, il en exige.

LE LORD DE LA TRÉSORERIE.
Nous avons pu croire un instant...

RICHARD.
Que j'étais à vendre, n'est-ce pas? C'est dans cette espérance, sans doute, que vous m'aviez fait demander une entrevue secrète; mais je suis venu vous trouver au milieu de vos collègues, qui entendront ma réponse, et la rediront si tel est leur bon plaisir.

LE LORD DE LA TRÉSORERIE.
Monsieur, ces explications...

RICHARD.

Oui, messieurs, vous êtes venus, ambassadeurs de corruption, apporter à mes pieds les présents de la couronne! Eh bien, je repousse du pied présents et ambassadeurs! Arrière tous!

LE LORD DE LA TRÉSORERIE, à part.

Il n'y a plus que ce moyen...

(Il parle bas à un Ministre, qui entre aussitôt chez le Roi.)

SCÈNE III

LES MÊMES, hors LE MINISTRE.

RICHARD.

Et si demain, du haut de la tribune, je disais à mes commettants à quel prix on évaluait leur mandataire; si je dénonçais cet infâme marché des consciences, si je vous rejetais à la face vos honteuses propositions!

LE LORD DE LA TRÉSORERIE.

Et quelles preuves donnerez-vous, sir Richard? Ne pouvons-nous pas nier?

RICHARD.

A celui qui nierait, je dirais: « Tu mens! »

LE LORD DE LA TRÉSORERIE.

Monsieur, nous vous offrions la paix... Vous refusez; la guerre donc... A demain, à la Chambre!

RICHARD.

A demain, à la Chambre!

(Le Ministre qui est entré chez le Roi rentre et parle bas au Lord de la trésorerie.)

LE LORD DE LA TRÉSORERIE, à Richard, qui va sortir.

Sir Richard, vous êtes prié de vouloir bien attendre quelques instants dans cette salle.

(Les Ministres sortent.)

SCÈNE IV

RICHARD, UN HUISSIER.

RICHARD.

Que veut donc encore de moi le ministère?

L'HUISSIER, entrant.

Il y a un homme qui demande à vous parler.

RICHARD.

Tout à l'heure.

L'HUISSIER.

C'est votre secrétaire, je crois.

RICHARD.

C'est bon.

L'HUISSIER.

Il paraît être très-pressé de vous parler. Il attend.

RICHARD, avec impatience.

J'attends bien, moi... Pourquoi ne s'est-on pas expliqué? Est-ce quelque ruse, quelque piége?... Allons savoir ce que nous veut Tompson. La porte s'ouvre... Que vois-je?...

SCÈNE V

UN INCONNU, RICHARD.

L'INCONNU.

Monsieur,... vous ne me connaissez pas;... mais, moi, je ne me trompe pas, vous êtes le secrétaire du conseil. (Richard semble prêt à nier.) Je désire que vous soyez le secrétaire du conseil.

RICHARD.

Je le suis, milord. (En appuyant sur ce dernier mot.)

L'INCONNU.

Très-bien, vous m'avez compris... Monsieur le secrétaire, voulez-vous vous asseoir à cette table?

RICHARD, toujours en souriant.

J'attends les ordres de milord.

L'INCONNU, lui donnant des papiers.

Parmi ces papiers, en voici qui exigent un prompt examen... Voulez-vous bien m'en donner connaissance?

RICHARD, lisant.

« Titres de propriété du comté de Carlston et de ses dépendances dans le Devonshire, concédés à tout jamais à... » Le nom est en blanc.

L'INCONNU.

C'est une omission... Voulez-vous écrire sous ma dictée?

RICHARD.

Mais...

L'INCONNU, continuant.

Richard Darlington.

RICHARD.

Je ne puis écrire...

L'INCONNU.

Comment! monsieur le secrétaire, vous refusez d'écrire un nom que je ne prononce qu'avec le respect dû au talent?

RICHARD.

Cette touchante bonté...

L'INCONNU.

Vous écrivez, n'est-ce pas?... Ayez la complaisance de continuer.

RICHARD, lisant un autre papier.

« Lettres de noblesse conférant à perpétuité le titre de comte à...

L'INCONNU.

Les mêmes noms, je vous prie.

RICHARD écrit en souriant.

Vous êtes obéi.

L'INCONNU.

Après, de grâce?

RICHARD, lisant.

« Contrat de mariage entre miss Lucy Wilmor, fille de feu lord Wilmor, pair du royaume, petite-fille du marquis da Silva, et le noble comte de Carlston... »

L'INCONNU.

Nous connaissons les parties contractantes; mais les conditions, je vous prie?

RICHARD, lisant.

« La jeune miss apporte à son mari cent mille livres sterling en biens-fonds et en actions de banque... Le marquis da Silva, par substitution de sa fille Caroline Wilmor, reconnaît sa petite-fille pour sa seule et unique héritière... Le titre de pair, éteint au décès de lord Wilmor, revit pour l'époux de sa fille et ses descendants mâles à perpétuité. »

L'INCONNU.

Tout cela est parfait... Ne trouvez-vous pas que le nom de Georges scellé d'un don royal ferait bien sur ce contrat?

RICHARD.
Tant de faveurs, sur un seul homme, en si peu d'heures!
L'INCONNU.
Ah! vous êtes envieux!... Puisque vous résistez si bien à l'entraînement, vous devez être un homme de bon conseil... Le ministère perd de sa popularité, n'est-ce pas? Le roi reculerait à le recomposer avec l'élément démocratique. Il parlait dernièrement de choisir le président du conseil parmi les jeunes pairs; croyez-vous au succès d'une semblable combinaison?
RICHARD.
Un dévouement sans bornes...
L'INCONNU.
Il reste un dernier papier.
RICHARD.
Blanc.
L'INCONNU.
Vous ne comprenez pas?
RICHARD, après un moment d'hésitation.
Si fait! (Il signe.) A vous ce papier, milord; à moi ceux-ci.
L'INCONNU.
Je veux dire au roi que nous avons fait connaissance.

SCÈNE VI

RICHARD, seul.

Ah! c'est un rêve!... une folie!... une apparition!... mais... mais ces papiers? Ah! non, non, tout cela est réel. Oh! je ne puis respirer... la tête me tourne... Richard! Richard! dans tes songes les plus brillants, avais-tu jamais osé prévoir...? Moi! moi! allié à ce que l'Angleterre a de plus illustre! Richard comte, Richard pair, Richard ministre, Richard le premier du royaume après le roi! que dis-je, le roi!... le roi, c'est un nom. C'est le ministre qui gouverne; c'est le ministre qui dirige tout, finances, guerre, administration. (Allant au fauteuil du président.) C'est ici ma place; voilà le trône, le vrai trône... D'ici, ma voix va retentir dans les trois royaumes, sur l'Océan. (Se frappant le front.) De là s'élancera la volonté que subira l'univers. A moi des honneurs, des dignités, des couronnes ; à moi des armoiries, une bannière, des millions à répandre ; enrichir Londres, l'Angleterre, de monuments, monuments éternels... sur lesquels on lira à tout jamais mon nom, un nom que je fais, que je léguerai à ma patrie comme une gloire ! Ah ! ma joie... mon bonheur... vous m'étouffez. (A Tompson qui entre.) Viens !... viens !... Sais-tu ?...

SCÈNE VII

RICHARD, TOMPSON.

TOMPSON.

Sir Richard...

RICHARD.

Sais-tu ?...

TOMPSON.

Mawbray est revenu à Londres.

RICHARD.

Eh ! qu'importe !

TOMPSON.

Il amène votre femme.

RICHARD.

Jenny !...

TOMPSON.

Elle vous attend à votre hôtel.

RICHARD.

J'avais tout oublié... Malédiction !

ACTE TROISIÈME

MAWBRAY

SIXIÈME TABLEAU

Un appartement de l'hôtel de sir Richard, à Londres.

SCÈNE PREMIÈRE

MAWBRAY, JENNY.

JENNY.
Je n'oserai jamais attendre son retour avec vous, Mawbray.

MAWBRAY.
Avec moi, que craignez-vous?

JENNY.
Un premier mouvement de colère.

MAWBRAY.
Et depuis quand la femme ne peut-elle venir chez son mari?

JENNY.
Mais sans doute qu'il a des motifs pour cacher ce mariage, puisqu'ici personne ne le connaît.

MAWBRAY.
Il n'en existe pas moins, Jenny; il n'en est pas moins sacré.

JENNY.
Oh! parlez moins haut; ces domestiques pourraient vous entendre.

MAWBRAY.
Comme il faudra tôt ou tard qu'ils vous appellent mistress Richard...

JENNY.
Oh! vous conviendrez, Mawbray, que Richard seul a le droit de leur donner cet ordre.

MAWBRAY.
Écoutez...

JENNY.
On vient... C'est lui! Mawbray, laissez-moi m'en aller. Je ne veux pas, je n'ose pas le voir. C'est vous, Mawbray, qui

m'avez entraînée : j'ai 'eu tort. Oh! cachez-moi, au nom du ciel, cachez-moi !

MAWBRAY, à un Domestique.

Comme il faut que je parle seul à sir Richard, conduisez madame dans une autre chambre.

JENNY.

Du calme, Mawbray; ménagez son orgueil.

MAWBRAY.

Oui, jusqu'à ce que nous le forcions de plier. Soyez tranquille. (Jenny sort. Mawbray regardant dans l'antichambre.) Ce n'est pas lui... Une femme!

SCÈNE II

LADY WILMOR, MAWBRAY, un Domestique.

LE DOMESTIQUE, à lady Wilmor.

Le nom de milady?

LADY WILMOR.

Je désire ne le faire connaître qu'à sir Richard.

MAWBRAY.

Que vois-je!

LE DOMESTIQUE.

Sir Richard est absent.

LADY WILMOR.

J'attendrai son retour.

MAWBRAY, à part.

Lady Wilmor... Caroline da Silva... Et moi, moi là, moi qu'elle peut reconnaître! Où me cacher?... Oh ! ce cabinet...

(Il entre dans le cabinet.)

SCÈNE III

LES MÊMES, hors MAWBRAY.

LE DOMESTIQUE.

Veuillez entrer dans ce salon, milady; quelqu'un y attend sir Richard.

LADY WILMOR entre en s'enveloppant d'un voile.

Quelqu'un?... Ce domestique s'est trompé : tant mieux.

TOMPSON, traversant l'antichambre.

Sir Richard.

SCÈNE IV

RICHARD, LADY WILMOR.

RICHARD, à un Domestique.

Une dame m'attend ?

LE DOMESTIQUE.

Oui, monsieur.

RICHARD.

Où ?

LE DOMESTIQUE.

Dans ce salon.

RICHARD.

Tompson, veillez à ce que personne ne vienne nous troubler. (Entrant et fermant la porte avec colère.) Pardieu ! madame...

LADY WILMOR, se levant.

Sir Richard...

RICHARD, avec respect.

Pardon, milady, mais je trouve dans ce salon une personne que je ne croyais pas avoir l'honneur d'y voir, et j'y cherche vainement quelqu'un que je croyais y rencontrer. Donnez-vous la peine de vous asseoir : je suis à vos ordres.

LADY WILMOR.

Monsieur, je fais près de vous une démarche...

RICHARD.

Saurai-je d'abord, milady, à qui j'ai l'honneur de parler ?

LADY WILMOR.

A lady Wilmor.

RICHARD, se levant.

Fille du marquis da Silva ?

LADY WILMOR.

Elle-même ; asseyez-vous donc.

RICHARD.

Permettez, milady...

LADY WILMOR.

Asseyez-vous, je vous en prie, sir Richard ; j'ai des choses de la plus haute importance à vous communiquer. Êtes-vous sûr que personne ne peut nous entendre ?

RICHARD.

J'en suis certain, milady.

LADY WILMOR.

Mon père m'a parlé hier des projets d'union qui existent entre nos deux familles.

RICHARD.

Oui, milady.

LADY WILMOR.

Le roi lui-même veut bien s'intéresser au mariage de ma fille d'adoption.

RICHARD.

Je connais les bontés de Sa Majesté.

LADY WILMOR.

Mon père, le marquis da Silva, donne cent mille livres sterling.

RICHARD.

Ces détails...

LADY WILMOR.

Sont nécessaires, et préparent le secret que j'ai à vous révéler.

RICHARD.

J'écoute.

LADY WILMOR, lui prenant la main.

Sir Richard !

RICHARD.

Milady !

LADY WILMOR.

Oh! je n'oserai jamais... Sir Richard, vous êtes honnête homme?

RICHARD.

Jusqu'à présent, je n'ai donné à personne le droit d'en douter.

LADY WILMOR.

Vous, mon père et un autre, connaîtrez seuls ce que je vais vous apprendre.

RICHARD.

Quel que soit ce secret, madame, il mourra là.

LADY WILMOR.

Peut-être avez-vous cru, monsieur, en épousant miss Wilmor, que, quoiqu'elle fût l'enfant du premier mariage de mon mari, l'amour presque maternel que je lui porte me déterminerait à joindre ma fortune particulière à la sienne.

RICHARD.

Milady, peut-être aurais-je droit de me plaindre de votre persistance à revenir sur de pareils détails. Si l'on m'a peint à vos yeux comme un homme intéressé, permettez-moi de vous dire que le portrait n'est ni flatté ni ressemblant.

LADY WILMOR.

Oh! loin de là, loin de là, monsieur! je connais toute votre générosité. Mais ne comprenez-vous pas que j'ai un secret, un secret humiliant à vous révéler, et que je tarde?... (Une pause.) J'ai un fils, sir Richard, et ma fortune lui appartient.

RICHARD.

Vous?

LADY WILMOR.

Oui, l'enfant d'une faute, et trois personnes, vous compris, connaissent seules l'existence de ce malheureux enfant!

RICHARD.

Et lord Wilmor?

LADY WILMOR.

L'a toujours ignorée; quelques mois après notre mariage, il reçut sa commission de gouverneur dans l'Inde, d'où je ne suis revenue qu'après sa mort.

RICHARD.

Eh bien, milady?...

LADY WILMOR.

Eh bien, à peine le pied sur le sol d'Angleterre, redevenue propriétaire de mes biens, j'ai songé au pauvre abandonné. Déshérité des caresses de sa mère, qu'il trouve sa fortune, du moins; car cet enfant me maudit peut-être... Moi, moi, je l'ai toujours aimé comme une mère, c'est-à-dire d'un amour de toutes les heures et de tous les instants. Mon enfant, mon fils, croyez-vous qu'il me pardonne?

RICHARD.

En vous retrouvant, en vous serrant dans ses bras, il oubliera tout.

LADY WILMOR.

Oh! voilà ce qui fait mon malheur, c'est que je ne puis le revoir, c'est que je suis condamnée à ne jamais le presser sur mon cœur, le cœur d'une mère pourtant.

RICHARD.

Et pourquoi cela? Pardon, madame; mais, à moitié dans votre secret, j'ai peut-être le droit de connaître le reste.

LADY WILMOR.

Jamais je ne reverrai mon fils.

RICHARD.

Pourquoi ?

LADY WILMOR.

Il voudrait connaître son père, son père que je ne puis nommer; comprenez-vous? un fils qui me demanderait le nom de son père, il me serait défendu de le dire.

RICHARD.

Oui; alors vous avez raison, mieux vaut qu'il ignore...

LADY WILMOR.

Et qu'à ma mort seule, en recueillant ma fortune, il sache mon secret. Oui, voilà ce que je me suis dit; mais, d'ici là, il peut être malheureux, dans le besoin, appelant et maudissant sa mère. Oh! ne voyez-vous pas ce que je venais vous demander encore?

RICHARD.

Si, madame : de remplacer pour lui ce qu'il a perdu, n'est-ce pas? Est-il plus jeune que moi, il sera mon fils, milady; est-il de mon âge, il sera mon frère.

LADY WILMOR.

Je ne m'étais donc pas trompée! Oh! vous avez donc toutes les vertus! Laissez-moi embrasser vos genoux.

RICHARD.

Madame...

LADY WILMOR.

Vous ne comprenez donc pas une mère à qui l'on rend son fils, car c'est me le rendre. Je le reverrai ; il ne saura pas que je suis sa mère. Oh! Richard... pardon ! sir Richard, vous irez vous-même, n'est-ce pas, le chercher dans le Northumberland?

RICHARD.

Je connais ce pays, milady.

LADY WILMOR.

Ai-je dit dans quel pays? A Darlington.

RICHARD.

Darlington!

LADY WILMOR.

Vous vous informerez d'un honnête homme, de sa femme, qui doivent être bien vieux maintenant; d'un digne docteur... du docteur Grey.

RICHARD, à part.

C'est ma mère !...

LADY WILMOR.

Et, s'ils étaient morts, si le jeune homme, si mon fils avait quitté le pays, vous sauriez où il est allé, n'est-ce pas ? vous le sauriez...

RICHARD, toujours à part.

Et quel peut être mon père ?...

LADY WILMOR.

Vous ne me répondez pas ?

RICHARD.

Un doute me vient, madame; et si ce jeune homme m'interroge?

LADY WILMOR.

Comment?

RICHARD.

Oui. Une fortune ne constitue qu'une demi-position dans le monde. C'est le nom d'un père qui la complète. Avez-vous le droit, madame, de lui cacher ce nom ? Le lui cacher, c'est un vol. Dites-le-moi, madame, ou, sans cela...

LADY WILMOR.

Eh bien?

RICHARD.

Sans cela, oh! c'est impossible. Le nom de son père, je vous en supplie pour vous-même, si vous voulez que ce fils ne vous maudisse pas... De grâce, ce nom, ce nom!... Mais vous n'avez pas le droit de le cacher... Peut-être votre fils vous connaît-il ; peut-être n'attend-il qu'un mot pour tomber à vos pieds. Oh! vous n'êtes pas sa mère, ou vous me direz le nom... le nom du père de votre enfant, madame, son nom!

LADY WILMOR.

Et si je ne vous le dis pas?

RICHARD.

Alors, madame, votre secret est sacré, je le garderai. Mais cherchez un autre pour aller dire à un malheureux enfant: « Tu as une mère qui ne veut pas te reconnaître, et qui t'envoie de l'argent à défaut de caresses. Tu as un père, il vit peut-être, et il craint de se compromettre en te disant son nom. » Et alors le fils...

LADY WILMOR.

Eh bien?

RICHARD.

Eh bien, le fils me répondra : « Que ma mère garde son or, mon père son secret, et malédiction sur tous deux !... »

LADY WILMOR.

Oh! mon Dieu!

RICHARD.

Son nom, madame! C'est à cette condition seule...

LADY WILMOR.

Vous le voulez donc?

RICHARD.

Oh! je l'exige...

LADY WILMOR.

Eh bien, son père...

SCÈNE V

Les Mêmes, MAWBRAY.

MAWBRAY, ouvrant violemment la porte du cabinet.

Milady Wilmor, ce secret est celui d'un autre, et vous n'avez pas le droit de le révéler.

LADY WILMOR, reconnaissant Mawbray.

Ciel! Roberts...

MAWBRAY.

Silence!

RICHARD.

Que veut dire?...

MAWBRAY.

Acceptez mon bras.

RICHARD.

Je ne souffrirai pas...

MAWBRAY.

Richard! c'est l'intention de milady.

RICHARD.

Est-il vrai, madame?

LADY WILMOR.

Oh! oui, oui, partons, que je me cache à tous les yeux.

RICHARD.

Du moins, cet entretien...

MAWBRAY.

Oubliez-le, Richard.

(Il sort avec lady Wilmor.)

SCÈNE VI

RICHARD, puis TOMPSON.

RICHARD.

Malédiction sur cet homme qui vient au moment où j'allais tout apprendre !

TOMPSON.

Que signifie tout ce que je vois ? Mawbray, cette femme...

RICHARD.

Cette femme, Tompson, c'est ma mère.

TOMPSON.

Lady Wilmor ! Et votre père ?...

RICHARD.

J'allais le connaître quand Maubray est sorti de ce cabinet.

TOMPSON.

Il vous écoutait ?

RICHARD.

Cet homme est toujours là.

TOMPSON.

C'est lui qui vous a forcé à tout refuser.

RICHARD.

Non, j'ai tout accepté.

TOMPSON.

Accepté ?

RICHARD.

Tout promis.

TOMPSON.

Et lady Wilmor vous a parlé du projet d'union ?...

RICHARD.

Oui.

TOMPS.

Et Mawbray vous écoutait ? Tout est perdu.

RICHARD.

Non, car il ne verra plus Jenny. Séparation éternelle entre elle et ce génie qui la protége et me poursuit. Le voici.

SCÈNE VII

RICHARD, MAWBRAY, TOMPSON.

RICHARD.

Me direz-vous, monsieur, de quel droit vous vous mêlez à ma destinée ?

MAWBRAY.

Ce langage...

RICHARD.

Est celui d'un homme justement irrité.

MAWBRAY.

Vous oubliez...

RICHARD.

Est-ce que je vous connais, moi? est-ce que je vous dois quelque chose?

MAWBRAY.

Vous devez le respect à mes cheveux blancs, la confiance aux avis d'un ami de votre père adoptif, qui m'a légué une partie de sa puissance paternelle.

RICHARD.

Il n'a pas voulu me léguer, à moi, un espion, un semeur de discorde dans mon ménage.

MAWBRAY.

Que Jenny soit heureuse; je perds mon seul droit sur elle, celui de la protéger.

RICHARD.

Heureuse ou non, renoncez à tout droit en sa faveur.

MAWBRAY.

Que prétendez-vous?

RICHARD.

Que, dès ce moment, vous ne l'approchiez plus.

MAWBRAY.

Voulez-vous me dire que vous me chassez?

RICHARD.

Entendez-le comme vous le voudrez.

MAWBRAY.

Avez-vous songé que vous parliez à un vieillard qui, depuis quinze ans, a mis toute sa vie en vous, en Jenny; dont l'espoir, la pensée, la prière unique a été ton bonheur par elle, son bonheur par toi? Richard, en parlant ainsi, as-tu songé que tu me tues?

TOMPSON.

Peut-il y avoir rien de commun entre sir Richard et un étranger qui se cache, qui porte un faux nom?

MAWBRAY.

L'intervention de ton valet m'éclaire; on en veut à Jenny, on lui enlève le seul appui qui lui reste

RICHARD.

Trêve de suppositions!

MAWBRAY.

Richard, je déjouerai les projets de cet homme et les tiens; sous ton toit, dans la rue, je veille sur elle.

RICHARD.

C'en est assez! sortez.

MAWBRAY.

Malheureux, tu ne sais pas que je suis né pour punir!

(Il sort.)

SCÈNE VIII

RICHARD, TOMPSON.

RICHARD.

Et ce seraient de pareils obstacles qui m'arrêteraient!

TOMPSON.

Il y aurait folie à le souffrir une seule heure.

RICHARD.

Ma mère, une da Silva, première noblesse de Portugal! Lady Wilmor, première noblesse d'Angleterre! et mon père, elle ne veut pas le nommer!

TOMPSON.

Peut-être quelque homme obscur, que la fierté de son père l'aura empêchée...

RICHARD.

Un homme obscur, dis-tu? elle? Non, non. Son sang, qui fait battre mon cœur, me dit non. Elle dont le roi protége la fille... Le roi!... ces offres, ces promesses, cette pairie à moi; moi, Richard Darlington... Oh! la tête me tourne, le sang me bout...

TOMPSON.

Qu'avez-vous?

RICHARD.

Si je touchais au trône! car cette entrevue...

TOMPSON.

Une entrevue?...

RICHARD.

C'est un secret, silence!

TOMPSON.

Et vous avez promis, dites-vous?...

RICHARD.

De signer ce soir le contrat de mariage.

TOMPSON.

Où?

RICHARD.

Le lieu n'est pas fixé.

TOMPSON.

Pas ici, surtout, pas à Londres?

RICHARD.

Non.

TOMPSON.

Où donc?

RICHARD.

La maison de campagne qu'habitait Jenny.

TOMPSON.

Parfaitement.

RICHARD.

Isolée...

TOMPSON.

Il est vrai.

RICHARD.

A peine si elle est meublée.

TOMPSON.

L'appartement qu'habitait votre femme?

RICHARD.

Il peut y rester des traces de son séjour.

TOMPSON.

Vous vous y rendez le premier, et tout disparaît.

RICHARD.

Et Jenny, qu'en faire?

TOMPSON.

Croyez-vous qu'elle refuse toujours?

RICHARD.

J'en suis sûr.

TOMPSON.

L'enlever...

RICHARD.

Qui?

TOMPSON.

Moi.

RICHARD.

Elle résistera.

TOMPSON.

Qu'elle croie retourner à cette campagne.

RICHARD.

Où la conduiras-tu?

TOMPSON.

Il n'y a que trente lieues de Londres à Douvres, et sept de Douvres à Calais.

RICHARD.

En France?...

TOMPSON.

Où vous lui faites passer une fortune de reine.

RICHARD.

Une fois en France, elle m'accusera.

TOMPSON.

Elle n'osera pas.

RICHARD.

Et si elle l'osait?

TOMPSON.

Écoutez!

RICHARD.

Quoi?

TOMPSON.

C'est Dieu ou l'enfer; attendez!

RICHARD.

Parle donc!

TOMPSON.

Après l'avoir laissée en France, je reviens par le Northumberland.

RICHARD.

Eh bien?

TOMPSON.

Je passe à Darlington.

RICHARD.

Après?

TOMPSON.

Je connais le pasteur.

RICHARD.

Puis?

TOMPSON.

Je descends chez lui; c'est chez lui, dans ses registres, que se trouve votre acte de mariage... L'année?

RICHARD.

1813.

TOMPSON.

Le mois?

RICHARD.

Juin.

TOMPSON.

Comprenez-vous?

RICHARD.

Non.

TOMPSON.

Le seul acte légal, le seul qui puisse constater votre union.

RICHARD.

Eh bien?...

TOMPSON.

Le feuillet, je le déchire, je vous l'apporte, vous l'anéantissez; et vienne Jenny avec ses cris, ses pleurs : plus de preuves.

RICHARD.

Plus de preuves...

TOMPSON.

Et nous sommes sauvés.

RICHARD.

Mais es-tu bien sûr de réussir?

TOMPSON.

Je l'ai dit, cet acte sera anéanti, dussé-je brûler les archives... Je ne vous demande rien jusque-là; mais alors...

RICHARD.

Alors?

TOMPSON.

Il y aura un crime entre nous deux, sir Richard.

RICHARD.

Je serai ton protecteur.

TOMPSON.

Oh! mieux que cela : vous serez mon complice.

RICHARD.

Complice, soit!... mais hâtons-nous.

TOMPSON.

Que faut-il faire?

RICHARD.

Passe chez le marquis, donne-lui rendez-vous pour ce soir avec toute la famille à ma maison de campagne. Excuse-moi de les y précéder... Dis que c'est indispensable, dis ce que tu voudras.

TOMPSON.

De là?...

RICHARD.

Cours retenir des chevaux de poste; tu reviendras ici prendre ma voiture, Jenny sera prête.

TOMPSON.

Vous en êtes sûr?

RICHARD.

Je m'en charge. (A un Domestique.) Une femme n'est-elle pas ici quelque part à m'attendre?

LE DOMESTIQUE.

Dans cette chambre.

RICHARD.

Dites-lui de venir. Toi, Tompson, va-t'en; qu'elle ne te voie pas. Au marquis da Silva, rendez-vous ce soir à ma maison de campagne; puis des chevaux de poste, et la mer entre nous deux... J'oubliais... Il y a cinq cents livres sterling dans ce portefeuille; tu lui laisseras tout ce dont tu n'auras pas besoin pour revenir... A ce soir, songes-y.

(Tompson sort.)

LE DOMESTIQUE.

Voici cette dame.

RICHARD.

Bien. Fermez les portes, je n'y suis pour personne; pour personne, entendez-vous?

7.

SCÈNE IX

RICHARD, JENNY.

JENNY, entrant.

Richard!

RICHARD.

Venez, madame; venez.

JENNY.

Où est Mawbray?

RICHARD.

Hors de cet hôtel, où j'espère qu'il ne rentrera jamais.

JENNY.

Vous l'avez?...

RICHARD.

Chassé comme un espion. Savez-vous, madame, que je suis las de ses remontrances? A peine si je les supporterais de quelqu'un qui aurait le droit de me les faire. Cet homme nous perd en se plaçant entre nous deux : il vous excite constamment à trahir le premier devoir d'une épouse... l'obéissance.

JENNY.

Oh! mon Dieu! mais ce n'est pas lui.

RICHARD.

Je vous dis que je suis las de vous avoir toujours sur mes pas, comme mon ombre; que c'est un mauvais moyen de ramener son mari, que de le poursuivre d'importunités et de doléances.

JENNY.

Mais ce n'est pas lui.

RICHARD.

C'est donc vous, alors? vous ou lui? Eh bien, il me fatiguait, et je me suis débarrassé de lui d'abord.

JENNY.

Et maintenant, c'est mon tour, n'est-ce pas?... Oh! que vous êtes cruel!

RICHARD

Eh! mon Dieu, des larmes! si vous commencez par là, par où finirez-vous?

JENNY.

Richard, vous ne me quitterez pas ainsi. Oh! mais c'est une servante qu'on renvoie, qu'on chasse, et non pas une femme; moi, je suis votre femme enfin, devant Dieu, devant les hommes; la femme que vous avez choisie vous-même, que personne ne vous a forcé de prendre. Je vous aimais, moi; vous l'ai-je dit la première? ai-je cherché à vous séduire? Oh! non; mais c'est vous, vous êtes venu à moi, rappelez-vous.

RICHARD.

Enfin, que voulez-vous? que me demandez-vous? qui vous amène ici? que venez-vous y faire?

JENNY.

Vous redemander un peu de votre ancien amour.

RICHARD.

Mon amour! vous êtes folle...

JENNY.

Mais rappelez-vous donc le passé.

RICHARD.

Le passé, c'est le néant.

JENNY.

Oh! vous ne m'avez jamais aimée?

RICHARD.

Eh bien, non... Écoutez-moi. J'avais besoin d'une famille, d'une position sociale, vous étiez là. J'eusse aimé une autre comme vous; je vous ai aimée comme une autre.

JENNY.

Infamie!...

RICHARD.

La société place autour de chaque homme de génie des instruments, c'est à lui de s'en servir.

JENNY.

Mais c'est affreux!

RICHARD.

Je ne vous aimais pas, je ne vous ai jamais aimée.

JENNY.

Taisez-vous, taisez-vous!

RICHARD.

Jugez maintenant si vous devez rester.

JENNY.

Non, non, monsieur, je pars.

RICHARD, à un Domestique.

Des chevaux!

JENNY.

J'ai besoin d'aller oublier loin de vous l'horrible rêve de ces deux jours. Un instant viendra où la tête, moins ardente, laissera entendre la voix du cœur; vous vous souviendrez de Jenny; mais, avant de venir implorer votre pardon, il faudra demander si elle n'est pas morte.

RICHARD, allant à la fenêtre.

Tompson, faites atteler.

JENNY.

Avec qui partirai-je?

RICHARD.

Mon secrétaire vous accompagnera.

JENNY.

J'aime mieux m'en aller seule.

RICHARD.

Je le permettrai, n'est-ce pas?

JENNY.

Pourquoi pas avec Mawbray?

RICHARD.

Sais-je où il est, et croyez-vous que j'aie envie d'aller le chercher par la ville? Vous lui écrirez de venir vous rejoindre.

JENNY.

Oh! nous quitter ainsi! voir une femme en pleurs, le désespoir dans l'âme, priant à genoux, implorant un mot, un regard!...

RICHARD.

Madame, on va vous attendre, faites vos derniers apprêts...

JENNY.

J'obéis... (En s'en allant.) Oh! ma mère! ma mère!

(Elle sort. Tompson paraît.)

SCÈNE X

TOMPSON, RICHARD, puis JENNY.

TOMPSON.

J'ai vu le marquis.

RICHARD.

Bon! le contrat?...

TOMPSON.

Sera signé ce soir.

RICHARD.

A ma maison?

TOMPSON.

Oui.

RICHARD.

Et tout est prêt pour ton départ?

TOMPSON.

Tout. Dans huit heures, à Douvres; dans dix, à Calais; dans cinq jours, ici.

RICHARD.

Ce soir, le contrat signé; demain, le mariage; le même jour, la pairie!... Tu me retrouveras ministre.

TOMPSON.

Les derniers ordres de Votre Excellence?

RICHARD.

Ventre à terre jusqu'à Douvres.

(Il entre dans le cabinet.)

JENNY, rentrant.

Adieu donc, Richard... Où est-il?

TOMPSON.

Sorti.

JENNY.

Sorti sans me voir, sans me dire adieu?... Oh! cela manquait... Venez, monsieur, je suis prête.

(Richard sort lentement, les suit par derrière, regarde à la fenêtre de l'antichambre; on entend le roulement d'une voiture, le bruit du fouet du postillon.)

RICHARD, s'essuyant le front.

Enfin!...

LE DOMESTIQUE.

Accompagnerai je monsieur?

RICHARD, rentrant.

Oui, James, vous viendrez avec moi.

SEPTIÈME TABLEAU
Une grande route.

SCÈNE PREMIÈRE

MAWBRAY, seul, derrière un des arbres qui bordent le chemin.

C'est un rapt, un rapt infâme, contre lequel je ne puis invoquer les lois; car, pour les invoquer, il faudrait me faire connaître; d'ailleurs, contre qui les invoquerais-je? Contre mon fils! Oh! Richard! si tu as un démon, tu auras aussi ton bon génie. C'est un homme ébloui qui se perd, qui se vend! malheur! tant d'espérances reposaient sur sa tête!... C'est pour cela, c'est pour être libre qu'il m'a fait consigner à la porte de son hôtel... Oh! merci, Richard, car j'ai vu sortir ton fidèle Tompson, j'ai vu revenir les chevaux de poste, j'ai su quelle route ils devaient prendre... Tout mon espoir et celui de Jenny est donc maintenant en moi, en moi, être isolé, autour duquel tous les liens de la société sont brisés et qui ne m'appuie sur personne... Allons, vieillard, retrouve ton cœur et ta main de jeune homme, car tous deux ne t'ont jamais été plus nécessaires. Est-ce leur voiture?... Non... La nuit commence à descendre; tant mieux, cette route sera plus solitaire... Ah! Tompson! intrigant subalterne, demi-fripon, moitié d'assassin... Tompson, Tompson, tu as à régler avec moi le compte de l'honneur de Richard et du bonheur de Jenny!... Tompson, malheur à toi!... Un bruit de chevaux... (Se penchant à terre pour écouter.) Eh bien, soit, cachons-nous comme un brigand derrière cet arbre; la partie est engagée... Jenny, il me faut Jenny, il me la faut par tous les moyens possibles...Ils approchent... Allons, que Dieu regarde et juge. (Se jetant à la tête des chevaux.) Postillon, arrêtez...

LE POSTILLON.

Haoh!...

SCÈNE II

MAWBRAY, TOMPSON, JENNY.

MAWBRAY.

Ne craignez rien, je ne suis pas un assassin... Ne conduisez-vous pas deux personnes?...

TOMPSON, mettant la tête à la portière.

Qu'y a-t-il, postillon ?

MAWBRAY.

Ce sont eux !

TOMPSON.

Mawbray !... Postillon, au galop.

MAWBRAY, le menaçant.

Si tu fais un pas, tu es mort ! Descends... (Le Postillon se jette à bas de son cheval.) Jenny, êtes-vous là ?

TOMPSON, dans la voiture.

Silence, madame !

JENNY, d'une voix étouffée.

Mawbray ! Mawbray !...

MAWBRAY, ouvrant la portière.

Ah !

TOMPSON, se jetant dehors et repoussant Mawbray.

Que voulez-vous ?

MAWBRAY.

Parler à Jenny.

TOMPSON.

Impossible...

MAWBRAY.

Jenny !

TOMPSON.

Monsieur !

MAWBRAY.

Oh ! ne me touchez pas... Jenny, où croyez-vous aller ?...

TOMPSON.

Silence !...

JENNY.

A la campagne de Richard, William's house.

MAWBRAY.

En France ! vous allez en France !

TOMPSON.

Malédiction ! Taisez-vous.

MAWBRAY.

Comprenez-vous ? il vous enlève.

JENNY.

Oh !

TOMPSON.

Vous ne savez donc pas ?...

MAWBRAY, au Postillon.

Aidez cette jeune femme à descendre, ou vous êtes complice de ce misérable...

TOMPSON.

Ne descendez pas, Jenny.

JENNY.

Mon Dieu! mon Dieu! que faire?

MAWBRAY, rouvrant la portière.

Descendez...

TOMPSON.

Une dernière fois...

MAWBRAY.

Descendez, Jenny; au nom de vos parents morts, je vous l'ordonne!

TOMPSON, menaçant.

Monsieur!...

JENNY.

Mawbray! Mawbray, prenez garde!

TOMPSON.

Postillon, à moi!

MAWBRAY.

Pas un pas!

TOMPSON, tirant un pistolet.

Tu le veux donc?... Eh bien (écartant du bras Jenny), mort et damnation sur toi!...

(Il tire et blesse Mawbray au bras gauche.)

MAWBRAY, froidement.

Ta main tremblait, lâche... A toi le même coup et les mêmes paroles... Mort et damnation!

(Il tire sur Tompson au moment où celui-ci met le pied sur le marchepied.)

TOMPSON, chancelant.

Ah!

(Il tombe.)

MAWBRAY.

Postillon, voici de l'or; pas un instant à perdre. A cheval!... A la campagne de sir Richard, à William's house.

TOMPSON, s'accrochant à la voiture.

A moi donc!... à moi!... Ne voyez-vous pas que je meurs, que je suis blessé à mort?... Assassins!... démons!... Oh! (Il lâche la voiture qui part; puis il se relève et se cramponne à un arbre.) A moi!... à moi! là-bas, vous...

(Il se traîne un instant sur la route, et tombe mort.)

HUITIÈME TABLEAU

La chambre de Jenny

SCÈNE PREMIÈRE

JENNY, MAWBRAY, entrant.

JENNY.

Vous êtes blessé, Mawbray?

MAWBRAY.

Rien : la balle n'a fait qu'effleurer la peau.

JENNY.

Mais que vais-je devenir, moi? car il n'y a plus de doute, il veut se débarrasser de moi. Ma présence en Angleterre le gêne; qui sait même si ma vie ne lui est point à charge?...

MAWBRAY.

Jenny, il me restait un dernier moyen d'assurer votre tranquillité, j'hésitais à l'employer : hésiter plus longtemps serait presque un crime. Jenny, il y a un secret entre Richard et moi : son ambition seule vous persécute; ce secret peut anéantir toutes ses espérances... J'ai tardé longtemps, voyez-vous, car je l'aime.

JENNY.

Et moi, donc!

MAWBRAY.

Car j'étais fier de ses succès, car je lui eusse caché ce secret, qui met un abîme entre lui et l'avenir, avec autant de mystère que, s'il m'y force, je mettrai de publicité à le lui -apprendre. Alors, Jenny, j'espère que lui-même s'éloignera de ces affaires politiques qui l'éloignent de vous; alors, Jenny, il faudra lui épargner tout reproche, car il sera à son tour plus malheureux que vous ne l'avez jamais été.

JENNY.

Oh! s'il en est ainsi, alors gardez ce secret, et que je sois seule malheureuse!

MAWBRAY.

Impossible, Jenny; car vous ne savez pas tout, car votre sort, à vous, n'est point le seul menacé. Richard est sur le point de devenir aussi mauvais citoyen qu'il a été mauvais époux; car l'influence qu'il a eue sur votre destinée, il peut l'avoir sur la destinée de l'Angleterre.

JENNY.

Et ce secret, ce mot que vous lui direz?...

MAWBRAY.

Ce mot que Richard seul entendra, ce secret, qui restera entre lui et moi, changera tout, Jenny, le ramènera à vos pieds, trop heureux de votre amour. Jenny, vous allez rester ici.

JENNY.

Seule?

MAWBRAY.

En passant par le village, je vous enverrai Betty.

JENNY.

Et où allez-vous?

MAWBRAY.

A Londres.

JENNY.

Trouver Richard?

MAWBRAY.

Il faut que je le voie avant demain.

JENNY.

Demain serait donc trop tard?

MAWBRAY.

Peut-être.

JENNY.

C'est cette nuit, cette obscurité qui m'épouvante!

MAWBRAY.

Enfant, qu'avez-vous à craindre?

JENNY.

Rien, je le sais.

MAWBRAY.

N'avez-vous pas habité un an cette maison

JENNY.

Oui, oui.

MAWBRAY.

Dans une heure, Betty sera ici.

JENNY.

Je me recommande à vous, ne l'oubliez pas.

MAWBRAY.

Non, mon enfant; adieu.

JENNY.

Adieu, Mawbray! adieu, mon protecteur, mon père! Vous aimerai-je jamais assez, vous qui m'aimez tant? Adieu. Enfermez-moi; adieu, encore. Oh! mon Dieu! mon Dieu!

MAWBRAY.

Tu pleures?

JENNY.

Oui, tant de choses m'arrivent, bouleversent ma vie, que, lorsqu'un ami me quitte, je tremble toujours de ne plus le revoir!

MAWBRAY.

Allons, mon enfant, tu me reverras et Richard avec moi.

SCÈNE II

JENNY, seule.

Oh! s'il en est ainsi, partez, partez vite, mon père! (A Mawbray, après qu'il a fermé la porte.) Adieu, adieu!... (Elle tombe sur un fauteuil.) Oh! quelle bizarre chose! me voilà ici comme j'y étais hier, et, pendant cet intervalle de quelques heures, Richard y est venu, je l'ai suivi, j'ai été entraînée par ce misérable! Il y a parfois des événements pour toute une vie dans les événements d'un jour! J'ai peine à songer que tout cela est vrai! Je crois que je dors, que c'est un rêve affreux qui me poursuit! Oh! non, non, tout est vrai, tout est réel!... Oh! mon Dieu, j'étouffe! j'ai besoin d'air! (Elle va au balcon.) Que tout est calme! que tout est tranquille! Dirait-on qu'au milieu de cette nature qui se repose, il y a un être qui veille et qui souffre?... Oh! ma mère!... ma mère!... pardonne; mais bien des fois, sur ce balcon, de l'endroit où je suis, j'ai mesuré la profondeur de ce gouffre; bien des fois, j'ai songé... pardonne-le-moi, ma mère, qu'une pauvre créature qui n'aurait plus la force de supporter ses maux en trouverait la fin au fond de ce précipice!... Oh! ma mère, ma mère, pardonne-moi!... Richard va revenir, je serai heureuse; et alors de semblables pensées ne viendront plus à ta pauvre fille! (Relevant la tête.) Mais que vois-je là-bas sur la route? Un cabriolet! il vient de ce côté... avec quelle rapidité!... Eh! mais son cheval l'emporte! Non, non, c'est bien ici qu'il vient : il s'arrête; qui donc cela peut-il être? Un homme en descend; il ouvre la porte fermée par Mawbray; c'est Richard. Richard seul a une double clef de cette maison. Oh! Richard, Richard, qui va me voir, qui me croit partie pour la France! Mon Dieu, quelque part où me cacher!... (Elle court à la porte.) Et Mawbray qui m'a enfermée! c'est moi qui le lui ai dit. Malheureuse!... malheureuse!... Oh! le voilà... Mon Dieu!... ce cabinet...

(Elle s'y jette.)

SCÈNE III

JENNY, dans le cabinet; RICHARD, suivi d'un Domestique.

RICHARD, entrant.

J'arrive à temps : à peine si je dois avoir sur le marquis et sa famille une demi-heure d'avance. James, apportez des flambeaux, et tenez-vous à la porte pour conduire ici les personnes qui s'y présenteront dans un instant. Bien, allez. (Tirant sa montre.) Huit heures! Tompson doit être maintenant à Douvres, et, il sera demain matin, à Calais. Dieu le conduise! Voyons si rien n'indique ici que cet appartement a été occupé par une femme. (Apercevant un chapeau et un châle.) La précaution n'était pas inutile. Où mettre cela? Je n'ai pas la clef de ces armoires; les jeter par la fenêtre, on les retrouvera demain. Ah! des lumières sur le haut de la montagne! c'est sans doute le marquis; il est exact. Mais que diable faire de ces chiffons? Ah! ce cabinet! j'en retirerai la clef.

(Il ouvre le cabinet.)

JENNY.

Ah!

RICHARD, la saisissant par le bras.

Qui est là?

JENNY.

Moi! moi! ne me faites pas de mal!

RICHARD, la tirant sur le théâtre.

Jenny!... Mais c'est donc un démon qui me la jette à la face toutes les fois que je crois être débarrassé d'elle! Que faites-vous ici? qui vous y a ramenée? Parlez vite! vite!

JENNY.

Mawbray.

RICHARD.

Toujours Mawbray! Où est-il? où est-il? que je me venge enfin sur un homme!

JENNY.

Il est loin, loin; reparti pour Londres. Grâce pour lui!

RICHARD.

Eh bien?...

JENNY.

Il a arrêté la voiture.

RICHARD.

Après? Ne voyez-vous pas que je brûle?

JENNY.

Et moi, que je...

RICHARD.

Après, vous dis-je!

JENNY.

Ils se sont battus.

RICHARD.

Et?...

JENNY.

Et Mawbray a tué Tompson.

RICHARD.

Enfer! et il vous a ramenée ici?

JENNY.

Oui! oui! pardon!

RICHARD.

Jenny, Jenny, écoutez!

JENNY.

C'est le roulement d'une voiture.

RICHARD.

Elle amène ma femme et sa famille.

JENNY.

Et moi, moi donc, que suis-je?

RICHARD.

Vous, Jenny, vous êtes mon mauvais génie! vous êtes l'a-

bîme où vont s'engloutir toutes mes espérances! vous êtes le démon qui me pousse à l'échafaud; car je ferai un crime!
JENNY.

Oh! mon Dieu!
RICHARD.

C'est qu'il n'y a pas à reculer, voyez-vous. Vous n'avez pas voulu signer le divorce, vous n'avez pas voulu quitter l'Angleterre...
JENNY.

Maintenant, maintenant, je veux tout ce que vous voudrez.
RICHARD.

Maintenant, il est trop tard!
JENNY.

Qu'allez-vous faire?
RICHARD.

Je n'en sais rien; mais priez Dieu!..
JENNY.

Richard!
RICHARD, lui mettant la main sur la bouche.

Silence!... Ne les entendez-vous pas?... ne les entendez-vous pas?... Ils montent... Ils vont trouver une femme ici...
(Il court à la porte et la ferme à double tour.)
JENNY, courant au balcon.

Au secours! au secours!
RICHARD.

Il faut qu'ils ne vous y trouvent pas, entendez-vous?...
JENNY, à genoux.

Pitié!... pitié!...
RICHARD.

De la pitié, j'en ai eu...
JENNY, essayant de crier.

A moi!... (On entend du bruit dans l'escalier, Richard ferme la croisée et se trouve en dehors sur le balcon.) A moi!...
RICHARD.

Malédiction!...

(On entend un cri qui se répète dans le précipice. Richard rouvre la fenêtre et est seul sur le balcon; il redescend pâle, s'essuie le front, et va ouvrir la porte.)

SCÈNE IV

RICHARD, DA SILVA, MISS WILMOR, le Premier Lord de la trésorerie.

DA SILVA.

Pardon ; vous étiez enfermé, sir Richard... Mais c'est votre domestique qui nous a dit que vous nous attendiez...

RICHARD.

Oui, excusez-moi... Cette clef s'est trouvée en dedans... je ne sais comment...

DA SILVA, montrant la jeune miss.

Miss Wilmor...

RICHARD, s'inclinant.

Miss...

DA SILVA.

Souffrez-vous ?... Vous êtes bien pâle !

RICHARD.

Vous trouvez ?... Ce n'est rien... Tout est prêt, voyez...

DA SILVA.

Son Excellence veut bien nous servir de témoin... N'avez-vous point le vôtre?

RICHARD.

Non, inutile, Signons, signons...

(Da Silva fait signer miss Wilmor et présente le contrat à Richard.)

DA SILVA.

Votre main tremble, sir Richard !...

RICHARD.

Moi? Point du tout.

(Il va signer. En se retournant, il aperçoit Mawbray, immobile et pâle, près de lui ; ses yeux restent fixés sur les siens.)

SCÈNE V

Les Mêmes, MAWBRAY.

MAWBRAY.

Il vous manque un témoin, Richard... Me voici.

RICHARD.

Soit... Autant vous qu'un autre... (Bas.) Si vous dites un mot !...

DA SILVA.

Que veut dire ceci?

MAWBRAY, bas.

Richard, c'est à moi de menacer, et non pas à vous. Écoutez...

RICHARD.

Monsieur...

MAWBRAY.

Parlez bas...

RICHARD.

De quel droit?...

MAWBRAY.

Regardez ce balcon...

RICHARD.

A votre tour, silence!...

MAWBRAY.

J'étais sur la route en face...

RICHARD.

Quand?...

MAWBRAY.

J'y étais, vous dis-je!...

RICHARD.

Eh bien?...

MAWBRAY.

J'ai été témoin...

RICHARD.

Eh bien?...

MAWBRAY.

Je puis d'un mot...

RICHARD.

Vous ne le direz pas.

MAWBRAY.

Pourquoi?

RICHARD.

Vous l'eussiez déjà fait.

MAWBRAY.

Je puis me taire...

RICHARD.

Ah!...

MAWBRAY.

A une condition.

RICHARD.

Laquelle?

MAWBRAY

Romps ce mariage, abandonne Londres, renonce à la Chambre, retirons-nous ensemble dans quelque coin isolé de l'Angleterre, où nous pourrons, toi te repentir, moi pleurer.

RICHARD.

Mawbray, je vous l'ai dit, si vous pouviez me dénoncer, vous l'eussiez déjà fait; une cause que je ne connais pas vous arrête; mais elle vous arrête enfin, c'est tout ce qu'il me faut.

MAWBRAY.

Tu refuses donc?

RICHARD.

Je refuse.

MAWBRAY.

Décidément?

RICHARD, passant devant et présentant la plume à da Silva.

A votre tour, monsieur le marquis.

MAWBRAY, arrêtant Richard par le bras.

Arrêtez... (A Richard.) Il est temps encore.

RICHARD.

Signez!

MAWBRAY, haut.

Marquis da Silva...

DA SILVA.

Monsieur?...

MAWBRAY.

Vous souvient-il du village de Darlington?

DA SILVA.

Comment?

MAWBRAY.

D'une nuit où vous poursuiviez une jeune fille enlevée?

DA SILVA.

Silence, monsieur!

MAWBRAY.

Je ne la nommerai pas; elle mit au jour un enfant.

DA SILVA.

Eh bien?...

MAWBRAY.

Vous ne vîtes le père de cet enfant qu'un instant, qu'une

seconde; mais ce doit être assez pour le reconnaître toujours. Marquis, regardez-moi bien en face!

DA SILVA.

C'était vous!

MAWBRAY.

Moi-même... (Montrant Richard.) Voilà mon fils!.

DA SILVA.

Donc, vous êtes?...

MAWBRAY.

Le bourreau!

(Richard tombe anéanti.)

FIN DE RICHARD DARLINGTON

TERESA

DRAME EN CINQ ACTES, EN PROSE

Salle Ventadour. — 6 février 1832.

A MES JEUNES COMPATRIOTES ET AMIS

C'est à Villers-Cotterets, au milieu de nos fêtes, de nos soirées et de nos chasses, que ce drame a été composé et écrit. Je vous le dédie, frères ! Recevez-le comme un frère ; car Villers-Cotterets est son pays natal.

ALEX. DUMAS.

Ce 6 février 1832, onze heures du soir.

DISTRIBUTION

LE BARON DELAUNAY....................	M.	BOCAGE.
TERESA................................	Mme	MOREAU-SAINTI.
ARTHUR DE SAVIGNY....................	M.	ADOLPHE LAFERRIÈRE.
AMÉLIE DELAUNAY......................	Mlle	IDA FERRIER.
DULAU.................................	MM.	A. THÉNARD.
PAOLO.................................		FÉRÉOL.
M. DE SORBIN.........................		GÉNOT.
LE GÉNÉRAL CLÉMENT...................		LOUVET.
LAURE DE SOUZA.......................	Mme	BULTEL.

PLUSIEURS INVITÉS, HOMMES ET FEMMES; DOMESTIQUES.

— A Paris, chez Delaunay. —

ACTE PREMIER
AMÉLIE DELAUNAY

Un salon.

SCÈNE PREMIÈRE

AMÉLIE, ARTHUR, LAURE.

AMÉLIE.

Et vers quelle époque étiez vous à Venise?

ARTHUR.

A la fin de 1829.

LAURE.

Et la reine de l'Adriatique mérite-t-elle la réputation que lui ont faite les poëtes?

ARTHUR.

C'est la seule ville du monde qui ait arrêté Byron trois ans.

AMÉLIE.

En a-t-elle conservé le souvenir?

ARTHUR.

Amélie, les cités dont les monuments s'écroulent oublient vite les hommes. Oui, quelques Vénitiens se souviennent encore peut-être d'avoir vu passer par leurs rues un étranger hautain, au front pâle, qu'on appelait Byron; ils se souviennent de lui, non parce qu'il est l'auteur du *Corsaire* et de *Childe-Harold,* non qu'il soit pour eux comme pour nous une espèce d'ange rebelle et déchu, sur le front duquel Dieu a écrit du doigt: GÉNIE ET MALHEUR; mais parce que, dans une ville où la race en est presque inconnue, il conduisait avec lui quelques superbes chevaux qui l'emportaient au galop sur les dalles humides de la place Saint-Marc, où un piéton peut se soutenir à peine; mais parce qu'on le voyait, au Lido, franchir avec eux les tombes du cimetière juif, que n'ose pas, sans y être forcé, traverser le soir un chrétien.

AMÉLIE.

Oh ! voilà qui me désenchante de Venise.

ARTHUR.

Cela devrait tout au plus, Amélie, vous désenchanter de ses habitants. Rarement, je l'ai remarqué, les peuples sont en harmonie avec les villes qu'ils habitent. Il faut voir Venise, chère Amélie, du haut de l'obélisque de Saint-Marc, Venise plongeant ses pieds dans l'eau comme la Vénus Marine, sillonnée le soir en tout sens par ses mille gondoles noires, avec un fanal au front, se croisant comme des étoiles qui filent; il faut voir Venise du Lido, lorsque, le matin, entourée d'un brouillard, chaque brise qui arrive de l'Adriatique déchire et emporte avec elle un coin de son voile, et laisse apercevoir tour à tour un palais, un pont, une église; on dirait, passez-moi la comparaison, Amélie, on dirait une coquette qui, par calcul, ne veut que petit à petit découvrir sa beauté.

LAURE.

Monsieur Arthur, voilà une description qui me semble plus d'un poëte que d'un voyageur.

AMÉLIE.

Une fois mariés, Arthur, nous irons à Venise ensemble. Vous me le promettez, n'est-ce pas?

ARTHUR.

Oui, mon Amélie; et je trouverai alors Venise encore plus belle, car vous m'accompagnerez cette fois. sur l'obélisque de Saint-Marc, vous serez près de moi au Lido; et, si je n'oublie pas Venise pour vous, Venise me paraîtra bien belle, Amélie, car je la verrai avec le regard d'un homme heureux.

AMÉLIE.

Et vous allâtes à Naples ensuite?...

ARTHUR.

A Naples.

AMÉLIE.

A Naples, où est en ce moment mon père !... Oh ! parlez-moi de Naples, Arthur !

ARTHUR.

Votre père va revenir, Amélie, et je ne veux pas le priver du plus grand plaisir d'un voyageur, celui de raconter.

LAURE.

Ou plutôt, dites, monsieur le poëte, que les souvenirs que

8.

vous avez rapportés de Naples ne sont pas de ceux que vous voulez confier à Amélie.

ARTHUR.

Et pourquoi pas, Laure?

AMÉLIE.

Que veut-elle dire?

ARTHUR.

Écoutez, Amélie, et je vais vous faire ma confession tout entière. Votre père va revenir, et son retour sera suivi de notre mariage. Cette union, je l'espère du moins, doit être pour nos deux existences un avenir de bonheur : il faut donc, pour qu'aucun reproche ne vienne la troubler, que vous me connaissiez comme je vous connais. Votre cœur est calme, Amélie; aucune passion ne l'a jamais tourmenté; mais à vous seule peut-être en ce monde Dieu accorda d'être pure et belle comme un ange. Vous m'aimez plutôt comme un frère que comme un mari... Oh! ce n'est point un reproche, car, avant moi, vous n'aviez aimé personne, même comme un frère.. Je suis moins heureux que vous, Amélie, et je vous apporte une âme moins pure : un amour violent a bouleversé deux ans de ma vie. Mon excuse est dans quelques mots : je ne vous connaissais pas encore, Amélie!...

AMÉLIE.

Oh! racontez-moi cela!

LAURE.

Comment! c'est ainsi que tu reçois de pareils aveux?

AMÉLIE.

Sans doute. N'as-tu pas entendu? n'a-t-il pas dit que cette passion était éteinte, et que, lorsqu'elle est née, il ne me connaissait pas encore? Eh bien, il me connaît maintenant, il m'aime : que m'importe un passé qui ne m'appartenait pas, quand l'avenir peut être à moi? Oh! racontez-moi tout, Arthur!

ARTHUR.

Merci, Laure : vous m'avez sauvé, quoique ce ne fût pas votre intention peut-être, ce qu'avait d'embarrassant un aveu qu'en amant craintif je retardais, mais qu'en homme loyal je comptais faire.

AMÉLIE.

Voyons, dites vite....Son nom d'abord?

ARTHUR.

Son nom ne m'appartient pas, Amélie : c'est la seule chose que je ne puis vous apprendre.

AMÉLIE.

Vous avez raison toujours... Mais vous pouvez me raconter comment vous l'avez connue, me dire si vous l'avez aimée beaucoup, longtemps ; si elle vous aimait, elle ; si elle était jolie ; quelle âge elle avait... Vous pouvez me dire tout cela.

ARTHUR.

Et vous me pardonnerez tout cela, même si je vous dis qu'elle était jolie, n'est-ce pas ?

AMÉLIE.

Arthur...

ARTHUR.

Eh bien ?...

AMÉLIE.

Regardez-moi. M'aimez-vous ?

ARTHUR.

De toute mon âme !

AMÉLIE.

Je vous pardonne.

ARTHUR

Vous êtes charmante !

AMÉLIE.

Pas de compliments. Mon histoire.

ARTHUR.

J'étais à Naples depuis huit jours, à peu près : j'habitais, au pied du Vésuve, une de ces villas qui bordent le golfe de Sorrente lorsque, vers le milieu d'une nuit, je fus réveillé par une violente secousse : à la lueur sanglante qui pénétrait dans l'appartement, au mugissement du vent qui traversait l'espace, à la pluie de feu qui tombait, je reconnus que le volcan allait me rendre témoin d'une de ces éruptions que j'avais tant désiré voir. A peine pris-je le temps de m'habiller et de jeter un manteau sur mes épaules, car chaque marche de l'escalier tremblait et craquait sous mes pas. Je me précipitai dans la rue. C'était une chose effrayante à voir que cette population tout entière fuyant sur une terre mouvante, entre deux rangées de maisons qui oscillaient comme des arbres que le vent courbe. Deux femmes marchaient devant moi, sans soutien, sans protecteur : je saisis leurs bras. Un passage conduisait au bord de la mer; je le pris, les entraînant toutes deux. Un pêcheur détachait sa barque pour fuir à l'autre bord; je le forçai de nous y donner place; car, quoique la mer fût agitée comme par une tempête, il y avait moins de danger encore sur elle qu'au milieu des rues, où les édifices croulaient. Je donnai de l'or au batelier, je fis entrer les deux femmes sous une espèce de tente dressée à la poupe, et qui pouvait les garantir de la pluie de cendres qui tombait. Le pêcheur déploya sa voile au vent, et la barque partit, rasant les vagues comme un oiseau de mer attardé.

LAURE.

Mais c'est tout un roman, monsieur Arthur?

AMÉLIE.

Laissez-le donc dire.

ARTHUR.

Du moment où les deux femmes que le hasard avait mises sous ma protection furent en sûreté, le désir de voir le spectacle qui se développait devant mes yeux devint mon unique pensée : je m'appuyai contre le mât de notre petite embarcation, et je regardai. Oh ! Amélie, il ne faut pas même essayer de peindre... Figurez-vous une colonne de feu qui s'élance à deux cents pieds de hauteur et retombe en gerbe; des ruisseaux de lave ardente qui bondissent en cascades ; une mer de flammes qui descend à la rencontre de l'autre, la chasse devant elle, recule à son tour, repousse et est repoussée ; deux éléments qui luttent comme deux hommes ; une nature à l'agonie qui semble demander grâce ; des ombres échevelées courant çà et là sur le rivage, dans une atmosphère rougeâtre, comme les damnés du Dante, et vous n'aurez qu'une pâle idée d'une nuit à Naples, au milieu du golfe d'Ischia, pendant une éruption du Vésuve. Pour moi, j'étais debout, immobile, les bras croisés, le regard fixe, la poitrine haletante, quand, dans un mouvement de la barque, je sentis un bras qui se retenait au mien, et j'entendis une voix qui disait derrière moi : « N'est-ce pas que c'est sublime?... » Je me retournai, et, pardon... Amélie... c'est ici que je vous demande la permission de dire toute la vérité... cette femme, vue ainsi à la lueur de l'incendie, avec ses yeux noirs, ses cheveux épars, son teint de Napolitaine, que le reflet du volcan éclairait d'une lueur fantastique, cette femme, elle était superbe ! Vous devinez que c'est elle que j'aimai. La manière dont je l'avais connue, le romanesque de notre rencontre, la facilité que le service que j'avais rendu à elle et à sa mère me donnait de les revoir, tout cela établit entre nous un lien que son père, au retour d'un voyage, rompit d'un mot... Elle était riche, j'ai peu de fortune. Un jour, en arrivant à l'heure accoutumée, j'appris qu'elle était partie : une lettre d'elle m'annonça qu'elle obéissait à son père, et m'ordonna de retourner en France, sans savoir ce qu'elle était devenue. Je lui obéis, je revins. Vous étiez en pension, Amélie : votre père me parla de vous comme d'un ange de candeur et de beauté. Il me connaissait depuis longtemps, me savait honnête homme, partait pour l'Italie, voulait vous laisser un soutien ; et, malgré la différence d'opinion de nos familles, puisqu'il était colonel de l'Empire, et que le sang breton de mon père avait coulé dans la Vendée, il m'offrit le titre de votre époux...

AMÉLIE.

Que vous refusâtes sans balancer... Merci, monsieur.

ARTHUR.

Je ne vous connaissais pas, Amélie... Et puis...

AMÉLIE.

Je devine maintenant : c'est désespérant de ce mariage qu'il me donna Laure, la fille de son ami tué près de lui sur le champ de bataille, pour compagne ou plutôt pour sœur... n'est-ce pas, Laure? qu'il installa Dulau chez lui comme tuteur, et qu'il vous permit, à vous, monsieur, de nous rendre visite chaque jour... Est-ce bien cela? ai-je tout dit ?

ARTHUR.

Non, Amélie, car vous oubliez d'ajouter que, du jour où je vous vis, je désirai vous revoir... Je vous regardai d'abord comme une sœur : votre caractère qui se développa sans contrainte sous mes yeux, me fit bientôt envier le sort de celui qui serait un jour votre mari... Puis j'en fus jaloux d'avance... Enfin je pensai que ce pouvait être moi. Je m'habituai à cette pensée ; le souvenir d'un autre amour s'effaça peu à peu, et finit par ne plus se présenter à mon esprit que comme un songe... Je me souviens d'elle encore sans doute, mais seulement comme d'un épisode frappant et inséparable de cette nuit où j'ai vu Naples tremblante, la mer soulevée, et le Vésuve en flammes.

AMÉLIE.

Oh! en effet, cela devait être bien beau! Nous irons aussi à Naples, mon ami : nous regarderons ensemble, à notre tour, du milieu du golfe d'Ischia, une éruption du Vésuve ; et vous verrez, monsieur, que, quoiqu'on ait les yeux bleus et le teint d'une Française, on peut être jolie aussi à la lueur fantastique d'un volcan.

LAURE.

Voilà Dulau.

SCÈNE II

Les Mêmes, DULAU.

DULAU.

Mes enfants, mes enfants, une bonne nouvelle!...

AMÉLIE.

Une lettre de mon père?

DULAU.

Justement.

ARTHUR.

Datée de Naples?

DULAU.

De Lyon.

AMÉLIE.

De Lyon! mon père en France! Oh! mais, Dulau, vous êtes un tuteur barbare! Montrez-moi sa lettre!

DULAU.

Me remercieras-tu, Amélie?

AMÉLIE.

Oh! je vous embrasserai!

ARTHUR.

A moi la récompense, Amélie; car c'est moi qui ai la lettre.

AMÉLIE.

Oh! voyons, voyons!

ARTHUR, lisant.

« Mon cher Dulau, je suis arrivé ce matin à Lyon : je ne m'y arrête que pour prendre un instant de repos ; je repars dans quelques heures, et serai à Paris presque en même temps que ma lettre. »

AMÉLIE.

Presque en même temps, Arthur ! entendez-vous ?... Et cette lettre est arrivée ?...

DULAU.

Ce matin.

AMÉLIE.

Et vous nous apprenez cette nouvelle à trois heures de l'après-midi !

DULAU.

Je rentre à l'instant, on me la remet en rentrant.

AMÉLIE.

Voyons, Arthur, si papa dit autre chose.

ARTHUR.

« Rien ne pouvait m'être plus agréable que ce que tu me dis de l'amour d'Arthur pour Amélie. »

DULAU.

Assez, assez, monsieur : ceci est une affaire entre mon vieil ami et moi ; ce sont nos secrets à nous, et ils ne vous regardent pas.

AMÉLIE.

Rendez-lui sa lettre, Arthur, car nous savons tout ce que nous voulions savoir : papa arrive ; votre tutelle finit aujourd'hui, monsieur Dulau ; et Dieu en soit loué ! car vous rendiez votre pupille bien malheureuse (lui prenant les deux mains), entendez-vous, mon bon Dulau !

DULAU.

Ingrate !

ARTHUR.

Concevez-vous, Amélie ?... votre père de retour ; plus d'intervalle entre nous et le bonheur !... Mais vous ne pensez donc pas ?...

AMÉLIE.

Monsieur, je ne pense qu'au plaisir de revoir mon père, et pas à autre chose ; et, jusqu'à ce que je l'aie vu, je vous oublierai, j'oublierai Dulau, Laure, tout le monde ; je sauterai comme une folle, je courrai par toute la maison en criant : « Mon père va arriver ! » Je le dirai aux passants, aux domestiques, à mes tourterelles ; je... je... Ah ! ah ! mon père !...

DULAU.

Eh bien, la petite folle !...

ARTHUR,
Le baron!...

DULAU.
Delaunay!...

SCÈNE III

Les Mêmes, DELAUNAY.

DELAUNAY.
Ma fille! mon enfant! ma bonne Amélie!...

AMÉLIE.
Mon père!...

DULAU.
Mon vieil ami!...

ARTHUR.
Monsieur!...

DELAUNAY, à sa fille.
Ah çà! mais me lâcheras-tu, que je me débarrasse de ce manteau qui m'enveloppe les bras?... Que diable! j'en ai besoin pour vous embrasser tous. Ah! mes bons amis!... Ah çà! maintenant, laissez-moi regarder ma fille

AMÉLIE
Eh bien, papa?...

DELAUNAY.
Je te trouve enlaidie à faire peur.

AMÉLIE.
Oh! vous me flattez!

DELAUNAY.
Non... Demande à Arthur... Votre avis, Arthur?

ARTHUR.
Oh! monsieur, mes lettres ne vous l'ont-elles pas dit?

DELAUNAY.
Oui, nous causerons de vos lettres : elles ne sont guère en harmonie avec ce que vous me disiez ici, dans cette même chambre...

ARTHUR.
Pardon!...

DELAUNAY.
Que jamais...

ARTHUR.
De grâce!... J'étais insensé

DELAUNAY.

Et maintenant?...

ARTHUR.

Et maintenant, il ne tient qu'à vous que je sois heureux.

DELAUNAY.

Nous reparlerons de tout cela plus tard ; car, pour le moment, mes enfants, quoique j'aie grand plaisir à vous revoir, nous avons des choses très-pressées à faire. Toi, mon Amélie, charge-toi de mon appartement, dont je rentre en possession ce soir, et où je veux que rien ne manque. Laure, le département du dîner te regarde. Nous avons du monde : ainsi mets tous mes domestiques en réquisition. Vous êtes des nôtres, Arthur ; seulement, vous irez mettre un habit : nous avons des dames, une soirée : et, si Amélie m'en prie bien, peut-être qu'on dansera.

AMÉLIE.

Oh ! papa, je t'en prie bien !

DULAU.

Mais d'où t'arrive donc tout ce monde ?

DELAUNAY.

Ce sont nos amis de Paris, à qui j'ai écrit en même temps qu'à toi... Une réunion de retour, d'anciennes connaissances à revoir. (A Amélie et à Arthur, qui causent.) C'est convenu : vous danserez ensemble la première contredanse... Mais allez chacun à vos affaires, ou sinon le temps vous manquera... Allez... Au revoir, Arthur. Pardon, Laure, de la peine. Va, ma fille, va !...

(Arthur, Laure et Amélie sortent.)

SCÈNE IV

DELAUNAY, DULAU.

DELAUNAY.

Ah ! nous voilà seuls, enfin !

DULAU.

Oui, cela me tardait.

DELAUNAY.

Parlons de ma fille.

DULAU.

Tu l'as vue.

DELAUNAY.

Charmante!... Et Arthur?...

DULAU.

C'est un loyal et brave jeune homme.

DELAUNAY.

Je l'avais bien jugé. Le baron de Sorbin?

DULAU.

Le protége toujours. Déjà plusieurs fois la place de secrétaire d'ambassade lui a été offerte.

DELAUNAY.

Et il a refusé?

DULAU.

En acceptant, il fallait quitter Amélie.

DELAUNAY.

Ainsi ils s'aiment?

DULAU.

Comme deux fous.

DELAUNAY.

Tant mieux!... Que je te remercie, Dulau, d'avoir consenti à t'écarter de tes habitudes de garçon, pour jouer le rôle de père de famille!

DULAU.

Mes habitudes!... je suis resté garçon pour n'en pas prendre. Je suis venu chez toi : eh bien, ç'a été un plaisir, une distraction, un bonheur... Ces enfants m'amusaient: j'étais heureux de les voir... Si j'avais été marié, cela n'aurait pas arrangé ma femme, ou il aurait fallu emménager chez toi toute une maison, ce qui était bien difficile; et je ne pouvais rendre à un excellent ami un service dont je suis récompensé par le service même. Tous les vieux garçons ne sont pas égoïstes, Delaunay : comme, en tout ce que j'ai à faire, je n'ai que ma volonté à consulter, elle est toujours celle des gens que j'aime. Je suis paresseux; c'est à mes amis de vivre pour moi; ils pensent et j'agis; et à tout ce qu'ils peuvent me proposer, je ne connais que deux réponses : « Je veux bien, » ou « Ça m'est égal. » Des habitudes!... eh! sais-tu qu'on meurt d'une habitude perdue!

DELAUNAY.

Ce que tu dis est vrai, Dulau : tu es bien la meilleure créature que je connaisse. Ainsi c'est convenu : je ne te dois pas de remercîments, et c'est, au contraire, toi... A propos, comment te trouvais-tu dans ton appartement?

DULAU.

Parfaitement.

DELAUNAY.

Eh bien, quoique ta tutelle soit finie, il faut y rester, et demeurer avec nous tous.

DULAU.

Je le veux bien.

DELAUNAY.

Maintenant, pourquoi désirais-tu tant te trouver seul avec moi?

DULAU.

Ah! c'est que je ne voulais pas te demander devant tes enfants si tu étais fou.

DELAUNAY.

Pourquoi cela?

DULAU.

Tu arrives; et, fatigué comme tu dois l'être, au lieu de te reposer, de te soigner, tu parles de soirée, de bal...

DELAUNAY.

Eh bien?...

DULAU.

Ah çà! mais le soleil de Naples t'a donc brûlé le cerveau?

DELAUNAY.

A moi?... Mais je suis toujours le même.

DULAU.

C'est-à-dire que je ne te reconnais plus; jusqu'au style de tes lettres qui est changé; et, sans la signature, j'aurais cru que c'était un jeune homme amoureux, Arthur, par exemple, qui m'écrivait.

DELAUNAY, riant.

Bah!

DULAU.

Puis voilà, quand je te revois, quand tes cheveux blancs me prouvent que tu es toujours mon vieil ami, voilà que tu me parles de soirée, de réunion, de bal... Danserais-tu par hasard?

DELAUNAY.

Pourquoi pas?

DULAU.

Et tes quinze campagnes?

DELAUNAY.

Je les ai oubliées.

DULAU.

Tes blessures?...

DELAUNAY.

Je ne les sens plus.

DULAU.

Mon ami, sérieusement tu me fais peur.

DELAUNAY.

Et toi pitié. Franchement, Dulau, la vieillesse ne vient-elle pas assez vite, sans que nous fassions la moitié du chemin pour aller au-devant d'elle? Qui nous fait vieux, d'ailleurs? Ce n'est point notre âge, ce sont nos infirmités. J'ai cinquante-neuf ans, il est vrai; mais mon cœur, encore chaud et ardent, semble battre dans la poitrine d'un jeune homme... Oui, tu l'as dit, c'est le soleil de Naples, son air vivace avec lequel on boit la vie... C'est mon bonheur de voir Amélie et Arthur réaliser en s'aimant un de mes rêves les plus doux.... C'est encore autre chose que tu sauras plus tard.

DULAU.

Allons, allons, va toujours.

DELAUNAY.

Mais, toi, Dulau, je te le répète, tu me fais pitié... Je te trouve vieilli depuis que je t'ai quitté.

DULAU.

J'ai un an de plus...

DELAUNAY.

Cette perruque te change.

DULAU.

C'est toujours la même.

DELAUNAY.

Ah! Dulau, Dulau! tu vieillis bien

DULAU.

J'ai soixante ans, trois mois et un jour, juste quatorze mois de plus que toi.

DELAUNAY.

Eh bien, Dulau, je gage que, si tu avais une femme jeune, jolie, un peu coquette... pour elle et pour toi, qui jetât ta perruque au feu, te décidât à adopter le pantalon et te fît faire un habit, demain tu ne paraîtrais pas plus de quarante ans.

DULAU.

Oui ; mais je saurais toujours que j'ai soixante ans, trois mois et un jour.

DELAUNAY.

Tu l'oublierais quelquefois, du moins.

DULAU.

Et si ma femme m'en faisait souvenir ?...

DELAUNAY.

Tu ne crois donc pas qu'il existe ici-bas des êtres angéliques créés pour notre bonheur de tous les âges, qui puissent nous aimer d'un amour d'épouse et de fille, parce que nous serons à la fois pour eux mari et père ; qui, jeunes, consentent à être le soutien du vieillard, l'accompagnent jusqu'au bord de la tombe..., et, arrivés là, l'aident à mourir ?... Croire au bonheur et à l'amour pour la jeunesse seulement, penser que ces soleils de l'âme n'éclairent qu'un côté de la vie, c'est douter de la bonté de Dieu, Dulau, c'est blasphémer !

DULAU.

Un instant, mon cher ! Voilà de bien grands mots pour moi ! Je ne suis ni athée ni blasphémateur : je suis peureux. Les êtres que tu me dépeins sont les exceptions de l'espèce.

DELAUNAY.

Eh bien, ne peux-tu pas rencontrer une exception ?

DULAU.

Mon ami, je n'ai pas la fatuité de croire que c'est pour moi que le ciel les a faites... D'ailleurs, toi qui prêches les autres, que ne te remaries-tu toi-même ?

DELAUNAY, riant.

Cela pourrait bien arriver...

DULAU.

Ah !

DELAUNAY.

Que dirais-tu alors ?

DULAU.

Moi ? Que tu as raison, si cela t'arrange.

DELAUNAY.

Mais toi ?...

DULAU.

Moi, je resterai garçon.

DELAUNAY.

Silence !... Voici Amélie.

SCÈNE V

Les Mêmes, AMÉLIE.

AMÉLIE.

C'est fini, papa.

DELAUNAY.

Tout est prêt ?

AMÉLIE.

Tout.

DELAUNAY.

Merci, mon enfant.

LAURE, entrant.

Monsieur le baron...

DELAUNAY.

Qu'y a-t-il ?

LAURE.

Les noms et le nombre des convives ?

DELAUNAY.

Viens ici. Voici la liste.

AMÉLIE.

Dix-neuf couverts.

LAURE.

Bien.

DELAUNAY.

Tu ordonneras qu'on en mette vingt : un nom a été oublié.

LAURE.

La place de chacun ?

DELAUNAY.

Moi au milieu.

LAURE.

Amélie en face de vous ?

DELAUNAY.

Non : Amélie cédera la présidence à la personne dont le nom est oublié... Amélie prendra place à ma droite, toi à ma gauche; je serai entre mes deux filles comme je suis en ce moment... Entendez-vous?

AMÉLIE.

Oui, papa.

LAURE.

C'est donc une dame qui se trouvera en face?

DELAUNAY.

C'est une dame. Tu la placeras entre Arthur et Dulau. Le reste des convives à ton choix.

LAURE.

Je vais faire exécuter vos ordres.

AMÉLIE.

Mon père, si c'est un grand dîner, il faut que je fasse une toilette, moi.

DELAUNAY.

Non, ce sont nos amis. Une fleur dans tes cheveux, et cela suffira.

AMÉLIE.

Mais nous avons une étrangère : la dame placée vis-à-vis de vous.

DELAUNAY.

Qui t'a dit que ce fût une étrangère, Amélie?

AMÉLIE.

Ah! c'est vrai... Je suis folle! Laure, tu viendras quand tu auras fini : nous nous coifferons de la même manière.

UN DOMESTIQUE.

Un domestique étranger demande à parler à M. le baron.

DELAUNAY.

Je sais qui c'est : faites entrer. Quant à toi, Dulau, si j'ai un conseil à te donner, c'est de changer quelque chose à ton accoutrement, à moins que tu ne consentes à être présenté à nos convives comme le grand-père d'Amélie.

DULAU.

J'aurais un fils bien fou, mon cher Delaunay.

DELAUNAY.

Cela se peut... Mais tu y consens, n'est-ce pas?

DULAU.

Je le veux bien, si cela te fait plaisir.

(Delaunay l'accompagne.)

SCÈNE VI

DELAUNAY, PAOLO.

DELAUNAY.

C'est vous, Paolo !

PAOLO.

La signora Teresa envoie demander à M. le baron à quelle heure elle pourra venir.

DELAUNAY.

Tout de suite. Mettez les chevaux à la voiture. Vous retournerez la chercher, Paolo, et la ramènerez ici.

PAOLO.

Je le ferai.

DELAUNAY.

Sa toilette était achevée.

PAOLO.

Oui, monsieur.

DELAUNAY.

Et elle était belle ?

PAOLO.

Comme la madone d'Ischia !...

DELAUNAY.

Restez, Paolo : la voiture n'est pas encore prête. J'aime à parler de Teresa avec vous, qui avez quitté l'Italie pour la suivre. Vous seul et moi, en France, connaissons le trésor que je possède... N'est-ce pas, Paolo, que je suis un homme heureux ?...

PAOLO, profondément.

Oui !...

DELAUNAY.

Et, si elle regrettait Naples, son ciel bleu, son golfe couleur de son ciel, vous m'aideriez à la consoler en lui parlant de tout cela... N'est-ce pas, Paolo ?

PAOLO, amèrement.

Moi ?...

DELAUNAY.

Sur une terre étrangère, vous êtes pour elle plus qu'un serviteur, vous êtes un compatriote !

PAOLO.

Monsieur le baron, quand j'abandonnai, sur le rivage de

Sorrente, la barque que mon père m'avait léguée avec la liberté, pour entrer, il y a trois ans, au service de la signora Teresa del Monte... je savais que, pour elle, à compter de ce jour, je prenais, au-dessous de son chien favori, une place, celle de valet... Pour elle seulement, je suis donc un valet et pas autre chose : elle ordonne et j'obéis... Pour les autres, je suis Paolo.

DELAUNAY.

Ai-je jamais oublié ces conventions, qui, au premier abord, m'avaient paru étranges..., mais que j'ai comprises lorsque Teresa m'a dit que, dans un tremblement de terre, vous aviez, à l'aide de votre barque probablement, sauvé sa vie et celle de sa mère?... Dites, Paolo, les ai-je jamais oubliées?... Celui à qui je dois la vie de ma Teresa a-t-il à me reprocher un mot dur, un geste offensant?

PAOLO.

Non, monsieur le baron, et je vous en suis reconnaissant.

DELAUNAY.

Et s'il eût voulu être à nos yeux autre chose qu'un valet?...

PAOLO.

Je ne l'ai pas voulu, monsieur.

DELAUNAY.

Quand vous me connaîtrez mieux, Paolo, j'espère que vous n'établirez entre votre maîtresse et moi aucune différence... Jusque-là, je veillerai à ce qu'elle seule ici vous donne des ordres. On vient... Silence! car on ignore encore tout ici

SCÈNE VII

Les Mêmes, ARTHUR.

ARTHUR, de la porte, et posant son chapeau sur une chaise, sans voir Paolo, et sans être vu de lui.

Monsieur le baron, votre voiture est prête.

DELAUNAY.

Merci, mon ami. — Paolo...

PAOLO.

J'y vais!

(Arthur et Paolo se rencontrent à la porte, et restent tous deux stupéfaits en face l'un de l'autre.)

ARTHUR.

Paolo!...

PAOLO.

Arthur!...

(Delaunay se retourne; Paolo s'incline et sort.)

SCÈNE VIII

Les Mêmes, AMÉLIE, entrant avec LAURE.

AMÉLIE.

Est-ce que vous allez déjà nous quitter, mon père?

DELAUNAY.

Non, mon enfant... Et pourquoi?

AMÉLIE.

J'ai vu votre voiture dans la cour.

DELAUNAY.

Demande à Laure : je parie qu'elle devine où elle va.

LAURE.

Chercher la personne inconnue.

AMÉLIE.

Oh! papa, qui est-ce donc?

DELAUNAY.

Cela vous intrigue fort, n'est-ce pas?... Il n'y a pas jusqu'à Arthur que ce mystère n'ait rendu tout pensif.

ARTHUR, sortant de sa rêverie.

Moi?...

AMÉLIE.

Oh! vous vous trompez, mon père : cela ne m'inquiète pas le moins du monde. Comment me trouvez-vous coiffée, Arthur?

ARTHUR.

Plaît-il?

AMÉLIE.

Oh! que vous êtes maussade! On fait pour vous seul des frais de toilette, et voilà comme vous y répondez! Autant vaudrait s'habiller pour Dulau.

DULAU, à Delaunay, lui montrant son nouveau costume.

Qu'en dis-tu?

DELAUNAY.

A la bonne heure! Tu n'es plus reconnaisable!

DULAU.

Je t'annonce quelques-uns de tes convives, que j'ai vus entrer dans la cour.

UN DOMESTIQUE.

M. le général Clément.

DELAUNAY.

Mon vieux camarade ! Vous avez donc repris du service?

LE GÉNÉRAL.

Oui, mon ami ; et vous?

DELAUNAY.

Moi, général ?... On a été trop injuste envers moi pour que je m'expose à de nouvelles injustices. Voici ma fille : faites-lui votre cour.

LE DOMESTIQUE, annonçant.

M. le conseiller d'État baron de Sorbin.

DELAUNAY.

Soyez le bienvenu, notre protecteur ! Vous n'avez point oublié ce jeune homme, et je vous en rends grâces.

LE BARON.

Comment, l'oublier ?... Mais j'espère que nous ferons de lui un de nos premiers diplomates ; et, s'il avait voulu quitter Paris, il serait déjà...

DELAUNAY.

Je connais ses raisons pour y rester.

LE DOMESTIQUE, annonçant.

M. d'Artigues ; M. de Chabannes ; etc., etc.

ARTHUR, à part.

Une voiture !...

DELAUNAY, à part.

La voilà... Oh ! c'est à peine si j'ose regarder ma fille... Si cette pauvre enfant allait croire que je l'aimerai moins !... (Allant à elle.) Amélie...

AMÉLIE.

Eh bien, mon père, qu'avez-vous donc? Votre main tremble...

LAURE, à Arthur, de l'autre côté du théâtre.

Arthur, vous êtes bien pâle !... Souffririez-vous?

ARTHUR.

Moi ?... Point du tout.

DELAUNAY.

Mon Amélie, si la personne que j'attends te paraissait devoir porter atteinte à ton bonheur futur, pardonne à ton père de ne pas t'avoir consultée, pardonne...

AMÉLIE.

Mais quelle est-elle donc, mon Dieu?

DELAUNAY.

Tu vas le savoir... Elle vient ! La voilà !

PAOLO, annonçant.

Madame la baronne Delaunay.

ARTHUR.

C'est elle !

SCÈNE IX

LES MÊMES, TERESA.

DELAUNAY.

Oui, mes amis, madame la baronne Delaunay, ma femme, que j'ai l'honneur de vous présenter. Madame, voici ma fille, dont je vous ai parlé tant de fois : on vous prendra souvent pour sa sœur.

TERESA.

Non, monsieur; car j'aurai pour elle toute la tendresse d'une mère.

DELAUNAY, conduisant sa femme à Dulau.

Dulau, mon cher et plus ancien ami.

TERESA.

Monsieur voudra bien ne pas séparer la femme du mari.

DULAU.

Certainement, madame, je...

DELAUNAY.

Dulau, c'est une des exceptions dont je te parlais tout à l'heure. Mon gendre futur, chère Teresa, M. Arthur de Savigny.

TERESA.

Monsieur...

ARTHUR.

Madame...

PAOLO, de la porte.

Monsieur le baron, on annonce que vous êtes servi.

DELAUNAY.

Messieurs, offrez la main à ces dames. Arthur, votre belle-mère attend votre bras... (Arthur et Teresa hésitent.) Eh bien ?...

ARTHUR, offrant son bras.

Teresa....

TERESA.

Arthur !...

(Paolo les regarde.)

PAOLO, tombant sur une chaise.

Santa Rosa ! prenez pitié de moi !

ACTE DEUXIÈME

PAOLO

Même décoration.

SCÈNE PREMIÈRE

DELAUNAY, TERESA, sortant de leur appartement.

Pendant cette scène, Teresa laisse tomber, sans s'en apercevoir, un bouquet qu'elle tenait à la main.

DELAUNAY.

Pardon, chère Teresa, de la peine que tu vas prendre ; mais un père a aussi sa corbeille de noces à donner à sa fille ; et quel goût meilleur que le tien peut présider à ces emplettes ?

TERESA.

Soyez tranquille : je m'en charge, mon ami.

DELAUNAY.

Et si, par hasard, un cachemire, une parure nouvelle, convenaient à ma belle Teresa, qu'elle les prenne doubles... Elle comprend ?

TERESA.

Que vous êtes bon ! Et jusqu'à quelle somme puis-je aller pour les cadeaux que vous destinez à votre fille ?

DELAUNAY.

A notre fille, Teresa... Que ce mot ne t'effraye pas : en te voyant, l'on saura bien que tu n'es sa mère que de nom.

TERESA.

Oui ; mais je n'y suis pas encore habituée... Cela viendra.

DELAUNAY.

Merci. Tu peux mettre à ces achats de dix à douze mille francs ; bien entendu que les cachemires et la parure doubles ne sont pas compris dans cette somme.

TERESA.

Merci à mon tour. Je n'en abuserai pas.

DELAUNAY.

Adieu, chère enfant ; et reviens vite. Adieu.

SCÈNE II

DELAUNAY, DULAU.

DELAUNAY.

Ah ! c'est toi, Dulau ?

DULAU.

Moi-même. Bonjour.

DELAUNAY.

As-tu bien dormi ?

DULAU.

Pardieu ! ma chambre est sur la cour : on n'entend pas le moindre bruit... J'y suis parfaitement.

DELAUNAY.

Mon pauvre Dulau, je vais être obligé de te faire déménager.

DULAU.

Comment cela ?

DELAUNAY.

Si nos enfants se marient, comme je l'espère, l'appartement que tu habites, et qui est trop grand pour toi...

DULAU.

Sera parfaitement bien pour eux.

DELAUNAY.

Mais la chambre qu'occupe Amélie...

DULAU.

Elle est charmante.

DELAUNAY.

Et tu consentirais à la prendre ?

DULAU.

Certainement.

DELAUNAY.

C'est qu'elle est sur la rue, et, dès le matin, le bruit...

DULAU.

Oh! ça m'est égal.

DELAUNAY.

Tu es excellent!

DULAU.

Non, mon ami : je suis garçon, et un garçon est bien partout.

DELAUNAY.

As-tu vu ma femme, ce matin?

DULAU.

Pas encore.

DELAUNAY.

Vous êtes toujours bien ensemble?

DULAU.

Je serais bien difficile : elle est si bonne pour moi !

DELAUNAY.

Avoue donc que j'ai bien fait de me marier.

DULAU.

Te trouves-tu plus heureux que lorsque tu étais garçon?

DELAUNAY.

Mille fois!

DULAU.

Tu as bien fait alors.

DELAUNAY.

Une seule chose me fait de la peine...

DULAU.

Laquelle?

DELAUNAY.

Il y a du froid entre Amélie et Teresa; et je ne sais à quoi l'attribuer. Hier, j'ai grondé Amélie : elle s'est mise à pleurer.

DULAU.

Oh! quand elles se connaîtront davantage...

DELAUNAY.

Tu as raison. Que comptais-tu faire ce matin?

DULAU.

Une promenade sur le boulevard.

DELAUNAY.

C'est que j'aurais désiré que tu m'aidasses à préparer les clauses du contrat d'Arthur et d'Amélie.

DULAU.

Je suis à toi.

DELAUNAY.

Et ta promenade?...

DULAU.

Je la ferai plus tard.

DELAUNAY.

Tu es le modèle des amis, Dulau! Non-seulement tu fais ce que tes amis veulent, mais encore, ce qui est plus rare, tu leur laisses faire ce qu'ils veulent.

DULAU.

Mon cher Delaunay, pour bien des hommes, vois-tu, l'amitié n'est qu'un mot qui déguise la tyrannie, un moyen d'imposer son opinion et ses habitudes aux autres. On dit qu'elle vit de sacrifices réciproques, l'amitié; je ne suis point de cet avis: elle vit, comme toutes les choses, de liberté. Moi, Delaunay, j'ai peu d'amis; mais je les aime pour eux et non pour moi; si je suis six mois sans voir l'un d'eux, je me dis: « C'est qu'il s'amuse plus avec d'autres qu'avec moi: tant mieux! » quand je le revois, je l'embrasse comme s'il revenait d'un voyage, et je ne lui fais pas de querelle. Ce qui me fâcherait, c'est qu'il eût un chagrin, et ne vînt pas me le confier, si je pouvais quelque chose pour son soulagement; ce qui me blesserait de sa part, ce n'est pas l'oubli, c'est le doute. Allons travailler, Delaunay.

DELAUNAY.

Viens. (A Paolo, dans l'antichambre.) Je n'y suis pour personne, entendez-vous, Paolo?

SCÈNE III

PAOLO, puis ARTHUR.

PAOLO, ramassant le bouquet.

J'ai cru qu'ils ne s'en iraient pas... Ils ont manqué vingt fois de marcher dessus. (Il aperçoit Arthur.) Arthur!... toujours!

ARTHUR.

Madame la baronne Delaunay?...

PAOLO.

La signora n'est point chez elle.

ARTHUR.

Est-ce un ordre qu'elle vous a donné, de dire cela, Paolo, ou n'y est-elle pas réellement?

PAOLO.

La signora est sortie.

ARTHUR.

Seule?

PAOLO.

Seule.

ARTHUR.

Le baron?...

PAOLO.

Est dans son cabinet de travail.

ARTHUR.

Amélie?...

PAOLO.

Dans sa chambre.

ARTHUR.

Nous sommes seuls?

PAOLO.

Je le crois.

ARTHUR.

Êtes-vous dévoué à votre maître, Paolo?

PAOLO.

Demandez-le-lui.

ARTHUR.

Et savez-vous garder un secret?

PAOLO.

J'en cache un là depuis trois ans.

ARTHUR.

Vous rappelez-vous le soir du tremblement de terre où je descendis dans votre barque avec elle?...

PAOLO.

Si je l'avais oublié, je ne serais pas pas ici.

ARTHUR.

De cette nuit, j'aimai Teresa...

PAOLO.

Je le sais.

ARTHUR.

Je fus aimé d'elle.

PAOLO, à part.

Malheur!...

ARTHUR.

Je fus aimé d'elle.

PAOLO.

Oh! je vous entends, monsieur!

ARTHUR.

Eh bien, alors... il faut que je lui parle.

PAOLO.

Et si c'est à cette intention qu'elle vous évite depuis trois jours...

ARTHUR.

Il faut que je lui parle, te dis-je!

PAOLO.

Quand?

ARTHUR.

Aujourd'hui, pour que je parte demain.

PAOLO.

Vous partez?...

ARTHUR.

Aussitôt après mon entrevue avec elle.

PAOLO.

Écrivez.

ARTHUR.

Pour la lui demander?

PAOLO.

Oui.

ARTHUR.

Et la lettre?...

PAOLO.

Je la lui remettrai.

ARTHUR.

Mon ami!...

PAOLO.

Oh! ne me remerciez pas.

ARTHUR.

Va-t-elle rentrer?

PAOLO.

Tout à l'heure.

ARTHUR.

Et elle aura mon billet?

PAOLO.

En rentrant.

ARTHUR.

J'écris.

PAOLO.

Donnez.

ARTHUR.

La réponse?

PAOLO.

Sera chez vous cinq minutes après qu'elle m'aura été remise.

ARTHUR.

Oh! tant de dévouement...

PAOLO.

Vous ne pouvez pas en comprendre la cause.

ARTHUR.

J'entends du bruit chez Amélie... Il ne faut pas qu'elle me voie... Adieu.

PAOLO.

Insensé!...

SCÈNE IV

PAOLO, AMÉLIE.

AMÉLIE.

Paolo...

PAOLO.

Mademoiselle?...

AMÉLIE.

Vous êtes seul?... Je croyais Arthur avec vous.

PAOLO.

Il me quitte.

AMÉLIE.

Il ne m'a pas demandée?

PAOLO.

Non, mademoiselle.

AMÉLIE.

Savez-vous pourquoi il n'est point entré pour me voir?

PAOLO.

Je ne sais.

AMÉLIE.

Depuis deux jours, à peine si je l'aperçois; et toujours distrait, préoccupé... C'est étrange !

SCÈNE V

LES MÊMES, DELAUNAY.

DELAUNAY.

Eh bien, Amélie...

AMÉLIE.

Mon père?...

DELAUNAY.

Il est onze heures, et tu n'es pas encore venue me dire bonjour, et m'embrasser !...

AMÉLIE.

Je crains toujours de déranger madame la baronne.

DELAUNAY.

Encore *madame la baronne !*... Amélie, vas-tu recommencer à me faire de la peine?

AMÉLIE.

Ce n'est pas mon intention, mon père...

DELAUNAY.

Pourquoi ne pas dire *maman?*

AMÉLIE.

Je ne le puis.

DELAUNAY.

Mais c'est de l'entêtement !

AMÉLIE.

Oh! non, papa, je vous l'assure.

DELAUNAY.

Ce nom te coûte donc bien à prononcer?

AMÉLIE.

J'étais habituée à le donner à une autre.

DELAUNAY.

Et Dieu sait si j'ai aimé celle à qui tu le donnais

AMÉLIE.

Alors, mon père, pourquoi donc?...

DELAUNAY.

Un reproche, Amélie!...

AMÉLIE.

Oh! non... Mais, quand ma pauvre mère est morte, je ne croyais pas qu'un jour il me faudrait appeler une autre femme ma mère; et j'ai peine à en prendre l'habitude.

DELAUNAY.

Tu me fais bien mal, Amélie!

AMÉLIE.

Oh! mon père, si je le croyais...

DELAUNAY.

Écoute-moi, Amélie; et causons. Je n'ai jamais été parfaitement heureux, mon enfant.

AMÉLIE.

Oh! ce n'est pas moi, j'espère...

DELAUNAY.

Non; au contraire, car j'allais ajouter que les seuls instants de bonheur pur que j'eusse éprouvés, je te les devais.

AMÉLIE.

Merci!

DELAUNAY.

J'aimais ta mère...

AMÉLIE.

Ma pauvre mère!...

DELAUNAY.

Eh bien, Amélie, pendant dix ans qu'elle fut ma femme, les guerres continuelles de l'Empire m'ont à peine laissé six mois de ma vie auprès d'elle; à chaque instant, il fallait la quitter, la quitter en larmes, car peu d'hommes arrivaient au bout de la route sanglante que nous tracions à travers l'Europe: c'étaient de longues et meurtrières batailles que celles de Napoléon!... Il tomba... J'étais colonel... Sa chute interrompit ma carrière: mon grade excepté, aucune de ces distinctions qui gonflent de joie le sein d'un soldat, je ne les avais obtenues; la croix même ne m'avait été donnée par lui qu'en 1815. Le nouveau gouvernement me défendit de la porter, en même temps qu'il la prostituait à d'autres... Ta mère me restait: elle allait me consoler de tous ces chagrins... Elle mourut!

AMÉLIE

Mon père, mon bon père!...

DELAUNAY.

Sur toi seule alors se reporta tout mon amour. Eh bien, Amélie, plus toutes mes affections paternelles s'amassaient sur ta tête chérie, et plus je te voyais grandissante et belle, plus je tremblais d'avance aux nouvelles douleurs qu'amènerait notre séparation.

AMÉLIE.

Notre séparation!... nous séparer! nous, mon père?... Jamais!

DELAUNAY.

Enfant!... Et Arthur?... et ton mariage?...

AMÉLIE.

Oh! si je l'épouse, c'est à la condition qu'il me laissera toujours près de vous.

DELAUNAY.

Tu ne sais pas, pauvre enfant, ce que te coûterait, un jour, à remplir toi-même, cette condition que tu lui imposes aujourd'hui! Tu connaîtras plus tard combien prennent tout le cœur ces affections d'épouse et de mère!... La nature regarde devant elle, Amélie, et ne s'occupe pas de ceux qu'elle laisse vieux et fatigués en arrière. Supposons donc que la carrière qu'a embrassée Arthur l'eût forcé à s'éloigner de Paris, tu l'aurais accompagné; moi, alors, et sans que j'eusse eu le droit de me plaindre, comme autrefois j'avais quitté mes parents malgré leurs larmes, tu me quittais à mon tour malgré les miennes... Je restais alors vieux et seul... Je n'ai pas eu le courage d'envisager ce sort. A Naples, où m'avait entraîné, comme tu le sais, la nécessité de régler quelques affaires de fortune, je rencontrai un ange d'amour et de pureté, que je ne puis comparer qu'à toi, mon enfant... Elle me promit, non son amour... je n'osais le lui demander, mais ces soins affectueux qui tiennent à la fois de la fille et de l'épouse. Je me dis : « Amélie appréciera son esprit distingué, ses qualités excellentes, et elle l'aimera; Teresa verra mon Amélie : sa candeur et sa naïveté la toucheront. Tant qu'elles se chériront, qu'elles resteront toutes deux près de moi, je serai complétement heureux; si l'une des deux me quitte, eh bien, je ne serai malheureux qu'à moitié. »

AMÉLIE.

Oh! ce ne sera jamais moi!

DELAUNAY.

Voilà ce que je me suis dit, ma fille; et, si, arrangeant tout pour mon bonheur, j'ai dérangé quelque chose au tien, pardonne-le-moi, pardonne à ton père : il n'avait pas pu le prévoir.

AMÉLIE.

Moi, vous pardonner, mon père?... C'est moi qui suis à vos genoux, c'est moi qui vous demande pardon de vous avoir affligé... Mais la faute n'en est peut-être pas à moi toute seule; madame la baronne...

DELAUNAY.

Encore!

AMÉLIE.

Maman! maman!... Je me trompe.

DELAUNAY.

Amélie, tu es injuste : Teresa est aussi bonne que belle.

AMÉLIE.

Oui, papa, maman est bonne et belle;... mais elle ne m'aime pas.

DELAUNAY.

Et pourquoi?

AMÉLIE.

Le sais-je?... Mais chut!... c'est elle qui rentre... Papa, ne lui dites pas un mot de tout cela... Voyez-vous, c'est peut-être moi qui ai tort... Oui, oui, je me rappelle... Elle serait venue à moi, sans ma froideur qui l'a retenue... Et je vais lui demander pardon devant vous.

DELAUNAY.

Non, non; ma présence contiendrait peut-être vos sentiments à toutes deux; vous feriez par complaisance ce que je demande à votre conviction... Reste seule, mon enfant;... attends ma femme... ta mère;... sois charmante avec elle comme tu l'es avec moi... Reviens vite m'annoncer que, si tu n'as pas retrouvé en elle ce que Dieu ne donne qu'une fois, comme la vie, une mère, je t'ai du moins ramené une bonne et excellente amie. Adieu, mon enfant : je te quitte pour m'occuper, avec Dulau, de toi et d'Arthur. Tu auras soin que l'on ne nous dérange pas.

AMÉLIE.

Adieu, mon père... Vous serez content de votre fille... Vous serez heureux... Adieu!

SCÈNE VI

AMÉLIE, puis TERESA.

AMÉLIE.

Oh! il m'en coûtera bien d'appeler cette Italienne ma mère! Si l'on ajoutait foi aux pressentiments, je penserais que le malheur me viendra d'elle... La voici!

TERESA.

Encore cette enfant!

AMÉLIE.

C'est bizarre! Il semble qu'elle éprouve pour moi le même éloignement que moi pour elle...

TERESA.

Dans trois jours, elle sera sa femme... la femme d'Arthur!... Ah!...

(Elle veut entrer chez le Baron.)

AMÉLIE.

Eh bien, elle s'éloigne déjà?... (Haut, en l'arrêtant.) Pardon!... mon père travaille en ce moment avec Dulau...

TERESA.

A quoi donc, mademoiselle?

AMÉLIE.

A notre contrat.

TERESA.

Ah! oui... N'est-ce pas demain qu'il se signe?

AMÉLIE.

Je le crois.

TERESA.

Le contrat de mariage d'Arthur!...

AMÉLIE.

Allons, il le faut!... Maman...

TERESA.

Sa mère!...

AMÉLIE.

Mon père veut que nous causions...

TERESA.

Je vous écoute, mademoiselle.

AMÉLIE.

Ah! si vous m'appelez mademoiselle, je ne pourrai pas vous appeler maman...

TERESA.

Mais qui vous force à m'appeler ainsi?

AMÉLIE.

Papa le désire...

TERESA.

Et cela vous coûte?

AMÉLIE.

Je n'ai pas dit cela... Mais...

TERESA.

Mais?...

AMÉLIE.

Vous êtes si jeune, que je vous appellerais plutôt ma sœur.

TERESA.

Je comprends : vous m'aimeriez mieux pour votre sœur que pour votre mère ?

AMÉLIE.

Oh! oui!... car alors mon père nous aimerait toutes deux également, tandis que...

TERESA.

Achevez...

AMÉLIE.

Tandis que j'ai tremblé un instant qu'il ne vous aimât plus que moi.

TERESA.

J'aurais cru en ce moment votre cœur trop plein d'un autre sentiment pour qu'il pût s'apercevoir — cela fût-il — que je lui avais enlevé quelque chose de l'affection paternelle...

AMÉLIE.

Et quel sentiment peut donc remplacer la moindre part perdue dans l'amour d'un père?

TERESA.

Celui que vous avez pour M. Arthur et qu'il a pour vous serait une compensation, ce me semble.

AMÉLIE.

Oh! jamais... C'est si différent!

TERESA.

Et comment l'aimez-vous donc alors?...

AMÉLIE.

Arthur?

TERESA.

Oui, Arthur.

AMÉLIE.

Un peu plus que Laure, mais moins que mon père.

TERESA.

Pas davantage?

AMÉLIE.

Non.

TERESA.

Et vous appelez cela de l'amour?...

AMÉLIE.

Écoutez, maman. En pension, j'ai beaucoup entendu parler de l'amour : on m'en faisait mille peintures diverses; d'avance, on me disait quelles émotions il amenait avec lui... Quand Dulau me présenta M. Arthur en me confiant les projets de mon père sur lui, je me dis : « Enfin je vais connaître l'amour!... » J'ai alors, chaque fois qu'il me quittait, interrogé mon cœur et cherché les sensations nouvelles que l'amour devait y produire... Eh bien, cela a été vainement : rien ne m'a annoncé la présence de cet amour. Je me suis habituée à voir Arthur; j'ai du plaisir à le savoir près de moi; je crois qu'il me rendra heureuse et que je le rendrai heureux; je l'épouserai avec joie, car je sais que ce mariage est depuis longtemps le songe doré de mon père. Voilà tout ce que j'éprouve, maman... Est-ce là ce qu'on appelle aimer?

TERESA, à part, avec joie.

Grand Dieu!... (Haut, en lui prenant la main.) Oui, mon enfant.

AMÉLIE.

Oh! tant mieux! Je tremblais de n'avoir pour Arthur que de l'amitié.

TERESA.

Amélie, si demain vous appreniez qu'Arthur est votre frère, cela vous rendrait-il bien malheureuse?

AMÉLIE.

Oh! non... Au contraire, car alors, vous concevez, maman, mon père ne me marierait peut-être point, et je ne tremblerais plus de le quitter.

TERESA, à part.

Elle ne l'aime pas!... (Respirant.) Ah!...

AMÉLIE.

Mon Dieu! comme je vous jugeais mal!... Oh! si je vous avais su tout de suite bonne comme vous l'êtes, mon père n'aurait pas eu besoin de me gronder pour que je vous appelasse maman.

TERESA.

Ma fille! ma chère fille!...

AMÉLIE.

Mais, voyez donc, que j'étais folle de vous craindre et de m'inquiéter!

TERESA.

Et vous ne me craignez plus? et vous n'êtes plus inquiète?

AMÉLIE.

Tenez, maintenant, si je croyais m'apercevoir que papa m'aime moins, c'est à vous que j'irais me plaindre tout de suite; et vous lui diriez de m'aimer davantage, n'est-ce pas?

TERESA, avec abandon.

Eh! qui ne t'aimerait pas, chère enfant! qui n'aimerait pas ma fille chérie!

AMÉLIE.

Ma mère!...

TERESA.

Embrasse-moi donc!...

AMÉLIE, l'embrassant.

Oh! maman, que je suis heureuse!... que je t'aime!... que mon père va être heureux!... Ah! je cours lui dire que nous nous tutoyons.

(Elle sort en sautant de joie.)

SCÈNE VII

TERESA, puis PAOLO.

TERESA.

Elle n'aime pas Arthur!... elle ne l'aime pas!

PAOLO, de la porte.

Signora...

TERESA.

C'est vous, Paolo?... Qu'y a-t-il?

PAOLO.

Une lettre.

TERESA.

De qui?

PAOLO.

De lui.

TERESA, lisant.

Que vois-je!...

PAOLO.

Il part.

TERESA.

Qui te l'a dit?

PAOLO.

Lui-même.

TERESA.

Il t'a parlé de son amour?...

PAOLO.

De quoi vouliez-vous qu'il me parlât?

TERESA.

L'indiscret!

PAOLO.

Le malheureux!...

TERESA.

Il m'aime donc toujours?

PAOLO.

Comme à Naples.

TERESA.

Il t'a fait cette confidence?

PAOLO.

Il me l'a renouvelée.

TERESA.

C'est vrai : j'avais oublié que tu étais déjà chez ma mère, lorsqu'il fut question de mon mariage avec lui.

PAOLO.

Je m'en souvenais, moi.

TERESA.

Et il attend sans doute?...

PAOLO.

Une réponse.

TERESA.

Vous vous en chargerez?...

PAOLO.

Si la signora l'ordonne.

TERESA.

Allez lui dire que je l'attends.

SCÈNE VIII

TERESA, seule.

Oui, je comprends la cause de son départ : il veut rompre son mariage... Il m'aime !... il m'aime toujours ! Quelle fatalité que celle qui m'a ramenée au milieu de cette famille, mon Dieu !... et peut-être pour le malheur de tous !... Il part ! Oh ! non, il ne peut pas partir... Il faut qu'il épouse cette enfant : c'est le vœu de son père ;... c'est... c'est le mien aussi... Déjà mon mariage, à moi, est un obstacle à mon amour : que son mariage, à lui, soit un obstacle au sien... Ce double lien sera trop sacré pour être rompu. — Oui, il restera : j'aurai mille raisons à lui donner pour qu'il reste... Et la plus forte de toutes, ô mon Dieu ! est peut-être celle que je n'oserai m'avouer à moi-même... C'est lui !...

SCÈNE IX

TERESA, ARTHUR.

ARTHUR.
Enfin, j'ai le bonheur de vous rencontrer, madame !

TERESA.
Vous fuyais-je ?...

ARTHUR.
Je le craignais...

TERESA.
Et vous vous trompiez... Quel motif aurai-je eu de le faire ?

ARTHUR.
Vous avez raison, madame : c'était presque de la fatuité de le penser.

TERESA.
Je ne vous comprends pas...

ARTHUR.
C'est que nous ne parlons plus la même langue !

TERESA.
Vous m'avez écrit, monsieur...

ARTHUR.
Et vous avez lu ma lettre ?...

TERESA.
Ce projet de départ est-il bien arrêté?

ARTHUR.
Plus que jamais !

TERESA.
Ainsi, votre mariage...?

ARTHUR.
Sera rompu.

TERESA.
Vous oserez dire à M. Delaunay...?

ARTHUR.
Je lui écrirai.

TERESA.
Quelles raisons lui donnerez-vous?

ARTHUR.
Que je crains de faire le malheur de sa fille.

TERESA.
Pourquoi ?

ARTHUR.
Parce que je ne l'aime pas.

TERESA.
Vous l'aimiez, il y a huit jours.

ARTHUR.
Je le croyais... Je ne vous avais pas revue !.

TERESA.
Pensez-vous qu'on ne puisse faire le bonheur d'une femme sans éprouver pour elle une passion violente?

ARTHUR.
Il ne faut pas, du moins, qu'on éprouve cette passion pour une autre.

TERESA.
Et que pensez-vous que dise mon mari de cette rupture?...

ARTHUR.
Peu m'importe !

TERESA.
Il en cherchera les motifs...

ARTHUR.
Je les lui dirai. D'ailleurs, il sait déjà qu'un premier amour...

TERESA, vivement.
Et il en connaît l'objet?

ARTHUR.

Il en ignore le nom.

TERESA.

Il sait du moins le lieu où vous l'avez éprouvé?...

ARTHUR.

Je lui ai dit qu'à Naples...

TERESA.

C'est bien!... Et alors, déçu de ses espérances les plus chères, le baron cherchera à savoir quelle est cette personne que vous avez aimée, et qu'il devra haïr, lui... Il connaît Naples : il écrira ; et une lettre lui peut tout apprendre... Il saura que cette femme inconnue que vous avez aimée, c'était moi!... moi, sa femme!... Croyez-vous qu'il pensera qu'un amour si violent dans votre cœur n'a pas laissé de traces dans le mien?... Et alors, non-seulement il aura à me reprocher, et justement, d'avoir détruit dans le présent ses espérances de père; mais, en même temps, l'idée que j'ai pu éprouver un premier amour... que peut-être je l'éprouve encore... lui enlèvera dans l'avenir sa tranquillité d'époux, Arthur!... et tout cela pour quelques souffrances que le temps et l'habitude calmeront!... Oh ! vous êtes bien égoïste !

ARTHUR.

Teresa, dites: bien malheureux !

TERESA.

Et vous voulez me rendre malheureuse !... Vous parti, parce que vous n'avez plus rien à craindre, vous oubliez que vous me laissez ici,... moi, craignant tout !

ARTHUR.

Mais que faire ?

TERESA.

Rester ici, épouser Amélie.

ARTHUR.

Ne m'avez-vous pas compris, Teresa ? ne vous ai-je pas dit que je vous aimais ?... Épouser Amélie?... épouser cette enfant avec un autre amour dans le cœur ?... et quel amour !... lui jurer en face de son père et de Dieu que je l'aimerai, et mentir à Dieu et à son père?... Oh ! ce serait affreux, ce serait infâme!... Mais vous n'avez donc pas l'idée de ce que c'est qu'aimer ?

TERESA.

Arthur !...

ARTHUR.

Laissez-moi donc vous dire ce que je souffre, vous épouvanter de ce qui peut arriver !... Mais, Teresa, vous ne savez donc pas que jamais je ne vous ai autant aimée que je vous aime en ce moment?... Oh! si vous éprouviez, une heure seulement, ce qui s'est passé dans mon cœur depuis trois jours !... Teresa, pas de repos, pas de sommeil; un sang qui brûle !... c'est à en devenir fou !... c'est à en mourir !

TERESA.

Mais écoutez-moi...

ARTHUR.

Vous ne voulez pas que je parte, et vous voulez que j'épouse Amélie !... Et, si je vous obéis, savez-vous ce que ce sera que l'enfer d'une vie qui se passe près de sa femme qu'on n'aime pas, près de la femme d'un autre qu'on aime !... Et quand cette femme est celle d'un vieillard qu'on appelle son père... quand, nous rencontrant à chaque pas dans cette maison qui nous renfermera tous, ce ne sera qu'à force de contrainte et de dissimulation que nous parviendrons à lui cacher, sa fille ses larmes, vous vos regrets, moi mon désespoir !... oh ! mais, songez-y donc ! y aura-t-il pour nous tous un instant de repos, de bonheur, de tranquillité dans ce monde?

TERESA.

Ah ! vous voyez tout cela ainsi, parce que vous le voyez dans un moment d'exaltation; parce que j'arrive à peine ; parce que vous m'avez revue tout à coup et sans m'attendre... Moi-même, je ne suis calme que parce que j'étais prévenue, quelque temps d'avance, que j'allais vous revoir, que vous seriez l'époux d'Amélie !... Ainsi sera de vous, Arthur, lorsque des jours, des mois, une année se seront passés près l'un de l'autre !... Ah ! croyez-moi, vous reconnaîtrez que la fièvre qui vous brûle en ce moment n'était point durable... Vous deviendrez mon ami et je deviendrai votre amie... Arrivés à ce point, dites, tout ce que vous envisagez en ce moment avec terreur ne sera-t-il pas délices?... Cette habitation sous le même toit, cette facilité de nous voir à toutes les heures de la journée, d'enfermer dans le cercle de notre famille toutes nos affections, toutes nos joies, d'être pour nous un monde isolé au milieu du monde... dites ! si ce n'est pas le bonheur, où le cherchera-t-on?... Et, lorsqu'il est là, qu'il y touche, à ce bonheur si rare, si difficile à trouver, l'homme qui le dédaigne, qui le repousse... oh! dites, Arthur! dites, cet homme n'est-il pas un insensé?

ARTHUR.

Eh! quelles que soient mes craintes, croyez-vous que, si je n'écoutais que la voix de mon cœur, je n'aimerais pas mieux me jeter tête baissée dans ces malheurs que je crains, et marcher en aveugle dans l'avenir?... Mais l'avenir, même cet avenir affreux que je peignais tout à l'heure, il aurait des reflets du ciel, des moments à faire envie aux anges; car enfin je vous verrais, Teresa!... A cette heure, à cette heure même où je souffre, où je vous prie, où je pleure, je suis plus heureux que je ne l'ai jamais été depuis deux ans... Au fond de ses chagrins les plus amers, l'amour cache une joie... — Partir! vous avoir revue et vous quitter!... Vous avoir revue plus belle, me sentir plus aimant, et partir!... Ai-je dit que je voulais partir?... Non, quand je suis venu ici, je savais bien que je n'en aurais pas la force... Je n'ai que celle de vous aimer, Teresa... Je m'abandonne en aveugle à votre désir... Je penserai avec votre pensée, j'agirai avec votre volonté... Me voilà, mon Dieu!... puis-je quelque chose pour vous? Ordonnez, ordonnez tout... excepté mon départ.

TERESA.

Arthur, que je vous suis reconnaissante!...

PAOLO.

Mademoiselle Laure.

SCÈNE X

Les Mêmes, LAURE.

LAURE.

M. le baron, Amélie et M. Dulau, attendent M. Arthur.

TERESA.

Merci, mademoiselle. (A Arthur.) Souvenez-vous de votre promesse!

ARTHUR, bas.

Ai-je promis?...

TERESA.

Vous savez pourquoi l'on vous demande... Voulez-vous me donner la main et me conduire chez mon mari?

ARTHUR.

Oui, madame... Oh! Teresa, qu'allons-nous faire!...

TERESA.

Notre bonheur à tous!...

ARTHUR.

Dieu le veuille!...

(Ils sortent.)

SCÈNE XI

PAOLO, LAURE.

LAURE.

Monsieur Paolo...

PAOLO.

Mademoiselle?...

LAURE.

Je parie que le mariage d'Arthur et d'Amélie n'aura pas lieu. (On sonne chez Delaunay. — Paolo y entre : Laure le suit des yeux avec curiosité. — Il en sort presque aussitôt. Laure l'arrête au milieu du théâtre.) Où vous envoie-t-on?...

PAOLO.

Chercher le notaire.

(Laure reste stupéfaite. Paolo sort en la regardant.)

ACTE TROISIÈME

ARTHUR DE SAVIGNY

Même décoration.

SCÈNE PREMIÈRE

DULAU, donnant le bras à LAURE, qui a près d'elle UN DOMESTIQUE portant des cartons ; DELAUNAY.

DELAUNAY.

Dulau, je ne t'offre pas mon cabriolet : j'en ai besoin pour conduire Amélie ce soir à la campagne, où tu ne nous précéderas que de quelques instants.

DULAU.

Merci : je serais très-embarrassé de le conduire; et l'on n'y tient que deux.

LAURE.

Le domestique aurait pu mener, et vous, nous suivre a cheval.

DULAU.

Bien obligé !... J'aime mieux les petites voitures; on est un pressé, un peu cahoté, mais on ne tombe que quand on verse.

LAURE, au Baron.

Et vous nous amenez Amélie, ce soir?

DELAUNAY.

Ce soir.

DULAU.

Et la baronne?...

DELAUNAY.

Je ne sais... Peut-être n'ira-t-elle pas à la campagne; peut-être fera-t-elle un long voyage où je l'accompagnerai... Dulau, dans ce cas, je compterais encore sur toi.

DULAU.

Toujours! (Il quitte le bras de Laure et va à son ami.) Tu es triste, Delaunay, tu soupires... J'espère que tu ne nous caches rien de malheureux?

DELAUNAY.

Non, mon ami, non; mais Teresa change; elle paraît souffrante.

DULAU.

C'est vrai.

DELAUNAY.

Eh bien, cela m'inquiète, je voudrais la distraire. Je te conterai tout cela ce soir... Ne vois-tu pas que nous faisons le désespoir de Laure, qui ne peut pas deviner ce que nous disons?

DULAU.

Alors, à ce soir. Adieu.

DELAUNAY.

Je vais vous reconduire jusqu'en bas.

SCÈNE II

TERESA, PAOLO.

Teresa entre avec précaution, va écouter à la porte de l'appartement d'Arthur, puis fait un signe dans l'antichambre. Paolo paraît.

PAOLO.

Signora?...

TERESA.

Personne n'est encore sorti de l'appartement de madame Arthur ?

PAOLO.

Personne.

TERESA.

M. de Savigny m'a priée hier de lui copier quelques airs de notre pays : Paolo, les voici... Vous lui remettrez cette lettre : ils sont dedans.

PAOLO, soupirant.

Oui, signora.

TERESA.

Si M. le baron rentre et me demande, je suis au jardin.

PAOLO.

L'air du printemps est encore bien froid, signora.

TERESA.

J'en ai besoin : le front me brûle.

(Elle sort.)

SCÈNE III

PAOLO, puis ARTHUR.

PAOLO.

« A monsieur Arthur de Savigny. » Qu'il est heureux ! (Arthur entre.) Elle sort d'ici.

ARTHUR.

Où est-elle ?...

PAOLO.

Au jardin.

ARTHUR.

J'y cours !...

PAOLO.

Une lettre...

ARTHUR.

Pour moi ?

PAOLO.

D'elle.

ARTHUR.

Oh ! donne !... Oh ! oui, elle aussi m'aime !... Elle m'aime toujours !... elle m'aime comme autrefois ! (Il baise la lettre, puis il l'ouvre et lit.) Elle me rappelle nos serments, nos liens... Oh ! c'est elle qui les a voulus.

PAOLO, annonçant.

Le baron.

ARTHUR.

Lui!... (Cachant la lettre.) Je ne le revois pas, après une heure d'absence, sans craindre que, dans cet intervalle, il n'ait surpris mon secret... Oh! mon Dieu! mon Dieu! quel supplice!... Oh! ses cheveux blancs me font mal!... Il est triste... Se serait-il aperçu?...

SCÈNE IV

ARTHUR, DELAUNAY.

DELAUNAY.

Bonjour, Arthur. (Il lui tend la main.)

ARTHUR, à part, avec soulagement.

Rien encore!...

DELAUNAY.

Comment va Amélie?

ARTHUR.

Bien, mon père.

DELAUNAY.

Tant mieux! Est-elle prête à partir ce soir pour la campagne?

ARTHUR.

Je le crois...

DELAUNAY.

Où est-elle?

ARTHUR.

Dans sa chambre. Voulez-vous que je l'appelle?

DELAUNAY.

Non : je suis bien aise de causer un instant avec vous.

ARTHUR, inquiet.

Avec moi?...

DELAUNAY.

N'êtes-vous pas mon fils, mon meilleur ami?

ARTHUR.

Et de quoi vouliez-vous me parler?

DELAUNAY.

De mes chagrins, Arthur!

ARTHUR, tressaillant.

Vous en avez?...

DELAUNAY.

Voilà bien la question d'un homme heureux!

ARTHUR.

Et ces chagrins,... qui les cause?

DELAUNAY.

As-tu remarqué la tristesse et la pâleur de Teresa?

ARTHUR.

Oui.

DELAUNAY.

En devines-tu le motif?

ARTHUR.

Je n'ai point cherché à m'en rendre compte.

DELAUNAY.

Arthur, pourrais-tu vivre loin de la France, avec l'idée que tu ne la reverrais jamais?

ARTHUR.

Oh! non!

DELAUNAY.

Eh bien, tout le mal de Teresa est dans ce que tu viens de dire : elle regrette Naples!...

ARTHUR.

Elle n'y a plus de parents.

DELAUNAY.

Et leurs tombes, Arthur!... Il y a sous le ciel qu'ont vu nos yeux en s'ouvrant, dans l'air qu'on a respiré d'une poitrine jeune, libre et joyeuse, dans le pays natal, enfin, un charme qu'aucun autre ne peut rendre!... Teresa regrette tout cela, mon ami.

ARTHUR

Oh! oui, oui sans doute!... c'est cela; c'est à cela qu'il faut attribuer sa tristesse, sa préoccupation... à cela, mon père, et pas à autre chose... Vous avez raison.

DELAUNAY.

Elle me le cache de peur de m'affliger : elle craint, cet ange de douceur, que je ne m'impose, à moi, les privations qu'elle n'a pas la force de supporter; mais je serai aussi généreux qu'elle.

ARTHUR.

Et que ferez-vous?...

DELAUNAY.

Je partirai demain pour Naples avec elle.

ARTHUR.

Vous!... vous partiriez! dites-vous vrai?...

DELAUNAY.

Oui.

ARTHUR.

Mais un pareil voyage demande des préparatifs...

DELAUNAY.

Ils sont faits.

ARTHUR.

Et sait-elle cela, elle... madame la baronne?

DELAUNAY.

Pas encore.

ARTHUR.

Et Amélie?...

DELAUNAY.

Ce n'est qu'au dernier moment que je l'en instruirai : je craindrais ses prières, ses larmes.

ARTHUR.

Ah! oui!... car ses prières, ses larmes vous retiendraient, n'est-ce pas?...

DELAUNAY.

Peut-être!... Hélas! quand on quitte, à mon âge, enfants et patrie, quelque courte que soit l'absence, on risque de ne plus les revoir.

ARTHUR, à part.

Il ne faut pas qu'il parte.

DELAUNAY.

Je te recommande Amélie en mon absence, Arthur... Tes soins la consoleront : je la saurai heureuse,... aimée de toi, car son bonheur est dans son amour. Voici Teresa : laisse-moi seul avec elle.

ARTHUR va au-devant de Teresa, et lui dit bas.

Rappelez-vous que vous m'aimez!

(Il sort.)

TERESA, à part.

Que veut-il dire?...

SCÈNE V

DELAUNAY, TERESA.

DELAUNAY.

Viens, ma Teresa!

TERESA.

Me voici, mon ami.

DELAUNAY.

Où as-tu été ce matin?

TERESA.

Au jardin.

DELAUNAY.

Sans pelisse, sans manteau, par cet air frais !...

TERESA, lui donnant la main.

Tenez.

DELAUNAY.

Ta main brûle...

TERESA.

Oui.

DELAUNAY.

Regarde-moi.

TERESA.

Eh bien ?

DELAUNAY.

Vois : la rosée du matin tremble dans tes cheveux.

TERESA.

Mon front en a besoin...

DELAUNAY.

Comme tes yeux sont fatigués! comme tes joues sont pâles !... N'est-ce pas, ma Teresa, que ce ciel gris fatigue tes yeux, que ce soleil froid fane ton teint, que ta poitrine respire mal cet air de France?

TERESA.

Oh! oui, oui!... c'est cela... peut-être... Oui, mon ciel bleu,... mon soleil ardent,... mon golfe de Naples, où le soir les étoiles tombent comme des perles... Oh ! revoir tout cela comme je le voyais il y a trois ans, y retrouver les sensations que j'y ai éprouvées, et je serais heureuse.

DELAUNAY.

Heureuse!... Eh bien, ma Teresa, Naples, les orangers de Sorrente qui embaument l'air, le berceau de ta jeunesse, la tombe de tes parents, je puis te rendre tout cela... et je te le rends !...

TERESA.

Vous !... et comment ?...

DELAUNAY.

Demain, nous partons.

TERESA.

C'est impossible!...

DELAUNAY.

Pourquoi ?

TERESA.

Pourquoi ?... Vous ne pouvez quitter ainsi votre patrie, votre maison, votre famille...

DELAUNAY.

N'as-tu pas quitté tout cela pour venir avec moi ?

TERESA.

Mais moi...

DELAUNAY.

Mais toi... tu étais jeune, tu avais de longues et joyeuses années à passer au lieu de ta naissance... Ferai-je moins pour toi, moi, vieux et près de la tombe ?

TERESA.

Mon ami !...

DELAUNAY.

Non, Teresa : c'est à celui qui n'a rien à perdre de donner à l'autre. En supposant que j'atteigne le terme ordinaire que la nature a marqué aux hommes, à peine s'il me reste huit ou dix ans à vivre : attendras-tu ces huit ou dix ans au bout desquels tu seras libre pour être heureuse ?... Et si je vivais au-delà de ce terme, si ce mal du pays devenait chaque jour plus insupportable, veux-tu que je craigne que tu ne me maudisses de ne pas mourir ?

TERESA.

Oh ! Delaunay !...

DELAUNAY.

Je quitte pour toi, dis-tu, patrie, famille?... Ma patrie n'a plus besoin de mes services ; c'est à de plus jeunes maintenant à la défendre : j'ai accompli ma tâche envers elle... Ma famille ?... Je n'ai qu'une fille : je l'ai mariée à l'homme de son choix, et elle est heureuse. Mon but est donc atteint dans ce monde : Dieu pourrait m'envoyer la mort, et je n'aurais pas le droit de lui dire : « Attends ; » car tout ce que doit faire un homme, je l'ai fait. Eh bien, loin de là, Dieu veut que je vive, que je vive heureux... puisque je vivrai avec toi : ton amour seul manquerait à mon bonheur... Cet amour, je l'ai, n'est-ce pas?... amour de fille!... je n'en réclame pas d'autre.

TERESA, émue.

Oh! oui, oui!

DELAUNAY.

Eh bien, merci à Dieu! à toi, merci! car tous deux vous avez fait pour moi plus que je n'avais droit de demander : exiger davantage, ce serait de l'ingratitude. J'ai eu tort de te faire quitter Naples; j'aurais dû penser qu'en me suivant tu obéissais à ton père, qui te voulait voir noble, que tu sacrifiais ton bonheur à l'amour filial... Eh bien, en pensant que je t'ai rendu tout ce que tu chérissais, peut-être oublieras-tu que c'était moi qui un instant t'avais privée de tout cela... Allons, qu'as-tu?...

TERESA, pleurant.

Oh! vous êtes le meilleur, le plus généreux des hommes!... et vous avez raison, il faut que je parte!

DELAUNAY.

Tu vois que j'avais deviné juste, mon enfant.

TERESA.

Oui, oui!... Quand partons nous?

DELAUNAY.

Quand tu voudras.

TERESA.

Le plus tôt possible!

DELAUNAY.

Demain.

TERESA.

Demain?... Je serai prête.

DELAUNAY.

Oui, oui!... Et, quand, arrivés là-bas, nous parcourrons ensemble le beau pays où tu es née, s'il m'échappe un soupir en songeant à la France,... alors, du rocher de Capri ou de la pointe de Misène, tu me diras, en me montrant la ville qui surgit au milieu de son golfe comme une corbeille de fleurs : « Là-bas, vois-tu, c'est Naples... Naples, loin de laquelle je serais morte... Naples, que je n'espérais plus revoir... et que j'ai revue avec délices!... » Tu me diras cela, n'est ce pas?... et, au son de ta voix, à l'aspect de ton bonheur, j'oublierai la France, j'oublierai... j'oublierai tout... pour baiser tes mains, tes genoux, et te dire : « O Teresa, quelque chose que j'aie faite pour toi... oh ! toi, toi, en m'aimant, tu as fait bien davantage encore ! »

TERESA.

Mon ami, je vous en supplie!... oh ! laissez-moi, laissez-moi seule... J'ai besoin de pleurer...

DELAUNAY.

Oh ! oui, oui, pleure de joie... Voilà les larmes que j'aime à te voir répandre ! Au revoir : je vais donner les ordres nécessaires. Je voudrais aujourd'hui profiter du temps qui me reste pour installer Arthur et Amélie à la campagne, où nous devions passer l'été avec eux. Tu resteras ici, toi ; ce petit voyage te fatiguerait inutilement... Ménage tes forces, tu en auras besoin. Demain, je serai de retour, débarrassé de tous les adieux dont je veux t'épargner le spectacle. (Il sonne; un Domestique paraît.) Attelez le cheval au cabriolet.

TERESA.

Vous ne prenez pas la calèche ?

DELAUNAY.

Je la garde pour notre voyage. Amélie et moi irons dans le cabriolet; Arthur nous suivra à cheval, et, demain, je me servirai de ce même cheval pour revenir. — Allons, ma Teresa, tout est arrangé... Souris, pour que je pense à ce sourire en disant adieu à ma fille.

(Il l'embrasse et sort.)

SCÈNE VI

TERESA, seule.

Oh!... oh! mon Dieu ! ce serait bien affreux !... mais partir !... oui, je sens là qu'il le faut : loin d'Arthur, je pourrai l'aimer, sans crainte de devenir coupable... tandis que, près de lui, mon amour d'aujourd'hui sera peut-être demain un remords... Oh ! pensons à ce vieillard si bon qui m'appelle sa fille, qui m'a confié ce qui lui reste de jours, ce qu'il espère de bonheur... En quittant Arthur, au moment où il m'aime, malgré mon absence, il continuera de m'aimer...Ce n'est point sa femme, ce n'est point la froide Amélie qui effacera en lui mon souvenir... elle qui ne sait aimer d'amour qu'un peu plus qu'elle n'aime Laure, qu'un peu moins qu'elle n'aime son père !...

SCÈNE VII

AMÉLIE, TERESA.

AMÉLIE.

Je croyais mon père avec toi, maman...

TERESA.

Il me quitte.

AMÉLIE.

Oh! mon Dieu!... il faut que je lui parle... Sais-tu, maman, ce qu'il a décidé?... De partir, de nous quitter, de retourner à Naples!...

TERESA.

Oui, mon enfant, c'est son intention... Et qui t'a annoncé cette nouvelle que ton père voulait te cacher?

AMÉLIE.

Arthur.

TERESA.

Arthur!...

AMÉLIE.

Et je lui ai bien promis d'employer toute mon influence pour retenir mon père.

TERESA.

C'est lui qui t'envoie, et il te charge d'empêcher ce voyage?...

AMÉLIE.

Et je l'empêcherai.

TERESA.

Pauvre enfant!...

AMÉLIE.

J'ai promis à Arthur que tu te joindrais à moi pour supplier mon père de ne point partir;... et tu le feras, n'est-ce pas, maman?... et nous serons deux contre papa... Deux femmes sont bien fortes!... Nous attaquerons son cœur des deux côtés, et il faudra bien qu'il cède.

TERESA.

Je doute, Amélie, que nos prières obtiennent rien de mon mari... D'ailleurs, ce départ est nécessaire...

AMÉLIE.

Oh! maman!...

TERESA.

Mais faisons mieux...

AMÉLIE.

Voyons !

TERESA.

J'ai un moyen de tout concilier.

AMÉLIE.

Oh ! dites vite, maman !

TERESA.

Ce voyage se fera, et tu ne quitteras point ton père.

AMÉLIE.

Je ne comprends pas.

TERESA.

Viens avec nous, mon enfant !

AMÉLIE.

Et Arthur ?...

TERESA.

Il restera à Paris, qu'il ne peut quitter en ce moment, à moins de renoncer à ses projets d'avenir.

AMÉLIE.

Mais, chère maman, c'est que je ne veux pas me séparer d'Arthur, moi.

TERESA, étonnée.

Comment ?...

AMÉLIE.

Non, oh ! certainement non !

TERESA.

Cependant, mon enfant, il faut te décider à quitter ou ton père ou ton mari.

AMÉLIE.

Oui, vous avez raison... En ce cas, maman, je resterai près d'Arthur.

TERESA.

Amélie, ne m'as-tu pas dit que tu l'aimais moins que ton père ?...

AMÉLIE.

C'est vrai ; mais je n'étais pas mariée alors.

TERESA.

Et depuis ton mariage ?...

AMÉLIE.

Écoute... Il ne faut pas le dire à mon père, cela lui ferait

11.

de la peine, car je ne sais s'il pourrait le comprendre comme tu le comprendras, toi qui es une femme... mais un sentiment que je ne devinais pas est entré dans mon cœur, s'est emparé presque entièrement de mon être... et j'ai reconnu à mon bonheur... que c'était de l'amour.

TERESA.

Enfant!... Mais ton père!... tu l'aimes donc moins?

AMÉLIE.

Non, maman: ce n'est pas mon père que j'aime moins; c'est Arthur que j'aime davantage.

TERESA.

Tu l'aimes?...

AMÉLIE.

Oh! plus que tu ne peux le comprendre!

TERESA.

Et lui?... lui?...

AMÉLIE, soupirant.

Oh! lui...

TERESA.

Dis donc!

AMÉLIE.

Il m'aime bien, sans doute... quoique souvent il me semble distrait, préoccupé... Mais je sais pourquoi.

TERESA.

Tu le sais?

AMÉLIE.

Oui... Quand je regarde dans le passé, quand je songe à mon indifférence pour lui, je m'étonne encore qu'il ait continué de m'aimer comme il l'a fait... Oh! si je pouvais revenir sur ce temps de froideur que je tremble qu'il ne se rappelle! Oh! mais je l'accable de caresses pour lui faire oublier... L'avenir est à moi: je sens que je l'aimerai chaque jour davantage... et tu me proposes de le quitter, maman! de quitter mon Arthur!... Oh! non, non!... Je ferai tout ce que je pourrai près de mon père: je le supplierai de rester; mais, si, malgré mes pleurs et mes prières, il part... maman, je resterai près d'Arthur.

TERESA, à part.

Elle l'aime! malheureuse que je suis! elle l'aime, et je pars!

AMÉLIE.

On vient... Si c'était mon père!... Maman! maman! c'est

mon Arthur !... Le voilà ! Vois, maman, comme il est pâle !... comme il a l'air souffrant !... Mon ami !...

SCÈNE VIII

Les Mêmes, ARTHUR.

ARTHUR.

Eh bien?...

AMÉLIE.

Je ne l'ai pas vu.

ARTHUR.

Où est-il donc?

AMÉLIE.

Descendu donner quelques ordres. Mais il faut qu'il passe dans la salle à manger pour rentrer dans son appartement : je vais l'attendre, et j'empêcherai ce voyage qui nous rendrait tous malheureux... Embrassez votre femme, monsieur; et elle part.

(Arthur l'embrasse.)

TERESA, à part.

Mon Dieu, ayez pitié de moi !

(Amélie sort.)

SCÈNE IX

TERESA, ARTHUR.

ARTHUR.

Nous sommes seuls enfin !...

TERESA, à part.

Elle l'aime !...

ARTHUR.

Oh ! écoutez-moi, Teresa ! car il n'y a pas un instant à perdre.

TERESA.

Que me voulez-vous?

ARTHUR.

Le baron vous a-t-il parlé de son voyage insensé?

TERESA.

Oui.

ARTHUR.

Et vous y avez consenti ?

TERESA.

Je l'ai approuvé.

ARTHUR, amèrement.

Bien !

TERESA.

Que vouliez-vous donc que je fisse?

ARTHUR.

N'y avait-il pas mille moyens de rester?

TERESA.

Rester!... et pourquoi faire, rester?...

ARTHUR.

Vous le demandez!...

TERESA.

Amélie reste, elle!

ARTHUR.

Sommes-nous ici pour railler, madame?... et puisque c'est pour vous qu'il veut partir, que c'est votre santé qui l'inquiète, ne pouviez-vous le rassurer?

TERESA.

Arthur, regardez-moi, et voyez ma pâleur; touchez mes mains : la fièvre les brûle... Pouvais-je dire à ma pâleur de disparaître, à ma fièvre de cesser?... Ne les attribuant plus au regret de mon pays natal, pouvais-je lui dire que cette pâleur, cette agitation, je les devais à votre présence, au malheureux amour dont vous me poursuivez?... Non, n'est-ce pas? Vous voyez bien qu'il fallait que je vous quittasse, que loin de vous seulement je puis être heureuse.

ARTHUR.

Et moi, Teresa, et moi que vous abandonnez ainsi, ne devrais-je pas être pour quelque chose dans votre décision?... Vous parlez de votre pâleur, de votre agitation!... mon front est-il souriant, à moi? mon cœur bat-il comme celui d'un homme calme?... Ah! quand je voulais rompre ce mariage, quand je prévoyais les tortures qui me rongent, mais il fallait donc me laisser partir! J'avais des forces alors pour me séparer de vous; maintenant, votre présence continuelle les a usées... Vous m'avez retenu, retenu malgré moi; vous m'avez promis un avenir de bonheur et de calme... (Riant amèrement.) Oh! n'est-ce pas, Teresa, que nous sommes calmes? n'est-ce pas que nous sommes heureux? n'est-ce pas que vous avez tenu votre promesse?

TERESA.

Arthur! Arthur!... vous me faites bien du mal!

ARTHUR.

Vous aurez disposé de ma vie, vous aurez ordonné, j'aurai obéi... Vous m'aurez fait malheureux, et vous me laisserez malheureux!... Oh! cela ne sera point, Teresa. C'est une coquette qui se conduirait ainsi, et vous ne l'êtes point... Songez donc qu'il me faut votre présence comme il me faut de l'air... Je m'y suis habitué; et, maintenant, c'est ma vie... Il me la faut, Teresa!... Vous ne voulez pas que je meure, n'est-ce pas? que je meure en désespéré, blasphémant Dieu... Eh bien, alors, restez, restez, je vous en supplie!... Teresa, mon amour, ma vie, mon ange!...

(Il tombe à genoux.)

TERESA, cachant sa tête dans ses mains.

Mon Dieu! mon Dieu!

ARTHUR.

Mais répondez-moi donc!

TERESA.

Eh! n'ai-je pas répondu à tout, le jour où je vous ai répondu que je vous aimais?

ARTHUR, avec ironie, en se relevant.

Oui, vous m'aimez, mais d'un amour commode, qui permet l'absence, la regarde comme un moyen de redevenir fraîche et jolie, de retrouver le bonheur qu'on a perdu... Ah! vous appelez cela de l'amour... vous, Italienne, vous!... Le soleil de France a-t-il déjà refroidi à ce point le sang de vos veines?... Oh! Teresa, vous ne m'aimez pas, vous ne m'avez jamais aimé!

TERESA.

Oh! vous vous trompez, Arthur; et les passions de l'Italienne, je les ai toutes deux: amour et jalousie... Ce sang qui s'est glacé, dites-vous, eh! j'en donnerais la moitié à l'instant même, pour passer ma vie avec vous sans crime et san remords!

ARTHUR.

Eh bien donc, Teresa, ma Teresa!...

TERESA.

Je ne vous aime pas, malheureux! Eh! cet amour m'épouvanterait-il s'il était moins violent?... Croyez-vous que je n'aie pas essayé tous les moyens de le combattre: raison, prière?... Je ne t'aime pas, Arthur!... et je suis obligée de te fuir pour te résister! Oh! laisse-moi donc cette seule voie de salut, où je me perdrai et je te perdrai avec moi.

ARTHUR.

Peu m'importe, Teresa!... Avec toi, l'enfer, la mort!... avec toi, entends-tu?... mais avec toi!...

TERESA.

Oh! pitié!... grâce!...

ARTHUR.

Tu ne partiras pas, dis?... Oh! non! non!...

TERESA.

Arthur!... (S'éloignant vivement.) Le baron!...

SCÈNE X

LES MÊMES, DELAUNAY, AMÉLIE, appuyée sur le bras de son père.

AMÉLIE.

Oh! mon père!... mon bon père!.. je t'en supplie, ne nous quitte pas!

DELAUNAY.

Mon enfant, Teresa seule pourrait changer ma résolution.

ARTHUR, à demi-voix.

Vous l'entendez, madame...

AMÉLIE.

Oh! maman, je t'en prie!...

ARTHUR, de même.

Teresa, vous n'avez qu'un mot, un seul mot à dire pour cela... Dites-le donc!

DELAUNAY.

Nous reviendrons... Vous me reverrez, mes enfants, avant que je meure.

AMÉLIE.

Mon père!... mon père!...

ARTHUR, bas.

Une dernière fois, Teresa...

PAOLO.

Le cabriolet de M. le baron et le cheval de M. Arthur sont prêts.

DELAUNAY.

Allons, ma fille, fais tes adieux à ta mère.

AMÉLIE.

Il le faut donc!... mon Dieu!... Adieu, maman!... adieu!... ramenez-nous mon père...

DELAUNAY.

Console-toi, mon enfant, ma fille bien-aimée...

AMÉLIE, sanglotant.

Jamais!... jamais!...

TERESA, à part.

Elle l'aime!

ARTHUR, près de Teresa.

Madame...

TERESA, bas.

Reviens! Partir... mourir... Mais, auparavant, je veux te revoir encore!

(Elle s'élance dans son appartement.)

ARTHUR, à part, avec joie.

Ce n'est point un rêve!

DELAUNAY, à part.

Elle craint de céder aux larmes de ma fille... (Haut.) Paolo, dites à la baronne que je serai ici demain, et que nous partirons le soir même. Je n'ai pas besoin de vous dire que vous nous accompagnez... Allons, mes enfants!...

AMÉLIE.

Arthur!...

ARTHUR, comme se réveillant.

Oui, oui!... partons : il se fait tard.

SCÈNE XI

PAOLO, seul.

Partir!... Oh! que ces mots résonnent doucement à mon oreille! Partir pour l'Italie!... revoir Naples!.. la revoir avec la signora Teresa!... Naples, où je n'aurai pas toujours devant les yeux cet Arthur que je déteste... cet Arthur que je vais laisser ici plus malheureux que moi; car lui ne verra plus ma noble maîtresse, que je verrai à toute heure, moi!... Oh! n'est-ce pas, Arthur, que tu échangerais bien ta riche et hautaine position contre celle du pauvre, de l'humble pêcheur de Naples?... O mon golfe de Sorrente, dont les vagues me berçaient, tout enfant, dans le bateau de mon père! ô mon ciel pur!... je vais rêver à vous; car, cette nuit, je dormirai; aucune pensée ne viendra me distraire de mes songes... Teresa... Teresa est seule toute une nuit... seule! Respire, Paolo!... Paolo, sois heureux!... — Quel est ce bruit? — Arthur!... Arthur qui revient seul!... Oh! qui le ramène donc?... Il va repartir sans doute... Il ne restera pas, il ne peut pas rester... (A un Domestique qui entre avec des lumières.) Où allez-vous?...

LE DOMESTIQUE.

Préparer la chambre de M. Arthur.

PAOLO.

M. Arthur ne passe pas la nuit ici!

LE DOMESTIQUE.

Si fait: son cheval s'est donné un écart, et, comme le cabriolet du baron ne contient que deux personnes, M. Arthur a été obligé de revenir.

(Il entre dans la chambre d'Arthur.)

PAOLO.

Malédiction!

SCÈNE XII

ARTHUR, PAOLO.

ARTHUR.

Paolo!

PAOLO, se levant.

Signor?...

ARTHUR.

Que fais-tu là?

PAOLO, qui, par un mouvement involontaire, a tiré son stylet.

J'attendais les ordres de ma maîtresse, si elle avait à m'en donner.

ARTHUR.

Et en attendant?...

PAOLO.

Je jouais avec ce stylet.

ARTHUR.

C'est l'arme de ton pays.

PAOLO.

Et elle est mortelle!...

ARTHUR.

La baronne?...

PAOLO.

S'est enfermée dans son appartement.

ARTHUR, *entrant dans sa chambre.*

C'est bon, tu peux te retirer.

LE DOMESTIQUE, *sortant de l'appartement d'Arthur, à Paolo.*

Venez-vous ?

PAOLO.

Tout à l'heure.

LE DOMESTIQUE.

Bonsoir.

PAOLO.

Adieu. (Le Domestique sort. Le théâtre rentre dans l'obscurité.) Oh! je me trompe peut-être : il est possible, après tout, que cela ne soit que l'effet du hasard... Oh! mon Dieu, que je souffre!... Adieu, mes songes! adieu, ma nuit heureuse! Le démon qui tourmente ma vie, il est là... Oh! Paolo! si un de tes compatriotes était à ta place, ce bon stylet à la main... Silence!... n'ai-je point entendu?... Ses pas se sont rapprochés de cette porte... Cette porte... elle s'ouvre... Il vient... c'est lui... Où va-t-il?...

(Arthur écoute si tout est calme, met la main sur le bouton de la porte de Teresa, puis entre.)

ARTHUR.

Allons!...

(Paolo l'a suivi dans l'ombre, prêt à lancer le stylet qu'il tient; puis, quand il voit que la porte de Teresa n'était pas fermée, il jette son stylet à terre.)

PAOLO.

Elle en mourrait!...

ACTE QUATRIÈME

LE BARON DELAUNAY

Un salon plus riche.

SCÈNE PREMIÈRE

LE BARON DE SORBIN, UN DOMESTIQUE.

DE SORBIN.

M. Arthur de Savigny est-il visible ?

LE DOMESTIQUE.

Je le crois.... Le nom de monsieur?...

DE SORBIN.

Le baron de Sorbin. (Le Domestique entre chez Arthur. Sorbin s'assied et ouvre un album qu'il feuillette.) Ah! c'est l'album de la baronne.
(Il lit.)

> Oh! laisse-moi t'aimer pour que j'aime la vie,
> Pour ne point au bonheur dire un dernier adieu,
> Pour ne point blasphémer les biens que l'homme envie,
>   Et pour ne pas douter de Dieu.
>
> L'amour a des secrets pour les chagrins de l'âme;
> L'amour a des clartés pour les fronts soucieux;
> L'amour semble un reflet d'une céleste flamme
>   Dont le foyer serait aux cieux.

SCÈNE II

DE SORBIN, ARTHUR.

ARTHUR.

Excusez-moi, baron, de vous avoir fait attendre.

DE SORBIN.

Comment! mais je lisais des vers charmants qui m'ont bien l'air d'être de vous; car c'est de votre écriture, et ils ne sont pas signés.

ARTHUR, fermant vivement l'album.

Ah! oui, oui... Ce sont des vers que j'avais faits... autrefois... que la baronne m'a prié de mettre sur son album... Pardon de vous recevoir ici, baron, mais je voulais causer avec vous.

DE SORBIN.

Comment va M. Delaunay? est-il de retour?

ARTHUR.

Non: il est, comme vous le savez, en Auvergne depuis trois semaines: la vente d'une de ses terres l'y retient.

DE SORBIN.

Je ne vous demande pas des nouvelles de la baronne : je vous ai aperçu avec elle avant-hier à l'Opéra; elle était resplendissante de fraîcheur et de beauté.

ARTHUR.

Ah! vous m'avez vu?... Oui, elle va mieux, beaucoup mieux.

DE SORBIN.

Je croyais qu'elle devait faire avec son mari un voyage à Naples.

ARTHUR.

Sa santé, en se raffermissant, l'a rendu inutile... Je suis passé chez vous hier pour avoir l'honneur de vous voir...

DE SORBIN.

On me l'a dit : voilà pourquoi, en allant au ministère, je suis entré chez vous.

ARTHUR.

Ne vous verra-t-on point à notre soirée?... C'est un anniversaire de naissance de ma femme: elle a aujourd'hui dix-huit ans... Ce serait mal de ne point y venir.

DE SORBIN.

Si fait, je n'y manquerai pas... Mais j'ai pensé que vous aviez peut-être à me parler, et ce n'était pas au milieu d'une réunion...

ARTHUR.

Je voulais vous demander comment vont mes affaires au ministère.

DE SORBIN.

Très-bien.

ARTHUR.

C'est que, les motifs qui me retenaient à Paris n'existant plus...

DE SORBIN.

Ah! c'est vrai : c'était votre futur mariage qui vous faisait tout refuser... Eh bien, mais, si vous consentiez à partir, le ministre des relations extérieures cherche, pour une affaire très-importante, quelqu'un qu'il puisse envoyer à Saint-Pétersbourg... Accepteriez-vous une mission pour cette ville?

ARTHUR.

Peu m'importe: j'accepterais tout, pourvu que j'eusse un prétexte suffisant pour quitter Paris.

DE SORBIN.

Eh bien, cela pourra s'arranger.

ARTHUR.

Oh! merci!... Je n'ai pas besoin de vous dire que les mêmes motifs qui me font désirer de partir me font désirer aussi que cette demande que je vous fais reste secrète jusqu'au moment...

DE SORBIN.

Soyez tranquille: je vais travailler avec le ministre en sortant d'ici: je lui parlerai de votre affaire, et j'espère, ce soir même, avoir de bonnes nouvelles à vous en donner.

ARTHUR.

Vous êtes un homme charmant!.... Vous partez déjà?

DE SORBIN.

J'avais à peine le temps de vous dire bonjour; mais je voulais savoir pourquoi vous étiez passé chez moi... Depuis votre mariage, on vous voit si peu, que c'était un événement... A propos, et madame?...

ARTHUR.

Un peu souffrante.

DE SORBIN.

Ah! est-ce que?...

ARTHUR.

Oh! mon Dieu, non.

DE SORBIN.

A ce soir.

ARTHUR.

Oui... Merci, mille fois merci.

DE SORBIN.

Laissez donc... Adieu.

SCÈNE III

ARTHUR, seul.

Oh! si Teresa savait que je pense à la quitter!... Mais aussi je ne puis songer sans frémir au retour du baron... En son absence, nous n'avons à craindre que les yeux d'Amélie, qu'il est facile de tromper, tant elle est naïve... Et cependant, en face de cette enfant le supplice commence déjà.

SCÈNE IV

ARTHUR, TERESA.

Teresa s'approche tout doucement par derrière Arthur, et lui donne sa main à baiser.

ARTHUR, tressaillant.

Ah!...

TERESA.

Eh bien, c'est moi... Je vous fais peur?

ARTHUR.

Oh! non, Teresa.

TERESA.

Je viens de donner tous mes ordres pour notre petite fête... Concevez-vous, Arthur? le monde, c'est un moyen de s'isoler : nous serons plus libres en face de cent personnes que nous ne le sommes dans nos soirées avec Amélie... Oh! le monde, l'énivrement des lumières, le bruissement de la musique, au milieu duquel les regards se croisent sans être épiés, les mains se touchent sans être vues, un mot d'amour s'échange sans être écouté... Je n'ai jamais tant aimé le bal et le spectacle!

ARTHUR.

Et vous êtes heureuse, Teresa?

TERESA.

Oui, car je veux l'être... Il faut que je le sois.

ARTHUR.

Tant mieux!

TERESA.

Que vous êtes cruel, Arthur!... Laissez-moi donc vivre de cette vie factice qui me fait oublier... Laissez-moi la fièvre et l'agitation qui m'éblouissent... Oui, oui, tant que je vous verrai là, Arthur, que je toucherai de temps en temps votre main, que je verrai vos yeux fixés sur les miens, comme en ce moment... eh bien, j'oublierai le passé, où il y a un crime; j'oublierai l'avenir, où il y a un remords, pour le présent, le présent heureux, enivrant, insoucieux... Oh! vous ne saviez pas encore comment aime une femme, Arthur!... mais son amour devient sa vie; il se mêle à son sang, elle le respire avec l'air!...

ARTHUR.

Chère Teresa!... Il faudrait cependant un peu songer à l'avenir, au retour du baron qui ne peut tarder.

TERESA.

Et pourquoi y songer? Laisse-moi oublier tout cela plutôt... Est-ce que je songe à la mort, qui, elle aussi, peut venir d'un moment à l'autre? Non, je suis rassurée par les battements de mon cœur, que je sens encore jeune pour la vie; je suis rassurée par mon amour, qui survivra à tout... Et puis, vienne le malheur, vienne la mort! j'aurai du moins connu les moments heureux de cette vie.

ARTHUR.

Oh! Teresa que je t'envie!

TERESA.

Eh bien, fais comme moi : oublie tout avec moi. Oh! si tu m'aimais comme je t'aime!... Il m'est venu quelquefois une pensée...

ARTHUR.

Laquelle?

TERESA.

Je te le dirai quand nous serons malheureux ; c'est alors que je verrai jusqu'à quel point tu étais digne de cet amour d'Italienne que tu invoquais autrefois, et qu'aujourd'hui... Arthur, je te soupçonne de ne pas comprendre... Allons, Arthur, allons, du courage...

PAOLO, entrant.

Le courrier du baron entre dans la cour, et ne précède son maître que de quelques instants.

TERESA, tombant sur un fauteuil.

Ah!...

ARTHUR.

Laisse-nous, Paolo. (Paolo sort.) Teresa! Teresa! à ton tour, du courage!

TERESA.

Il arrive!... entends-tu? il arrive!...

ARTHUR.

Avais-tu donc véritablement oublié qu'il dût revenir?

TERESA.

Oh! non, non... Seulement, j'étais moins égoïste que toi: je ne voulais pas t'affliger de ma peine... Je voulais te faire oublier, si je n'oubliais pas... Oublier!... oh! non pas... Mais il n'y aurait pas de Dieu si l'on oubliait... Arthur, sois content: depuis mon crime, je n'ai pas eu une heure, une minute de repos... Le vieillard, il a toujours été là : dans ma veille, dans mon sommeil, dans mes plaisirs, je le voyais... Et, quand je cachais ma tête échevelée dans tes bras, Arthur, tu croyais que c'était de l'amour... C'était de la terreur.

ARTHUR.

Oh! mon Dieu!...

TERESA.

N'est-ce pas que j'étais digne d'envie?

ARTHUR.

Oh! non, non!...

TERESA.

Eh bien, maintenant, qui de nous aimait le mieux, de toi qui tâchais de m'épouvanter de tes craintes, ou de moi qui voulais te rassurer avec mon amour ?

ARTHUR.

Oh ! je t'aime pourtant bien, Teresa !

TERESA.

Prends-y garde ! ces paroles, à cette heure, sont un engagement... Oserais-tu les répéter ? m'aimes-tu toujours autant, Arthur ?

ARTHUR.

Oui... oui...

TERESA.

Tu sais que je te disais qu'une pensée m'était venue...

ARTHUR.

Eh bien ?

TERESA.

Que je la réservais pour des temps malheureux...

ARTHUR.

Laquelle ? laquelle ? Voyons !...

TERESA.

Tu n'oseras pas !...

ARTHUR.

Qu'est-ce donc ?...

TERESA.

Écoute !... Comprends-tu qu'une femme qui a manqué au plus saint de tous les devoirs, qui a manqué sans rien de ce qui fait excuser une faute... car ne crois pas que rien m'excuse à mes propres yeux, moi... Non, le baron était bon et m'aimait : tout ce que je pouvais désirer était accompli à l'instant... et je suis bien criminelle ! va, je le sais !.. Eh bien, dis-je, crois-tu qu'une femme qui, comme moi, n'avait aucune excuse pour trahir, puisse revoir en face celui qu'elle a trahi, embrasser ses cheveux blancs, dormir sur sa poitrine ?...Oh ! dis, dis, le crois-tu ?...

ARTHUR.

Teresa !...

TERESA.

Mais dis-moi donc si tu le crois ; je ne te demande que cela !

ARTHUR.

Hélas!... non...

TERESA.

Ah! tu es comme moi, n'est-ce pas?... Tu comprends le crime et non l'effronterie... Eh bien, je suis cette femme que rien ne peut excuser : mon mari va revenir... et, tu l'as dit, je ne puis le revoir!...

ARTHUR.

Si cependant...

TERESA.

Ah! c'est qu'il n'y a pas de milieu, vois-tu!... une fois sur le chemin où tu m'as poussée, il ne faut regarder ni de côté ni en arrière : il faut aller toujours... toujours... et, s'il y a un abîme devant soi... eh bien, il faut y tomber... Es-tu prêt à fuir, Arthur?

ARTHUR.

Oh! impossible!

TERESA.

Je t'avais bien dit que tu n'oserais pas!...

ARTHUR.

Mais c'est ce vieillard... Tu l'oublies donc?

TERESA.

Oui, oui!... comme l'assassin oublie la victime... Je ne l'oublie pas : je veux le fuir...

ARTHUR.

Oh! mais l'abandonner dans la vieillesse et la douleur!... quelque part que nous fuyions, entendre ses malédictions qui nous poursuivent! Oh! je ne le quitterai pas ainsi...

TERESA.

Tu mens!... Ce n'est pas lui qui te retient!

ARTHUR.

Et qui donc?

TERESA.

Quand on se connaît comme nous nous connaissons, on voit clair dans le cœur l'un de l'autre... et souvent c'est là le premier supplice! Ce n'est pas ce vieillard qui te retient, Arthur...

ARTHUR.

Et qui donc, mon Dieu?...

TERESA.

Sa fille!... Amélie, ta femme!...

ARTHUR.

Teresa, je te jure.,.

TERESA.

Ne jure pas!...

ARTHUR.

Eh bien, oui... Pardon, Teresa.

TERESA.

Ah!...

ARTHUR.

Cette enfant que j'ai rendue malheureuse...

TERESA.

Et moi donc!

ARTHUR.

Cette enfant si douce si craintive!... qui, infortunée, m'a caché ses douleurs... qui, pleurant, m'a caché ses larmes... dont la voix s'altère... dont la santé s'affaiblit... cette enfant que j'avais promis de rendre heureuse...

TERESA.

Tu ne m'avais rien promis, à moi, n'est-ce pas?...

ARTHUR.

Oh! grâce, grâce, Teresa!

TERESA.

C'est bien... Je n'étais que criminelle : tu veux que je sois hypocrite... Je pouvais, en face de toi, pleurer seulement... Tu veux encore que je rougisse!... Eh bien, crime et honte, j'accepterai tout ce qui viendra de toi... J'attendrai le baron.

ARTHUR.

Une voiture!... (Teresa va à la fenêtre.) Eh bien?...

TERESA.

C'est lui.

ARTHUR.

Où me cacher?... Oh! pardonne-moi, Teresa!... pardonne-moi!...

TERESA.

Retirez-vous... Vous me perdriez!...

(Arthur sort.)

TERESA, seule.

Allons, Teresa, allons!... un sourire sur les lèvres... et qui pourra distinguer si ta rougeur est celle de la honte ou de la joie?...

SCÈNE V

TERESA, DELAUNAY, AMÉLIE, DULAU.

DELAUNAY, dans l'antichambre.

Mais où est donc Teresa?... Teresa, où est elle?...

AMÉLIE.

Ah! mon père, tenez, la voilà!

DELAUNAY, embrassant Teresa.

Oh! c'est mal à toi!... Comment, Laure, Dulau, Amélie, attendent en bas mon retour, viennent au-devant de moi pour me revoir un instant plus tôt... et toi!...

TERESA.

J'allais descendre...

DELAUNAY.

Oh! je te pardonne en te voyant si fraîche, si jolie... Amélie, amène-moi Arthur. (Amélie sort.) Ta santé, ta santé si chère!... elle est donc rétablie, ma Teresa?

TERESA.

Oui, je suis heureuse...

DELAUNAY, l'embrassant encore.

Oh! laisse-moi... Tu sais ce que je voulais faire pour te rendre au bonheur.

DULAU.

Oui, nous quitter.

TERESA.

Je sais que vous êtes bon et généreux entre les hommes... et, s'il est des instants où je n'ai pas apprécié votre cœur... ah! Dieu sait que ce n'est pas dans celui-ci!...

SCÈNE VI

Les Mêmes, ARTHUR, AMÉLIE.

AMÉLIE.

Mais venez donc, Arthur! je vous dis que c'est mon père.

DELAUNAY.

Eh! viens donc... Mais il faut que j'aille chercher tout le monde... Ah çà! mais qu'est-ce que tu fais?... tu me baises la main? Est-ce que tu es fou?

ARTHUR.

Oh! mon père!...

DULAU, à part.

Ce jeune homme n'est décidément plus le même... J'en préviendrai Delaunay.

DELAUNAY.

Revenons à toi, ma petite Amélie... Je te trouve pâle, changée.

AMÉLIE, tristement.

Moi?... Oh! ce n'est rien.

DELAUNAY.

Ne trouves-tu pas, Arthur?

ARTHUR.

Je ne sais... Mais non... (A part.) Oh! mon Dieu!...

DELAUNAY, à Amélie.

Tu ne m'attendais pas aujourd'hui, hein?... Mais j'ai pensé à ton anniversaire : je n'ai pas voulu le passer loin de toi, sans venir t'embrasser. J'ai pris la poste, j'ai couru nuit et jour, et me voilà... Êtes vous contents de me revoir?

AMÉLIE.

Oh! oui.

TERESA, à Arthur, tremblant et embarrassé.

J'ai pitié de vous. (A Delaunay.) Vous devez être bien fatigué, mon ami; cependant, vous le savez, aujourd'hui nous avons une fête, et, si vous voulez y paraître, il faut songer à votre toilette.

DELAUNAY.

Oui, oui; d'ailleurs, j'ai mille choses à te dire.

DULAU, bas, à Delaunay.

J'ai aussi à te parler.

DELAUNAY.

A moi?...

DULAU.

Chut!

DELAUNAY.

Qu'est-ce donc?... ¶ Allons, Dulau, viens avec nous. Teresa, nous t'attendons.

TERESA, à part.

Oh! mon Dieu! mon Dieu! donne-moi des forces!

SCÈNE VII

AMÉLIE, ARTHUR.

AMÉLIE.

Vous vous en allez, Arthur?

ARTHUR.

Oui : je rentrais pour travailler... Aviez-vous quelque chose à me dire?

AMÉLIE.

Un mot seulement, et je vous laisse.

ARTHUR.

Dites, Amélie.

AMÉLIE.

Mon père m'a trouvée pâle et changée.

ARTHUR.

C'est vrai ; et je m'en suis aperçu moi-même.

AMÉLIE.

Ah! tant mieux!... Croyez-vous que ce soit sans cause, Arthur?

ARTHUR.

Du moins, cette cause, je ne la connais pas.

AMÉLIE.

Je vais vous la dire... Je suis malheureuse!

ARTHUR.

Vous!... et pourquoi?

AMÉLIE.

Parce que vous ne m'aimez plus.

ARTHUR.

Oh! Amélie!...

AMÉLIE.

Vous ne m'aimez plus, Arthur, et il faut que ce soit ma faute... et j'ai cherché en moi tout ce qui pouvait avoir refroidi votre amour : il me semble que je suis toujours la même; seulement, moi, je vous aime davantage.

ARTHUR.

Et qui peut vous faire penser?...

AMÉLIE.

Tout. D'ailleurs, prissiez-vous la peine de dissimuler votre froideur, il y a dans le cœur qui aime un instinct qui la ferait deviner, Arthur; mais vous ne vous imposez même pas cette contrainte.

ARTHUR.

Comment!...

AMÉLIE.

C'est votre faute ; pourquoi m'avez-vous habituée à être chérie, entourée de soins, d'amour? Je m'y suis faite, et maintenant, maintenant que vous êtes distrait, préoccupé toujours...

ARTHUR.

Moi?...

AMÉLIE.

Tenez, dans ce moment même, eh bien, je vous impatiente, je vous fatigue... Écoutez, écoutez une prière... une prière que je vous fais à genoux...

ARTHUR.

Oh! Amélie!...

AMÉLIE.

Oui, une prière...

ARTHUR.

Laquelle?...

AMÉLIE.

Prenez sur vous de cacher votre indifférence à mon père : cela le rendrait trop malheureux ! Devant lui... devant lui seulement, soyez bon pour moi comme vous l'étiez... Oh! vous ne savez pas comme il m'aime, lui, et comme il souffrirait!... Eh bien, quand nous serons seuls, je ne vous demanderai rien : vous ne me parlerez pas si vous voulez... Je me tiendrai dans ma chambre et vous laisserai dans la vôtre... Oh! oui... oui, j'en aurai le courage... Mais que mon père le sache!... que je voie pleurer mon père!... Oh! Arthur... oh! je n'en aurais pas la force.

ARTHUR.

Amélie!... chère Amélie!... je t'aime cependant...

AMÉLIE, lui mettant la main sur le cœur.

Oh! ce que tu dis ne vient pas de là, vois-tu!... Ce n'est plus l'accent d'autrefois, qui faisait que tes paroles persuadaient, que tu m'aurais fait croire aux choses les plus impossibles... Non, je ne réclame rien, rien que ce que je viens de te dire... N'est-ce pas que, devant mon père, tu prendras sur toi de paraître m'aimer?...

12.

ARTHUR.

Oh! oui, oui!... plains-moi, Amélie : je suis bien malheureux!... Mais tout cela changera, je te le jure!...

AMÉLIE.

Mais, mon Dieu ! qu'as-tu donc?

ARTHUR.

Rien... rien que je puisse te dire, du moins... Des tourments, des chagrins à moi seul.

AMÉLIE.

Quand tu m'aimais, ils eussent été à nous deux...

ARTHUR.

Encore!...

AMÉLIE.

Non...

ARTHUR.

Amélie, c'est la solitude qu'il me faut.

AMÉLIE.

Je vous ai dit tout ce que j'avais à vous dire : vous pouvez vous retirer, Arthur.

ARTHUR.

Oui; mais je reviendrai bientôt, Amélie... J'ai tout arrangé pour un plan de vie à venir... pour que nous ne nous quittions pas, pour que..,

AMÉLIE.

Ce que vous ferez sera bien fait.

ARTHUR.

Allons, allons...

AMÉLIE, souriant.

Au revoir.

ARTHUR, rentrant chez lui.

Que je souffre!...

SCÈNE VIII

AMÉLIE, seule.

Oh! qui me rendra mon Arthur d'autrefois, son air empressé, prévenant, mon Arthur au front riant, à la bouche joyeuse? Des chagrins à lui seul, dit-il... Oh! ils sont à nous deux, car je les connais...Il-aime...il aime une autre femme!... Oh ! pauvre Amélie !... Mon Dieu, mon Dieu !

SCÈNE IX

AMÉLIE, LAURE.

LAURE.

Qu'as-tu donc?

AMÉLIE.

Moi ? Rien...

LAURE.

Tu as pleuré, Amélie!... tu pleures encore!...

AMÉLIE.

Non, non, tu te trompes... Pourquoi pleurerais-je?...

LAURE.

Je ne sais; mais tes yeux sont rouges, ta poitrine est oppressée...

AMÉLIE.

Mais je t'assure que tu te trompes...

LAURE.

Je me trompe!... et ta voix est pleine de larmes... Mais qu'as-tu donc?

AMÉLIE, sanglotant.

Oh! je suis bien malheureuse!...

LAURE.

Malheureuse!... et je ne le sais pas, moi, ton amie d'enfance, ta sœur!

AMÉLIE.

Laure, ma bonne Laure... Oh! oui, je voudrais bien te dire ce que j'ai...

LAURE.

Parler de ses peines, c'est déjà s'en consoler... Voyons, parle!... qu'as-tu donc?

AMÉLIE.

Oh! c'est une chose affreuse qui me déchire, qui me torture; des tourments dont je n'avais pas l'idée... Oh! Laure, Laure!... je suis jalouse!

LAURE.

Jalouse! et de qui donc?

AMÉLIE.

De qui, si ce n'est d'Arthur?

LAURE.

D'Arthur?

AMÉLIE.

Oui.

LAURE.

Comment, Arthur te trompe ?

AMÉLIE.

Oui, oui... N'est-ce pas que c'est horrible ?... Moi qui l'aime tant !... il en aime un autre... une autre que son Amélie !

LAURE.

Mais c'est incroyable !

AMÉLIE.

J'en suis sûre !

LAURE.

Comment cela ?

AMÉLIE.

Écoute : il reçoit des lettres qu'il me cache... L'autre jour, je l'ai vu en recevoir une : il la baisait, la pressait sur son cœur... Oh ! tu n'as pas d'idée de ce que c'est que la jalousie !... cela glace tout... C'est au point que j'avais un secret à lui dire, un secret qui, en tout autre temps, nous aurait comblés de joie tous deux... Eh bien, je ne m'en sens pas le courage !

LAURE.

Et ces lettres ?...

AMÉLIE.

J'ai remarqué où il les cache, car vingt fois... j'ai honte de t'avouer cela, Laure... mais vingt fois j'ai été sur le point... Ce serait bien mal, n'est-ce pas ?

LAURE.

Et où les cache-t-il ?

AMÉLIE.

Dans un tiroir secret du chiffonnier qui est dans le boudoir. Il les met dans un portefeuille, où je suis certaine qu'il y en a beaucoup, et il renferme le portefeuille dans ce tiroir.

LAURE.

Comment ! tu as un pareil soupçon, et tu ne t'en assures pas ?

AMÉLIE.

De quelle manière ?

LAURE.

Il me semble qu'il n'y en a qu'une seule...

AMÉLIE.

Oh ! ce serait affreux !

LAURE.

Mais peut-être ôte-t-il avec soin la clef du chiffonnier?

AMÉLIE, tirant une clef de sa poitrine.

J'en ai une qu'il ne connaît pas.

LAURE.

Veux-tu que j'aille avec toi?...

AMÉLIE.

Oh! non, non... Arthur n'aurait qu'à nous surprendre ensemble!...

LAURE.

Eh bien, vas-y seule.

AMÉLIE.

Je n'aurai jamais le courage de lire une de ces lettres.

LAURE.

Écoute : apporte ici le portefeuille tout entier ; et, moi, je l'ouvrirai, et te dirai... que tu es une petite folle de t'être inquiétée ainsi, car je suis sûre que ces lettres sont des papiers d'affaires et non des lettres d'amour, et tu les reporteras tout de suite.

AMÉLIE.

Tu seras discrète, Laure!... Oh! tu as raison : je suis si malheureuse, qu'il faut que cette incertitude cesse... Et si c'est mal... eh bien, Dieu qui voit ce que je souffre me pardonnera peut-être!

LAURE.

Du courage!... Je t'attends.

(Au moment où Amélie entre chez elle, Delaunay sort de son appartement.)

SCÈNE X

DELAUNAY, LAURE.

DELAUNAY, à part.

Ce que m'a dit Dulau est bien étrange... (Apercevant Laure.) Laure!...

LAURE.

Monsieur!...

DELAUNAY.

Où est Amélie?

LAURE.

Mais... chez son mari, je crois...

DELAUNAY.

Bien.

LAURE.

Elle va revenir...

DELAUNAY.

Je voulais te demander quelque chose, Laure... Je me suis aperçu de la pâleur d'Amélie... Cela m'inquiète... Aurait-elle des chagrins?

LAURE, hésitant.

Des chagrins?... Oui, monsieur...

DELAUNAY.

Et qui aurait le courage d'en faire à cet ange? Ce n'est pas Arthur, j'espère?...

LAURE.

Écoutez... Vous ne le direz pas?...

DELAUNAY.

Parle.

LAURE.

Eh bien, c'est lui!

DELAUNAY.

Oh!... je vais le trouver à l'instant.

LAURE.

Non, non!... n'y allez pas!... Amélie s'est peut-être trompée...

DELAUNAY.

Eh bien, Arthur est homme d'honneur, et il me dira...

LAURE.

Non, monsieur, non : mieux vaut attendre... Amélie, tout à l'heure, va savoir si elle se trompait ou non.

DELAUNAY.

Comment cela?...

LAURE.

Des lettres...

DELAUNAY.

Des lettres entre les mains d'Amélie!...

LAURE.

Non!... elle n'osera pas les ouvrir... Elle allait les apporter ici, et toutes deux...

DELAUNAY, sévèrement.

Sortez, Laure.

LAURE.

Mais Amélie...

DELAUNAY.

Pressez la baronne d'achever sa toilette, et faites, je vous prie, allumer les lustres.

LAURE.

Vous ne m'en voulez pas?...

DELAUNAY, avec plus de douceur.

Non, mon enfant... Mais laisse-moi.

SCÈNE XI

DELAUNAY, puis AMÉLIE.

DELAUNAY.

Oh! si cela était, ce serait bien affreux!... Une enfant que je confie à son honneur, pure et naïve, la tromper!... Oh! cette petite fille ne sait ce qu'elle dit : c'est impossible!

AMÉLIE.

Tiens, Laure, les voilà... (Apercevant Delaunay.) Mon père!...

DELAUNAY.

Amélie, donne-moi ce portefeuille.

AMÉLIE.

Comment!... comment!... vous voulez...?

DELAUNAY.

Je sais tout.

AMÉLIE, se jetant dans ses bras.

Ah!...

DELAUNAY.

Tu souffres... et tu te plains à d'autres, mon enfant!... Ne suis-je plus ton père, ton bon père?...

AMÉLIE.

Oh! si, si, toujours mon père chéri!...

DELAUNAY.

Pourquoi avouer à Laure ce que tu n'aurais dû dire qu'à moi?

AMÉLIE.

Oh! mon père, elle m'a surprise pleurant...

DELAUNAY.

Tu es donc bien malheureuse, pauvre Amélie?

AMÉLIE.

Oui, bien malheureuse!

DELAUNAY.

Et ces lettres, tu soupçonnes qu'elles sont d'une rivale?

AMÉLIE.

J'en suis sûre?

DELAUNAY.

Et tu allais confier à Laure, à une enfant, un secret de cette importance!... Ces lettres, Amélie, c'est le déshonneur d'une femme... d'un mari peut-être... et tu allais jeter au vent leur réputation!...

AMÉLIE.

Oh! j'ai eu tort, c'est vrai; mais j'étais folle, j'avais la tête perdue, je ne savais plus ce que je faisais.

DELAUNAY.

Donne-moi ces lettres.

AMÉLIE.

Les voici, mon père... Si elles ne sont pas d'une femme, avouez tout à Arthur, et demandez-lui pardon pour moi; si je ne me trompais pas, rendez-moi le portefeuille : je le remettrai où je l'ai pris... Mais cachez-moi le nom de cette femme... je la haïrais... Puis serrez-moi bien fort sur votre cœur, car j'aurai bien besoin de votre amour et de votre pitié... Et surtout, pardonnez à Arthur, comme d'avance je lui pardonne.

DELAUNAY.

Sois tranquille, mon enfant : je serai prudent.

AMÉLIE.

Embrassez-moi, mon père... cela me portera bonheur... Adieu!... adieu!... Oh! si je me suis trompée, dites-le-moi bien vite!...

(Pendant cette scène, on a allumé les lustres de l'antichambre.)

SCÈNE XII

DELAUNAY, seul.

Pauvre enfant!... si jeune et déjà souffrir! Oui, l'embarras d'Arthur, en me revoyant, m'avait frappé; la pâleur d'Amélie, m'avait serré le cœur... Un secret de cette importance qui allait être abandonné à ces deux enfants!... (Ouvrant le portefeuille.) Un portrait de femme!... Teresa!... le portrait de Teresa entre les mains d'Arthur! D'où vient cela donc?... Ces lettres!... voyons ces lettres... L'écriture de Teresa! (Ouvrant.) « Cher Arthur... » Malédiction!... Mais non, c'est folie!... et j'ai mal lu... Voyons... Oh! l'infâme!... C'était elle qu'il avait connue à Naples, qu'il avait aimée! et c'est moi qui la lui ramène!... Enfer! Oh! à moi, à moi!... quelque chose que je brise, que je déchire!... Oh! Arthur!... C'est du sang, du sang qu'il me faut!... — Un éclat, une querelle, dont il faudra dire la cause?... Insensé!... Où, comment chercher un prétexte?... Il peut tarder à se présenter, et moi, pendant ce temps... moi, moi, j'étouffe!... Mon cœur peut se briser, je puis mourir... mourir et ne pas me venger!... et les laisser... Oh! c'est impossible!... Je vais lui faire dire de venir ici, de venir me trouver... et, là, seul à seul...

LE DOMESTIQUE, annonçant.

M. de Serçannes, M. le général Clément.

DELAUNAY.

Mais que veulent ces hommes? que viennent-ils faire ici?... Ah! oui... un anniversaire... une fête... Oh!

SCÈNE XIII

DELAUNAY, LE GÉNÉRAL CLÉMENT, DIVERS INVITÉS, DULAU, qui va au-devant d'eux; puis M. DE SORBIN, TERESA, ARTHUR.

LE GÉNÉRAL.

Ah! bonsoir, mon cher Delaunay.

DELAUNAY.

Bonsoir, général... Je suis heureux de vous voir...

DULAU.

Serviteur, général... C'est une soirée d'anniversaire que nous vous donnons; et ces jours-là sont comptés dans la vie d'un père.

DELAUNAY.

Oui... oui... ce sont des jours joyeux!... (A M. de Serçannes.) Monsieur...

LE DOMESTIQUE, annonçant.

M. de Sorbin.

DE SORBIN, au Domestique.

Je voudrais parler à Arthur avant d'entrer au salon...

LE DOMESTIQUE.

Il est chez lui.

TERESA, sortant de chez elle en grande toilette.

Comment! messieurs, vous êtes arrivés, et vous me laissez seule?

LE GÉNÉRAL.

Oh! madame, nous ne savions pas...

DELAUNAY, à part.

Sa Teresa!...

DULAU.

Venez, venez, monsieur de Serçannes : la table de boston vous attend... Je serai des vôtres... Nous ne dansons plus, nous.

TERESA.

Monsieur le général, veuillez passer au salon.

DELAUNAY.

Non, non, je retiens le général... Recevez ces dames.

TERESA, à une jeune fille.

Vous êtes toujours charmante, mon enfant... Entrez au salon : vous y trouverez Laure et Amélie et votre bon ami Dulau, que vous aimez tant à faire enrager.

(Arthur et de Sorbin sortent de chez Arthur.)

DE SORBIN, à Teresa.

Madame...

TERESA.

Nous allons vous voir au salon, messieurs?...

ARTHUR.

Dans un instant. (Teresa sort.)

DELAUNAY.

Ah!

DE SORBIN, désignant Arthur.

Messieurs, je vous présente un envoyé extraordinaire de la cour de France à Saint-Pétersbourg.

DELAUNAY.

Arthur!...

LE GÉNÉRAL et M. DE SERÇANNES.

Ah! monsieur, recevez tous nos compliments.

M. DE SERÇANNES.

Et depuis quand cette bonne nouvelle?

ARTHUR.

Depuis ce soir seulement... Et place et nouvelle, je dois tout à monsieur...

DE SORBIN.

La modestie l'empêche d'ajouter que Sa Majesté joint à cette place le titre de baron et la croix de la Légion d'honneur.

LE GÉNÉRAL.

Comment! mais c'est magnifique!... Recevez mon compliment bien sincère.

ARTHUR.

Et vous, mon père?...

DELAUNAY, à part.

Son père!...

ARTHUR.

Vous ne me faites pas le vôtre?...

DELAUNAY.

En effet, monsieur, il y a de quoi!

ARTHUR.

Cependant, mon père... monsieur... j'aurais cru que plus que personne...

DELAUNAY.

J'applaudirais à une injustice, n'est-ce pas, parce qu'elle favorisait mon gendre, et que je trouverais que cela était bien, parce que cela était avantageux?... Vous vous êtes trompé.

ARTHUR, stupéfait.

Mais je ne puis m'expliquer...

DELAUNAY.

Je vais le faire, moi!

LE GÉNÉRAL.

Mais, Delaunay...

DELAUNAY.

Ah! laissez-moi, général... Comment! une telle injustice ne vous révolte pas?... et vous restez muet?... Une place d'envoyé extraordinaire, je conçois cela : quand on ne sait que faire d'un homme... qu'un homme n'est bon à rien, et que cependant l'oreille d'un ministre se lasse d'entendre prononcer son nom, on en fait un envoyé extraordinaire, ou un conseiller d'État... Très-bien!

ARTHUR.

Oh! mais que dites-vous?...

DELAUNAY.

Silence, monsieur!... Mais qu'à cet homme, qui n'a encore rien fait pour son pays, qui garde encore dans ses veines tout son sang d'enfant, on donne le même titre qu'à celui dont les cheveux ont blanchi dans les fatigues des bivacs, la même récompense qu'à l'homme dont le sang a coulé sur vingt champs de bataille... Oh! mais c'est une amère dérision de tout ce qui est noble et grand, c'est à n'oser plus saluer dans la rue celui qui porte le même ruban et le même titre que soi!

LE GÉNÉRAL.

Mon ami!... mon ami!

DELAUNAY.

Que si l'on veut absolument chamarrer ces jeunes poitrines, que s'il faut des titres à ajouter au nom de baptême de pareils enfants, eh bien, qu'on les envoie auprès du saint-père: il les nommera chevaliers servants, et les décorera de l'Éperon d'or.

DE SORBIN, à Arthur.

Mon ami, la colère de votre père vient de ce que vous avez la croix, et que lui...

ARTHUR.

Oh! vous avez raison.

DE SORBIN.

Dites-lui que nous ferons ce que nous pourrons.

ARTHUR.

Mon père, je conçois qu'il vous soit pénible, à vous, vieux militaire de l'Empire, de voir à un jeune homme, qui avoue n'avoir rien fait pour l'avoir, une croix que vous avez tant de fois mérité de porter... Mais croyez que le ministre ne se refusera pas à nos sollicitations...

DELAUNAY.

Merci!... Vous me protégerez, n'est-ce pas?... Fat!...

ARTHUR.

Oh!... monsieur...

DELAUNAY.

Il vous faudrait quatre ans de votre vie, rien que pour aller, de champ de bataille en champ de bataille, reconnaître où le sang de votre protégé a coulé... Oh! non, non, merci!... Votre temps est trop précieux, et ce serait une tâche trop longue.

DE SORBIN.

Mais, monsieur, cette croix donnée à Arthur est aussi une récompense du sang versé : son père est tombé dans la Vendée, combattant pour la cause royale.

DELAUNAY.

Contre laquelle je combattais à cette époque... Je conçois qu'on fasse entre nous deux quelque différence : son père combattait pour un homme; moi, je combattais pour la France !

ARTHUR.

Ah ! monsieur !... j'ai pu supporter les injures qui n'étaient adressées qu'à moi, mais celles qui s'adressent à mon père...

DELAUNAY.

Tout homme qui porte les armes contre son pays est un traître... et son fils est un fils de traître !

ARTHUR.

Monsieur, quand le sang coule bravement pour un principe, quel que soit ce principe, la blessure dont il coule peut se montrer à tous, car elle est honorable.

DELAUNAY.

Arthur, vous aviez dit que vous ne laisseriez pas insulter votre père... et je l'ai insulté, et je l'insulte encore... J'ai foulé aux pieds sa mémoire.

ARTHUR.

Oh ! mon Dieu ! mon Dieu !

DELAUNAY.

Je vous ai déjà dit que vous étiez un fat; je me suis trompé : vous êtes un lâche ! et si ce n'est point assez (lui jetant les morceaux de son gant à la figure), tenez !

ARTHUR.

Puisque vous m'y forcez, monsieur...

DELAUNAY.

Allons donc ! Demain, à six heures, au bois de Boulogne... Général, vous serez mon témoin.

LE GÉNÉRAL.

Mais, Delaunay !

DELAUNAY, lui prenant la main.

C'est un duel irrémissible, un duel à mort, entendez-vous ?... (Voyant Amélie.) Ma fille !... Il faut que cette enfant ignore tout, messieurs. Rentrez au salon, je vous prie. Oh ! je serai donc vengé !...

SCÈNE XIV

DELAUNAY, AMÉLIE.

AMÉLIE.

Oh! mon père!... que je suis contente, que je suis heureuse!...

DELAUNAY.

Heureuse! contente!... et de quoi, Amélie?

AMÉLIE.

Oh! ne t'ai-je pas vu donner la main à Arthur? N'ai-je pas tout deviné, alors?

DELAUNAY.

Et qu'as-tu deviné?

AMÉLIE.

Qu'il n'était pas coupable, puisque tu te réconcilies avec lui;... que ces lettres n'étaient pas d'une femme... N'est-ce pas, c'était cela?

DELAUNAY.

Oui, c'était cela, ma fille.

AMÉLIE.

Oh! bien sûr?

DELAUNAY.

Je te le dis... (A part.) Pauvre enfant!

AMÉLIE.

Et je puis l'aimer autant qu'auparavant... et davantage encore, car...

DELAUNAY.

Eh bien?...

AMÉLIE.

Oh! nouvelle... que je ne lui ai pas dite, car je croyais qu'il ne m'aimait plus... et que je n'ai voulu te dire à toi qu'aujourd'hui, jour de mon anniversaire, jour de fete...

DELAUNAY.

Oh!... quelle était-elle donc?...

AMÉLIE.

Ma pâleur, que tu as remarquée...

DELAUNAY.

Eh bien?

AMÉLIE.

Elle n'était point causée par mes seuls chagrins... Je souffre...

DELAUNAY.

Toi !...

AMÉLIE.

Oh ! mais des souffrances bien douces... dont je connais la cause, et dont la cause m'est bien chère !... Comprends-tu ?

DELAUNAY.

Non...

AMÉLIE.

Eh bien...

DELAUNAY.

Eh bien ?

AMÉLIE.

Maintenant, quand je prie Dieu pour les jours d'Arthur, je prie non-seulement pour mon mari, mais encore pour le père de mon enfant...

DELAUNAY, à part.

Le père de son enfant !... Et demain, la mère veuve ! l'enfant orphelin... Et c'est moi !... Oh ! mais, mon Dieu, c'est un enfer !... (Haut.) Amélie... Amélie, à moi !... Oh! tu ne sais pas ce que je souffre !... De l'air ! de l'air !...

(Il tombe près de la porte.)

AMÉLIE.

Mon père évanoui !... Au secours ! au secours !...

(Tout le monde entre et se groupe autour de Delaunay.)

ACTE CINQUIÈME

TERESA

Même décoration. — Cinq heures du matin.

SCÈNE PREMIÈRE
PAOLO, TERESA.

PAOLO.

Que la chaise de poste de M. le baron soit prête dans dix minutes.

TERESA, *entrant.*

Qui a donné ces ordres, Paolo?

PAOLO.

Le baron, signora.

TERESA.

Et pour qui ces préparatifs de départ?

PAOLO.

Je l'ignore.

TERESA.

C'est bizarre!... Savez-vous pourquoi le baron, après son indisposition, n'est point rentré dans sa chambre?

PAOLO.

Il a dit qu'il se retirait chez M. Dulau : voilà tout ce que je sais.

TERESA.

Mais je voudrais le voir : je ne puis rentrer chez moi avec de telles inquiétudes... Je vais monter chez Dulau.

PAOLO.

La porte est fermée.

TERESA.

Comment?...

PAOLO.

Signora, avez-vous du courage?

TERESA.

Qu'est-il donc arrivé?...

PAOLO.

Une querelle avec Arthur.

TERESA.

Avec Arthur!... mais légère, sans doute?

PAOLO.

Ils se battent dans deux heures.

TERESA.

Grand Dieu!... Qu'est-ce que vous dites donc, Paolo?... Eux se battre?... Mais c'est impossible!... le beau-père! le gendre!... Vous vous trompez, vous avez mal compris...

PAOLO.

Quand je n'aurais rien entendu, quand je n'aurais surpris qu'un de leurs gestes, vu qu'un de leurs regards, je vous répéterais qu'ils se battent aujourd'hui... et j'ajouterais que c'est un duel à mort.

TERESA.

Oh! mais c'est de la folie!... Il faut que je voie le baron, que je lui parle... que... j'obtienne de lui...

PAOLO.

Et s'il sait tout?...

TERESA.

C'est vrai... Opprobre!... Eh bien, c'est à Arthur qu'il faut que je parle: j'exigerai de lui que ce duel fatal n'ait pas lieu... J'en ai bien le droit, j'espère!... Paolo! montez chez Arthur... Il rentre à peine: dites-lui de venir, que je l'attends, qu'il faut que je lui parle, que c'est moi, moi, Teresa... Ramenez-le... Voyez-vous, vous le prierez bien... n'est-ce pas?... Oh! mon Dieu!... Allez, Paolo, allez!...

PAOLO, s'arrêtant.

Le baron!...

TERESA.

Le baron... Oh! je n'ose l'attendre... Si je pouvais savoir... Tâchez qu'il s'arrête ici... qu'il vous dise... Et moi, derrière cette porte... Oh! mais je suis folle: il ne dira rien: il vient chercher Arthur pour se battre... Oh! je me jetterai entre eux...

PAOLO.

Le voilà!

TERESA, s'échappant.

Oh! mon Dieu!... miséricorde!...

SCÈNE II

DELAUNAY, PAOLO.

DELAUNAY.

Paolo!...

PAOLO.

Monsieur...

DELAUNAY.

Que voulais-je donc dire?... Ah!... le bal est-il fini depuis longtemps?

PAOLO.

Les dernières personnes sortent à peine.

DELAUNAY.

Quelle heure est-il?

PAOLO.

Cinq heures.

DELAUNAY.

La chaise de poste?...

PAOLO.

J'ai donné vos ordres.

DELAUNAY.

Merci, mon ami... Paolo!...

PAOLO.

Monsieur?

DELAUNAY.

Dites à Arthur que je l'attends... Je ne vous l'ordonne point, Paolo, je vous en prie.

PAOLO.

J'y vais, monsieur.

SCÈNE III

DELAUNAY, puis PAOLO.

Il faut que cela soit ainsi... Malheur à moi!... mais à moi seul... J'ai voulu intervertir l'ordre de la nature : j'ai attaché la mort à la vie, la jeune fille au vieillard... Malheur à moi!... Teresa!... Teresa!... Que de fois j'ai passé le seuil de cette porte avec un cœur joyeux et bondissant comme un cœur de jeune homme!... Insensé que j'étais!... ou plutôt... heureux, heureux que j'étais!...

PAOLO, à la porte.

M. Arthur est enfermé : il paraît désirer ne pas descendre.

DELAUNAY.

Dites-lui que je l'en prie... entendez-vous bien?... que je l'en prie. (Paolo sort.) Oui, je comprends : il est encore plus malheureux que moi, lui : je souffre, et il rougit... Allons, allons, du courage!... Que je suis las! que je suis fatigué!... J'ai vieilli de dix ans depuis hier.

PAOLO, rentrant.

Le voilà.

DELAUNAY.

C'est bien, mon ami. Laissez-nous seuls.

SCÈNE IV

DELAUNAY, ARTHUR.

ARTHUR.

Vous me demandez, monsieur?

DELAUNAY.

Oui. Approchez... et asseyez-vous.

ARTHUR.

Merci...

DELAUNAY.

Hier, monsieur, ma conduite a dû vous paraître étrange?...

ARTHUR.

Il est vrai que j'en cherche la cause.

DELAUNAY.

La cause est celle que vous connaissez, n'en cherchez pas d'autre.

ARTHUR, à part, s'essuyant le front.

Ah! je respire...

DELAUNAY.

Mais de tels emportements vont mal à mon âge : à soixante ans, on doit connaître les hommes, et, par conséquent, être moins sensible à leurs injustices... J'ai eu tort, monsieur.

ARTHUR.

Vous?...

DELAUNAY.

J'ai eu tort, monsieur... et je vous ai prié de venir pour vous faire mes excuses.

ARTHUR.

Vous, des excuses à moi, mon Dieu !...

DELAUNAY.

Oui... Mais, comme l'offense a été publique, il faut que la réparation le soit; comme l'outrage a été fait en face d'un homme devant lequel vous devez rester pur pour qu'il vous reste attaché, j'ai écrit à M. de Sorbin, et voici la lettre : c'est vous que je charge de la lui faire tenir.

ARTHUR.

Oh! monsieur...

DELAUNAY.

Non : prenez-la, je le désire.

ARTHUR.

Mais, moi, monsieur, n'ai-je rien à me reprocher dans... dans... cette querelle?... ne me reste-t-il rien à faire?

DELAUNAY.

Ce qui vous reste à faire, je vais vous le dire. (Il étend la main et sonne. Un Domestique paraît.) La chaise de poste est-elle prête?

LE DOMESTIQUE.

Oui, monsieur le baron.

DELAUNAY.

Allez. Vous me demandez ce qui vous reste à faire, monsieur? Il vous reste à partir.

ARTHUR.

Partir!... et quand?

DELAUNAY.

Dans dix minutes.

ARTHUR.

Amélie?...

DELAUNAY.

Vous accompagnera.

ARTHUR.

Si tôt!...

DELAUNAY.

Vous avez une mission pour Saint-Pétersbourg; vos lettres de créance vous ont été remises hier; le brevet de votre croix est signé; vous partez honoré et honorable... n'est-ce pas?... Que vous faut-il de plus?

ARTHUR.

Mais partir si vite!

DELAUNAY, s'échauffant.

Je vous avais insulté et je vous ai fait des excuses; cette lettre prouve que ce n'est point vous qui êtes un lâche, mais que c'est moi qui en suis un... Que vous faut-il de plus?...

ARTHUR.

Mais, monsieur!

DELAUNAY, plus chaudement encore.

Ces injustices qui, hier, m'eussent brisé le cœur, si la colère ne m'eût soulagé... je les enferme aujourd'hui dans ma poitrine; la haine qu'elles ont excitée en moi, si je ne puis l'éteindre, je la cache du moins; d'offensé que j'étais, je redescends au rang de suppliant; je vous supplie de partir... Mais dites-moi, dites-moi donc ce qu'il vous faut encore?

ARTHUR.

Oh! laissez-moi prendre congé de mes amis, laissez-moi jusqu'à demain...

DELAUNAY.

Mais qu'avez-vous donc encore à lui dire?...

ARTHUR.

A qui?...

DELAUNAY.

A celle que vous ni moi ne pouvons nommer désormais en face l'un de l'autre.

ARTHUR.

Oh!...

DELAUNAY.

Il faut, Arthur, que vous soyez bien aveugle et bien insensé!... Je renonce au seul bien qui me restait dans le monde, à ce qui pouvait me faire fermer la paupière sans maudire Dieu, à la seule chose qui pouvait faire que je dormisse tranquille dans mon tombeau... à la vengeance!... J'y renonce pour ne pas faire ma fille veuve et son enfant orphelin... et vous, vous... vous ne voyez là qu'une lâcheté dont vous profitez, sans en deviner la cause!... Vous croyez donc que l'âge a brisé mes forces, enfant que vous êtes? Mais songez donc que cette main, si elle serrait la vôtre, vous ferait mettre à genoux de douleur... et que, si elle dirigeait sur votre cœur le bout d'un pistolet ou la pointe d'une épée, plomb ou acier vous irait droit au cœur!... Je voulais que vous partissiez sans explication entre nous deux, et voilà tout; vous en voulez une: soit. Eh bien, je vous la demande... je vais à vous... Voyons, voyons, si vous oserez me la donner debout...

ARTHUR, tombant à genoux.

Oh! grâce, grâce mon père!...

DELAUNAY.

Eh bien, oui... à genoux! misérable! à genoux!... Vous mériteriez que je vous brisasse le front avec le pied!... Savez-vous que c'est bien infâme, ce que vous avez fait!... Et, si je n'avais pu supporter votre crime, à vous, si je m'étais brûlé la cervelle, comme un instant j'en ai eu l'intention... croyez-vous que le sang du vieillard que vous osez encore appeler votre père ne serait pas retombé, pendant l'éternité, goutte à goutte sur votre cœur, dévorant comme du plomb fondu?... Dites: croyez-vous que vous auriez eu un jour de repos, une nuit de sommeil, un instant de bonheur?... Dites, le croyez-vous?

ARTHUR.

Oh! non, non!...

DELAUNAY.

Eh bien, quand je veux réserver pour moi seul douleur et insomnies, quand je veux vous épargner un enfer dans ce monde et dans l'autre, quand pour cela je ne vous demande que de partir... ignorant et, par conséquent, sans remords!... non, non! vous voulez rester; vous ne devinez rien; et il faut que je vous dise tout!... Eh bien, vous le savez : partez donc, maintenant, et soyez maudit!

ARTHUR.

Oh! je mourrai là, plutôt que de partir avec votre malédiction.

DELAUNAY.

Partez, vous dis-je! car je puis faire plus que de vous maudire!... Partez... Je vais embrasser et préparer ma fille... Qu'à mon retour je ne vous retrouve pas ici. Après ma mort, vous pourrez y revenir.

ARTHUR.

Oh! votre pardon!

DELAUNAY.

Arrière!... (Arthur recule.) Rendez mon Amélie heureuse, monsieur, et, à cette condition, à cette seule condition, entendez-vous? à l'heure de ma mort je vous pardonnerai peut-être... Mais jusque-là... (Riant.) Oh! vous raillez!...

(Il rentre chez Amélie : Arthur le suit des yeux. — Pendant ce temps, Teresa sort mourante de sa chambre, et va s'asseoir à la place où Delaunay était assis.)

SCÈNE V

TERESA, ARTHUR.

ARTHUR.

Quelle honte! quel abime! quel enfer!

TERESA.

Oui, vous avez bien raison : c'est horrible!

ARTHUR, se retournant.

Teresa!...

TERESA.

J'étais derrière cette porte : j'ai tout entendu.

ARTHUR.

Oh! oh!... Je vous l'avais bien dit!...

TERESA.

Oui, oui... à moi la faute... à moi seule!... (A part.) Et à moi seule la punition!

ARTHUR.

Que faire?...

TERESA.

Partir... Le vieillard ne vous l'a-t-il pas ordonné?

ARTHUR.

Partir!... Et vous?...

TERESA.

Ne vous inquiétez pas de moi, Arthur... Le jour où j'ai trompé mon mari... j'ai pris... pour l'heure où il découvrirait ma faute, une résolution... que je compte accomplir aujourd'hui même.

ARTHUR.

Quelle est elle? Dites, car je tremble!...

TERESA.

Rassurez-vous, Arthur : si l'accomplissement de cette résolution ne me rend pas heureuse, elle me rendra tranquille... du moins je l'espère... Mais partez, partez donc!...

ARTHUR.

Votre main!...

TERESA.

Rien, rien, Arthur!... Une dernière caresse, à l'heure qu'il est, pèserait plus dans la balance divine que toutes mes fautes passées!... Adieu!

ARTHUR.

Pour toujours?...

TERESA.

Pour toujours!

ARTHUR.

Adieu, madame.

SCÈNE VI

TERESA, puis PAOLO

TERESA.

Pars, Arthur!... pars, et sois heureux!... Il n'y a plus dans mon âme ni jalousie ni amour... Et puisse Dieu permettre que, comme je te l'ai dit, moi, je sois tranquille!... Ah! Paolo!...

PAOLO.

J'ai pensé que vous pouviez avoir besoin de moi.

TERESA.

Je vous attendais, Paolo.

PAOLO.

Me voilà !

TERESA.

Quand vous avez quitté l'Italie pour la France, vous avez dû penser que, sur une terre étrangère, isolé comme vous allez l'être, il pouvait vous arriver un de ces malheurs auxquels on ne peut survivre...

PAOLO.

J'ai pensé que vous pouviez mourir !

TERESA.

Et contre ce malheur, quel qu'il soit, vous avez dû vous ménager une ressource...

PAOLO.

J'en ai deux.

TERESA.

Lesquelles ?

PAOLO.

Ce poison et ce stylet.

TERESA.

Partageons.

PAOLO.

Il sait donc tout?...

TERESA.

Oui.

PAOLO.

C'est bien... Prenez.

(Il lui donne le poison.)

TERESA.

Merci... Tu me comprends, toi, Paolo !

PAOLO.

Votre main à baiser !... (Se levant, et regardant la porte par laquelle est sorti Arthur.) Le lâche !

TERESA.

Que dites-vous ?...

PAOLO.

Rien... Je dis que, lorsqu'on vous aime et qu'on vous perd, il faut mourir !

TERESA.

Adieu, mon ami!.., Il me reste peu d'instants... et j'ai à prier...

PAOLO.

Signora !... priez pour deux !

TERESA.

Allons !... et je reviendrai lui demander grâce.

SCÈNE VII

TERESA, prête à rentrer chez elle; AMÉLIE, entrant du côté opposé.

AMÉLIE.

Maman !... chère maman !...

TERESA.

Amélie !... Ah !...

AMÉLIE.

Oh ! ne savez-vous pas que je pars ?

TERESA.

Si, je le sais.

AMÉLIE.

Et ne voulez-vous pas me dire adieu ?...

TERESA, l'embrassant.

Adieu, Amélie...

AMÉLIE.

Chère maman ! un mot, une minute, je vous prie !

TERESA.

Que me veux-tu, mon enfant?

AMÉLIE.

Je quitte mon père... et il est bien triste, allez !...

TERESA.

Oui !...

AMÉLIE.

Sa fille le quitte; Laure se mariera; Dulau, plus vieux que lui, peut mourir : vous seule lui restez, chère maman !... Oh! rendez mon père heureux, et ceux qui vous aiment vous béniront !

TERESA.

Oh! mon enfant!... ma fille!...

AMÉLIE.

Et, plus que tous les autres, je serai de ceux-là, moi ; et votre nom sera dans toutes mes prières !

TERESA.

Ah ! n'oublie pas ce que tu viens de promettre !

AMÉLIE.

Oh ! non !... Et vous serez heureuse si Dieu m'écoute.

TERESA.

Et toi, le seras-tu ?...

AMÉLIE.

Oh! oui, car Arthur m'aime, et mon bonheur, c'est son amour... Oh ! un instant j'ai bien souffert, car j'ai douté.

TERESA.

Toi !... et tu es rassurée ?

AMÉLIE.

Oui; et je ne suis plus jalouse.

TERESA.

Tu l'as été.

AMÉLIE.

Plus que vous ne pouvez croire, ma mère, et cela m'a fait faire une chose...

TERESA.

Laquelle ?

AMÉLIE.

Oh! c'est affreux !... et cependant je n'ai pas la force de m'en repentir ; car, sans cela, je serais encore malheureuse.

TERESA.

Qu'as-tu fait?

AMÉLIE.

Arthur recevait des lettres...

TERESA.

Eh bien ?...

AMÉLIE.

Qu'il cachait dans un portefeuille.

TERESA.

Après?...

AMÉLIE.

J'avais une double clef de l'armoire où il le renfermait ; et, hier, pendant le bal, j'ai pris le portefeuille.

TERESA.

Et tu l'as ouvert?...

AMÉLIE.

Non : je l'ai remis à mon père... Oh! c'était bien mal, n'est-ce pas?...

TERESA.

Enfant!... Je te pardonne ma mort... Et c'est Dieu qui a choisi ta main pour me frapper!

AMÉLIE.

Que dites-vous, ma mère?

TERESA.

Je dis que tu es un modèle de candeur et de pureté; que les crimes peuvent passer à l'entour de toi sans souiller ta robe virginale, et que tes yeux, comme ceux des anges, ne voient de ce monde que ce qui est bien et beau. Adieu, mon enfant... Sois heureuse... Adieu.

AMÉLIE.

Oh! ma mère! je le serai... J'en suis sûre!

TERESA, rentrant chez elle

La vertu n'est donc pas un mot!...

SCÈNE VIII

AMÉLIE, UN DOMESTIQUE, puis DELAUNAY et ARTHUR.

LE DOMESTIQUE.

Madame, tout est prêt.

AMÉLIE.

Dulau et Laure?...

LE DOMESTIQUE.

Attendent madame en bas pour lui faire leurs adieux.

AMÉLIE.

Bien! Allez : dites que j'attends mon père.

ARTHUR, au fond.

Amélie n'est plus chez elle : je puis aller chercher...
(Il va pour entrer chez lui et rencontre Delaunay à la porte.)

DELAUNAY.

Encore vous, monsieur!

ARTHUR.

Pardon!... j'allais...

DELAUNAY.

Là?...

ARTHUR.

Oui... j'y ai oublié...

DELAUNAY.

Des lettres, un portefeuille... et un portrait, n'est-ce pas?

ARTHUR.

Ah!...

DELAUNAY.

C'est inutile : tout est brûlé, déchiré, anéanti.

AMÉLIE.

Eh bien, que dites-vous donc là?

DELAUNAY.

Rien... Adieu, mon enfant... Dieu te conduise par la main! Dieu te donne tout le bonheur qu'il promet aux autres et qu'il ne leur donne pas!...

AMÉLIE.

Oh! mon père! c'est au moment de nous quitter que je sens combien je vous aime!

DELAUNAY.

Du courage, Amélie!... Et moi, moi... crois-tu donc mon cœur de fer?... Adieu, mon enfant...

AMÉLIE.

Ne venez-vous pas nous conduire jusqu'en bas?

DELAUNAY.

Non... A quoi bon?... Va!

ARTHUR.

Monsieur... mon père...

DELAUNAY.

Vous la rendrez heureuse?

ARTHUR.

Ah! je vous le jure!

DELAUNAY.

C'est bien!... Partez, partez, monsieur, et emmenez cette enfant... Partez!

ARTHUR et AMÉLIE.

Adieu, adieu!

SCÈNE IX

DELAUNAY, puis TERESA.

DELAUNAY.

Adieu pour jamais!... Adieu à ma fille, à mon Amélie, à celle vers laquelle je comptais étendre la main à mon lit de mort!... Oh! le reste de ma vie ne sera donc qu'une agonie longue et solitaire!... Je suis bien malheureux!... Et, lorsque, prévoyant cela, je donne place à une autre femme dans mes projets et mes espérances... celle-là... oh! celle-là...

TERESA.

Les a détruites, n'est-ce pas?

DELAUNAY.

C'est vous, Teresa?

TERESA.

Vous me maudissiez!

DELAUNAY.

Je vous plaignais.

TERESA.

Oh! vous êtes bon...

DELAUNAY.

Je suis juste : le premier tort fut à moi, Teresa : j'aurais dû regarder ma tête blanchie et vos cheveux noirs, j'aurais dû vous laisser libre et heureuse à Naples.

TERESA.

Vous m'eussiez épargné un crime et des remords...

DELAUNAY.

Que dites-vous, Teresa?... Vous vous égarez : il n'y a ni crime ni remords... du moins je ne sais rien, je ne veux rien savoir... Une séparation entre nous est nécessaire... et voilà tout. Une séparation, c'est pour vous la liberté... Je vous laisse à Paris... Je vous y laisse dans mon hôtel... honorée... Je vous y laisse avec mon nom, ma fortune. Je pars pour l'Auvergne.

TERESA.

Seul?... seul?...

DELAUNAY.

Dulau m'accompagne... Il m'avait dit que je le trouverais à

l'heure où j'aurais besoin de lui... Ah! je l'ai retrouvé comme il avait dit.

TERESA.

Oh! mon Dieu! mon Dieu!...

DELAUNAY.

N'est-ce pas assez, madame? Dites : vous conviendrait-il bien mieux que je restasse? avez-vous besoin de mon ombre pour?...

TERESA.

J'ai besoin de vos pleurs sur mon tombeau.

DELAUNAY.

Ah!...

TERESA.

J'ai besoin de votre bénédiction à mon dernier soupir... de votre bénédiction, entendez-vous?... car mon pardon, je n'ose pas l'espérer, et c'est une affaire entre moi et Dieu.

DELAUNAY, amèrement.

A votre dernier soupir, madame?... Oh! regardez-nous tous deux, et songez lequel doit survivre à l'autre... Vous êtes belle, vous êtes jeune : vous vivrez longtemps.

TERESA.

Je suis jeune?... Est-ce une raison pour ne pas mourir?... Je suis belle?... Oh! regardez-moi donc

DELAUNAY.

Oh! mon Dieu!...

TERESA.

Je vivrai longtemps?... Dites, croyez-vous que l'on vive longtemps avec cette sueur sur le front... et du poison dans la poitrine?

DELAUNAY.

Du poison!...

TERESA.

Il faut donc tout vous dire?... vous ne devinez donc pas?... Mais ne voyez-vous pas que je meurs?...

DELAUNAY.

Vous?... Ah! mon Dieu! mon Dieu! du secours!...

TERESA.

Ne sortez pas! ne me quittez pas!... Je ne veux pas de secours... Je mourrais pendant ce temps.

DELAUNAY.

Toi, mourir?... Non, non, non!... C'est impossible!... Dulau!... Laure!...

SCÈNE X

Les Mêmes, DULAU, LAURE.

DULAU.

Qu'y a-t-il donc?... Ces cris...

LAURE.

Dites, dites!...

DELAUNAY.

Oh! Teresa!... du poison... Ne comprenez-vous pas?... Elle s'est empoisonnée!...

PAOLO, refermant la porte.

Bien!

DULAU.

Que faire?...

DELAUNAY.

Un médecin à l'instant... Ma fortune à lui... Courez donc, courez donc!...

DULAU et LAURE, à la porte du fond.

Cette porte est fermée!...

DELAUNAY.

Mais enfoncez-la!

(Dulau enfonce la porte d'un coup de pied. Laure et lui reculent en jetant un cri d'effroi.)

DULAU et LAURE.

Ah!

DELAUNAY.

Qu'y a-t-il?

DULAU.

Paolo mort!... Paolo poignardé!...

TERESA, à Delaunay, en se soulevant.

Hâtez-vous de me pardonner pendant qu'ils ne vous voient pas... et vous leur direz, si vous voulez, que vous m'avez maudite.

DELAUNAY.

Pardon et bénédiction sur toi, pauvre femme!... et Dieu ne sera pas plus sévère que je ne l'ai été.

TERESA, mourant.

Peut-être

FIN DE TERESA

LE
MARI DE LA VEUVE

COMÉDIE EN UN ACTE, EN PROSE

EN SOCIÉTÉ AVEC MM. ANICET BOURGEOIS ET DURIEU

Théâtre-Français. — 4 avril 1832.

DISTRIBUTION

DE VERTPRÉ..	MM.	Monrose.
LÉON AUVRAY, futur de Pauline......................		Menjaud.
MADAME DE VERTPRÉ....................................	Mlles	Mars.
PAULINE, nièce de madame de Vertpré.............		Anaïs.
HÉLÈNE, femme de chambre...........................	Mme	Dupont.

— **Dans une maison de campagne des environs de Paris.** —

Un petit salon-boudoir. Sur le premier plan, à gauche du spectateur, une porte communiquant à l'appartement de madame de Vertpré. A droite, sur le même plan, la porte de l'appartement de Pauline. Sur le second plan, à droite, une cheminée avec du feu. Au fond, une double porte communiquant au dehors. Dans l'angle à droite, une seconde porte. Dans l'angle opposé, une fenêtre donnant sur le parc. Sur le devant de la scène, à droite, une table, et, dessus, un album ouvert et un crayon. Au lever du rideau, on entend sonner deux fois dans la chambre de madame de Vertpré, puis répéter avec impatience le mot : *Hélène ! Hélène !*

SCÈNE PREMIÈRE

MADAME DE VERTPRÉ, HÉLÈNE.

Madame de Vertpré entre d'un côté, tandis qu'Hélène entre de l'autre. Madame de Vertpré est en costume du matin ; elle jette sur un fauteuil une écharpe qu'elle tient à la main.

MADAME DE VERTPRÉ.

Eh bien, mademoiselle, je sonne, j'appelle, et vous ne venez pas. Que faisiez-vous donc, s'il vous plaît ?

HÉLÈNE.

J'habillais mademoiselle Pauline.

MADAME DE VERTPRÉ.

Descendez chercher mes lettres; j'en attends une avec impatience, et je viens de voir entrer le facteur.

HÉLÈNE, ouvrant la porte pour descendre.

Voici Joseph qui les monte, les lettres.

MADAME DE VERTPRÉ.

Prenez-les et donnez-les-moi. C'est bien.

HÉLÈNE.

Puis-je retourner auprès de mademoiselle Pauline?

MADAME DE VERTPRÉ.

Non, restez. (Lisant les adresses.) « Madame de Vertpré. » (Elle jette la lettre.) « Madame Adèle de Vertpré. » C'est son écriture. (Elle l'ouvre.) Aujourd'hui!... il arrive aujourd'hui! Cher Paul!... Venez, Hélène, et écoutez bien ce que je vais vous dire; ce matin, un monsieur de trente-cinq à trente-six ans se présentera pour me parler; si je suis avec quelqu'un, vous me préviendrez; si je suis seule, vous le ferez entrer.

HÉLÈNE.

Madame veut-elle me dire son nom?

MADAME DE VERTPRÉ.

C'est inutile, vous le reconnaîtrez sans qu'il se nomme. Excepté M. Léon Auvray, fiancé de Pauline, qui vient nous voir tous les jours à cette campagne, je ne reçois personne; ainsi...

HÉLÈNE.

Si je me trompais, alors madame ne m'en voudrait pas?

MADAME DE VERTPRÉ.

Des cheveux bruns, des yeux noirs, taille moyenne; voilà son signalement, retenez-le.

HÉLÈNE.

Si M. Léon était avec madame, cela ne ferait rien?

MADAME DE VERTPRÉ.

Non, sans doute.

HÉLÈNE.

Mais si madame était à sa toilette?

MADAME DE VERTPRÉ.

Vous le conduiriez près de moi?

HÉLÈNE.

Sans prévenir madame?

MADAME DE VERTPRÉ.

Sans me prévenir.

HÉLÈNE.

Je demande pardon à madame de toutes mes questions; mais madame n'a pas l'habitude de recevoir tout le monde.

MADAME DE VERTPRÉ.

La personne que j'attends n'est pas tout le monde.

HÉLÈNE.

Je voulais dire les étrangers.

MADAME DE VERTPRÉ.

Ce monsieur n'est point un étranger.

HÉLÈNE, s'en allant.

Madame peut être tranquille, aussitôt que son parent sera arrivé...

MADAME DE VERTPRÉ.

Je n'attends pas de parents.

HÉLÈNE, avec finesse.

Alors, je devine.

MADAME DE VERTPRÉ.

Vous devinez fort mal.

HÉLÈNE.

C'est...

MADAME DE VERTPRÉ.

Mon mari, mademoiselle.

HÉLÈNE.

Le mari de madame? Mais tout le monde la croit veuve.

MADAME DE VERTPRÉ.

Mais tout le monde se trompe. Maintenant, écoutez : comme vos questions indiscrètes, vos suppositions plus indiscrètes encore m'ont forcée envers vous à une confidence que je ne comptais pas vous faire, vous aurez la bonté de garder le silence, ou, à la moindre indiscrétion, vous entendez, à la moindre, je serais obligée de vous renvoyer, Hélène, et cela malgré l'affection que je vous porte; car ce secret n'est point à moi seule, et il pourrait compromettre une personne qui m'est plus chère que moi-même.

HÉLÈNE.

Oh! madame, soyez sûre!...

MADAME DE VERTPRÉ.

C'est bien. Vous voilà prévenue, ainsi soyez discrète. On monte. (Elle entre à moitié dans sa chambre.) Voyez qui c'est.

HÉLÈNE, regardant.

M. Léon! Faut-il dire que madame n'y est pas?

MADAME DE VERTPRÉ.

Non, dites-lui de m'attendre; puis vous viendrez me donner mon chapeau.

(Elle rentre chez elle.)

SCÈNE II

HÉLÈNE, LÉON.

LÉON, frappant à la porte qui est dans l'angle à droite.

Puis-je entrer?

HÉLÈNE.

Oui.

LÉON, entr'ouvrant la porte

Seule?

HÉLÈNE.

Seule.

LÉON.

Il me semblait avoir entendu la voix de madame de Vertpré.

HÉLÈNE.

Elle était là tout à l'heure, et, en vous entendant...

LÉON.

Elle est rentrée dans sa chambre; ce qui veut dire qu'elle ne me recevra pas ce matin.

HÉLÈNE.

Eh bien, au contraire, elle vous prie d'attendre que sa toilette soit achevée.

LÉON.

Elle t'a dit cela?

HÉLÈNE.

Oui, monsieur.

(Elle se dispose à entrer chez madame de Vertpré.)

LÉON, l'arrêtant par le bout de l'écharpe qu'elle a prise sur le fauteuil où madame de Vertpré l'avait laissée, et s'asseyant.

Écoute, Hélène.

HÉLÈNE.

Quoi?

LÉON.

Madame de Vertpré t'a parlé de moi? — Écoute donc!

HÉLÈNE.

A l'instant.

LÉON, jouant avec l'écharpe, et la baisant.

Et elle te disait?...

HÉLÈNE.

Qu'est-ce que vous faites donc?

LÉON.

A qui cette écharpe?

HÉLÈNE.

A ma maîtresse.

LÉON.

Et elle a touché son cou, ses épaules! Je l'envie et je la baise.

HÉLÈNE.

Mais, monsieur, ce n'est pas l'écharpe que vous baisez; ce sont mes mains!

LÉON, se levant.

C'est que tes mains sont jolies, Hélène.

HÉLÈNE.

Vous êtes fou.

LÉON.

Je suis amoureux.

HÉLÈNE.

De mes mains?

LÉON.

Un peu; de ta maîtresse beaucoup.

HÉLÈNE, à part.

Pauvre jeune homme! (Haut.) Et mademoiselle Pauline, votre fiancée?

LÉON.

C'est une charmante personne.

HÉLÈNE.

Que vous aimez aussi?

LÉON.

Comme une sœur.

HÉLÈNE.

Cela ne fera pas son compte; car je crois qu'elle vous aime autrement qu'un frère.

14.

LÉON.

Tiens, voilà ce qui m'inquiète, et me rend parfois si triste.

HÉLÈNE, riant.

Vous? Ah! par exemple!

LÉON.

Mais aussi, comment diable madame de Vertpré ne réfléchit-elle pas que, pour marier sa nièce, c'est un mauvais moyen que de la prendre auprès d'elle? Certainement, avant d'avoir vu ta maîtresse, j'aimais Pauline de toute mon âme;... mais, depuis cette époque, depuis que je les vois toutes deux à côté l'une de l'autre, malgré moi je fais des comparaisons... Elles sont jolies toutes deux; mais madame de Vertpré a dans sa beauté quelque chose de plus piquant... Toutes deux sont pétillantes d'esprit; mais l'esprit de madame de Vertpré est complété par l'usage du monde, qui manque à Pauline... Chacune d'elles a un excellent caractère; mais, pour un rien, Pauline se fâche et boude; madame de Vertpré, au contraire, est toute et toujours gracieuse... Pauline m'aime, je le sais; mais, sans fatuité, madame de Vertpré ne me déteste pas; elle m'accorde hautement le titre d'ami, et un autre que moi, en récapitulant nos promenades, nos causeries, les petits services qu'à chaque instant elle me demande, et que je suis si heureux de lui rendre, un autre que moi... Eh bien, cela te fait rire?

HÉLÈNE.

Auriez-vous la prétention d'épouser madame de Vertpré, par hasard?

LÉON.

Pourquoi pas?

HÉLÈNE.

Pardon, mais c'est que..

(Elle rit.)

LÉON.

N'est-elle pas veuve?

HÉLÈNE.

Ah! c'est vrai; je l'oubliais. (On sonne chez madame de Vertpré.) Voyez, voilà qu'on m'appelle; je bavarde avec vous et je vais être grondée.

LÉON.

Tu diras à ta maîtresse que je t'ai retenue pour te dire qu'elle est charmante, et elle te pardonnera.

HÉLÈNE.

Soyez tranquille.

(Elle entre chez madame de Vertpré.)

SCÈNE III

LÉON, puis PAULINE.

LÉON.

Il n'y a pas de mal à conter ses secrets à la femme de chambre, la maîtresse en apprend toujours quelque chose. Ainsi elle avait prévu que je viendrais, et elle avait dit que je restasse! C'est que c'est long une toilette de femme! Si du moins il y avait ici un journal. Ah! l'album de madame de Vertpré. Une page blanche, un crayon, l'album ouvert... C'est un défi.
(Il prend le crayon et écrit. Pendant ce temps, Pauline entre sur la pointe du pied, s'avance derrière la chaise de Léon, et lit par-dessus son épaule droite.)

PAULINE, lisant.

Oh! n'abrége jamais ces heures que j'envie!

LÉON, fermant vivement l'album.

Ah! c'est vous!

PAULINE.

Je vous effraye?

LÉON.

Vous ne le croyez pas.

PAULINE.

Qu'écrivez-vous?

LÉON.

Rien.

PAULINE.

Des vers?

LÉON.

De souvenir.

PAULINE.

Pour qui?

LÉON.

Vous le demandez!

PAULINE.

Voyons-les.

LÉON.

Mais non.

PAULINE.

Mais si, je vous en prie, monsieur Léon; je me fâche!

LÉON.

J'aurais voulu les finir avant de les montrer... à vous surtout, Pauline.

PAULINE.

Ce sera votre première pensée, et c'est toujours la meilleure.

(Elle prend l'album et lit.)

Oh! n'abrége jamais ces heures que j'envie!
De me les accorder Dieu te fit le pouvoir :
T'entendre est mon bonheur, et te voir est ma vie,
Laisse-moi t'entendre et te voir!

(Répétant.)

« T'entendre et te voir! »

LÉON.

La poésie à sa langue à elle : on tutoie Dieu, et Dieu ne s'en fâche pas.

PAULINE.

C'est vrai (elle lui tend la main), et je ne serai pas plus susceptible que lui.

(Elle continue.)

Si tu veux de mon front écarter le nuage,
Comme l'air en passant chasse l'ombre des cieux,
Les yeux fixés aux miens, laisse sur mon visage
Passer tes longs et noirs cheveux.

Comment, monsieur!...

LÉON.

Ah! oui, *cieux* et *cheveux* : la rime n'est pas riche, n'est-ce pas? Je vous disais bien qu'il fallait que ces vers fussent corrigés.

PAULINE.

Mais ce n'est pas cela.

LÉON.

Qu'est-ce donc?

PAULINE.

Passer tes longs et noirs cheveux.

Mes noirs cheveux!

LÉON, à part.

Ah! bénédiction! elle est blonde! et d'un blond superbe encore! (Haut.) Mon Dieu! mais c'est que...

PAULINE.

C'est que ces vers étaient pour une autre, voilà tout.

LÉON.

Je vous jure...

PAULINE.

Au fait, pourquoi ces vers seraient-ils pour moi? et pourquoi me feriez-vous des vers?

LÉON.

Mais c'est une distraction inconcevable; je voulais écrire *blonds*. Le crayon m'a tourné entre les doigts.

PAULINE, avec amertume.

Ah! oui, *longs et blonds*. Vous avez raison, monsieur, ces vers ont besoin d'être corrigés, leur harmonie est étrange

(Elle remet l'album à Léon.)

LÉON, à part.

Décidément, je m'embrouille. (Haut.) Pauline...

PAULINE.

Oh! faites attention que vous me parlez en prose, monsieur.

LÉON.

Mademoiselle... Allons, voilà qu'elle pleure.

PAULINE, sanglotant.

Du tout, je ne pleure pas, vous vous trompez.

LÉON.

Au diable la poésie! par exemple, c'est bien la première et la dernière fois... Écoutez-moi. Ces vers...

PAULINE.

Mais qui vous parle encore de ces vers? Mais je n'y pense plus, à ces vers! Je... je... Oh! mon Dieu, que je suis malheureuse!

(Elle se jette dans un fauteuil.)

LÉON.

Je vous en prie, je vous en supplie.

PAULINE.

Laissez-moi, vous m'impatientez et je vous déteste; ne suis-je pas même libre de pleurer si je suis triste? Mais c'est de la tyrannie. (S'élançant dans les bras de madame de Vertpré qui entre.) Oh! ma tante, ma tante!

SCÈNE IV

PAULINE, MADAME DE VERTPRÉ, LÉON.

MADAME DE VERTPRÉ.

Qu'as-tu donc?

PAULINE.

Ah! je suis bien malheureuse!

LÉON, saluant.

Madame!...

MADAME DE VERTPRÉ.

Je vous remercie, monsieur Léon, de m'avoir attendue. Qu'est-ce, Pauline? Encore une querelle, une bouderie?

PAULINE.

Oh! cette fois, il n'y a pas de ma faute, ma tante; si vous saviez...

MADAME DE VERTPRÉ, à Léon.

Avez-vous pensé à moi?

LÉON.

A vous? Toujours.

MADAME DE VERTPRÉ.

Quand je dis à moi, c'est à ma commission que je veux dire.

LÉON.

A votre portrait? Le voici, madame, délicieux de beauté, éclatant de fraîcheur, et cependant si fort au-dessous...

MADAME DE VERTPRÉ.

Flatteur! donnez-le-moi.

LÉON, lui donnant la portrait.

Déjà!

MADAME DE VERTPRÉ.

Regarde donc, Pauline; trouves-tu qu'il me ressemble?

PAULINE, sans regarder.

Oui, ma tante.

MADAME DE VERTPRÉ.

Dis donc, est-ce que tu crois que tu l'as vu? Tu boudes, Pauline! Viens avec nous, cela te distraira.

PAULINE.

Merci.

LÉON.

Vous sortez, madame?

MADAME DE VERTPRÉ.

Oui, voilà pourquoi je vous ai fait prier de m'attendre; j'ai besoin de votre bras.

PAULINE.

C'est cela, il ne restera même pas pour que je le gronde. Oh! je suis bien sacrifiée.

LÉON.

Et où allons-nous?

MADAME DE VERTPRÉ.

Sur la grande route : j'attends une personne que je n'ai pas revue depuis longtemps, que j'ai grande envie de revoir, et je vais au-devant...

LÉON.

De lui ou d'elle?

MADAME DE VERTPRÉ, avec intention.

De lui.

LÉON, jalousant.

Ah!... Vous avez remarqué le temps?

MADAME DE VERTPRÉ, remontant la scène et allant vers la fenêtre.

Un peu couvert.

LÉON.

Noir comme de l'encre.

MADAME DE VERTPRÉ.

Vous craignez la pluie, et vous refusez d'être mon chevalier?

LÉON.

Moi, madame?

MADAME DE VERTPRÉ.

Je réclame de vous un service, et, lorsqu'il s'agit de me le rendre, quelques gouttes d'eau vous font peur.

LÉON.

Quelques gouttes d'eau me font peur? Mais je traverserais pour vous le détroit de Sestos!... Partons, madame, partons.

MADAME DE VERTPRÉ.

Décidément, Pauline, tu ne viens pas?

PAULINE.

Décidément, ma tante, je reste.

MADAME DE VERTPRÉ.

Eh bien, écoute : il va me raconter la cause de votre querelle, je le gronderai, et je le ramènerai soumis et repentant. Adieu, chère enfant.

(Elle l'embrasse.)

PAULINE.

Adieu, ma tante.

LÉON.

Au revoir, mademoiselle...

PAULINE.

Au revoir, monsieur.

(Léon et madame de Vertpré sortent.)

SCÈNE V

PAULINE, puis HÉLÈNE.

PAULINE.

Oui, grondez-le, ma tante; mais il me semble que c'était à moi de le gronder et non pas à vous. Avec vous, il est toujours aimable, empressé, galant; mais, avec moi, comme je dois être sa femme, il est bien aise de ne pas feindre. (Allant vers la table sur laquelle est l'album qu'elle prend.) Des vers!... ils sont jolis, ses vers! Un avocat qui veut faire le poëte! Et moi, folle, qui avais, cru qu'ils étaient pour moi, et qui les trouvais charmants!.. Ah! mon Dieu, voilà le feuillet déchiré! Bah!... il n'y a pas grand mal, il les récrira sur un autre... Ah! oui, mais derrière, une aquarelle de Decamps! Mon Dieu, que va dire ma tante?... Comment écrit-on des vers derrière une aquarelle aussi? Comme il y en a plusieurs, peut-être ne s'en apercevra-t-elle pas... Oui, mais, si elle la retrouve chez moi... Tant pis! vers et aquarelle au feu! (La feuille de papier brûle.) Oh! j'y pense, le dessin n'était que collé sur la feuille: on aurait pu le replacer sur une autre. (Elle essaye de la retirer du feu.) Allons, voilà que je me brûle! Mais je ne sais ce que je fais, je suis folle, j'ai la tête perdue...

HÉLÈNE, entrant.

Oh! mon Dieu, quel chagrin!

PAULINE.

Oui, j'ai du chagrin; oui, je suis malheureuse, mais j'aurai du courage et je ne l'aimerai plus!

HÉLÈNE.

Et pourquoi ne l'aimeriez-vous plus?

PAULINE.

Parce qu'il en aime une autre. Conçois-tu, Hélène? aimer

une brune, une femme qui a les cheveux noirs, quel mauvais goût!

HÉLÈNE, se regardant dans une glace.

Mais non, il me semble que ce n'est pas trop laid!

PAULINE, se reprenant.

Oh! mais, toi, Hélène, tu as les cheveux noirs... d'un très-beau noir.

HÉLÈNE.

Et madame de Vertpré, votre tante, a les cheveux noirs aussi.

PAULINE.

Tiens, c'est vrai, ma tante...

HÉLÈNE.

Elle est jolie, votre tante.

PAULINE.

Oh! mon Dieu, tu as raison, Hélène; ma tante est brune, elle est jolie, elle est veuve, à peine si elle a quelques années de plus que moi : ces vers étaient sur l'album de ma tante : les mille soins, les mille complaisances qu'il a pour elle, leurs entretiens, leurs promenades... Dans ce moment... mais dans ce moment encore, ils sont ensemble. Oh! Hélène, il aime ma tante, c'est ma tante qu'il épousera.

HÉLÈNE.

Écoutez, il est possible que M. Léon aime madame de Vertpré; mais je vous réponds qu'il ne l'épousera pas, moi.

PAULINE.

Tu en es sûre?

HÉLÈNE.

Très-sûre.

PAULINE.

Et comment cela? Dis-le moi, je t'en prie, ma petite Hélène.

HÉLÈNE.

Parce que madame de Vertpré n'est pas... (A part.) Ah! mon Dieu, qu'allais-je dire!

PAULINE.

N'est pas, quoi?

HÉLÈNE.

Voilà ce qu'il m'est défendu de vous apprendre; mais, tenez, il y a un Dieu pour les amants, et voilà qu'il vous venge.

PAULINE.

Comment cela?

HÉLÈNE.

Voyez-vous la pluie?

PAULINE.

Eh bien?

HÉLÈNE.

Ne m'avez-vous pas dit qu'ils étaient à la promenade?

PAULINE, allant vers la fenêtre.

Oh! oui, c'est vrai qu'ils vont être mouillés, trempés jusqu'aux os, et j'en suis contente, j'en suis enchantée... Regarde, regarde donc! Hélène, les vois-tu revenir? Comme ils courent!... Le chapeau de Léon s'envole... Qu'ils sont amusants!... quelle excellente pluie!

HÉLÈNE.

Qui trempe sa tante et son fiancé... Excellent petit cœur!

PAULINE, riant.

Ce n'est pas cela du tout, mademoiselle; c'est qu'il y avait très-longtemps qu'il n'avait tombé d'eau, que la terre était désséchée, et que cette averse était très-nécessaire à la récolte.

(Elle se sauve en riant.)

HÉLÈNE.

Petite folle qui rit et pleure à la fois... Que M. Léon en trouve beaucoup comme cela.

SCÈNE VI

HÉLÈNE, MADAME DE VERTPRÉ, LÉON.

Trempés tous deux, ils entrent vivement.

MADAME DE VERTPRÉ.

Hélène! Hélène! vite, à moi!

LÉON, se secouant.

Je vous l'avais bien dit; ce n'est pas ma faute.

MADAME DE VERTPRÉ.

Eh bien, le grand malheur! je changerai de robe, voilà tout. Venez, Hélène. Oh! j'ai froid, vite, vite!

(Elle entre avec Hélène dans sa chambre.)

SCÈNE VII

LÉON, seul.

Vous changerez de robe, c'est très-bien; mais, moi, je ne changerai pas d'habit... et cela par une excellente raison... Au diable la promenade!... c'est que je suis tout trempé... Elle a froid!... moi aussi, pardieu! je grelotte... (S'arrêtant devant le feu.) Du reste, je suis bien bon de me gêner... Voilà du feu, et je suis tout seul... Pendant qu'elle change de robe, je ne vois pas trop pourquoi je me priverais de faire sécher mon habit... Oui... c'est une excellente idée... (Il défait son habit, le met devant le feu sur le dos d'une chaise, et se place à califourchon sur la chaise.) La! ne perdons pas de vue la porte de la chambre, et, au moindre bruit... Ma foi, si le monsieur au-devant duquel nous allions est en route de ce temps-là, je lui en fais mon compliment bien sincère... et, s'il arrive par le parc, il serait bien aimable de me rapporter mon chapeau. (Il se retourne en entendant entrer quelqu'un.) Qu'est-ce?

SCÈNE VIII

DE VERTPRÉ, LÉON.

Un Domestique suit de Vertpré, avec un sac de nuit qu'il pose sur une chaise, et sort. Léon, le dos tourné à la porte, n'aperçoit pas ce jeu de scène.

DE VERTPRÉ.

Pardon, monsieur, je me trompe probablement.

LÉON, sans se déranger.

C'est possible, monsieur.

DE VERTPRÉ.

Je croyais entrer chez madame de Vertpré.

LÉON.

Vous y êtes.

DE VERTPRÉ.

Mais elle n'y est pas, sans doute?

LÉON, montrant la chambre de madame de Vertpré.

Si fait, elle est là.

DE VERTPRÉ, allant vers la porte.

Merci.

LÉON, l'arrêtant.

Pardon! c'est qu'elle change de robe.

DE VERTPRÉ.

Ah! et vous changez d'habit, vous, à ce qu'il paraît?

LÉON.

Non, je n'ai pas le bonheur d'en avoir un de rechange, et je me contente de le faire sécher. Il faut vous dire que nous venons tous les deux d'être mouillés jusqu'aux os... Vous permettez, n'est-ce pas?

(Il se remet à la cheminée.)

DE VERTPRÉ.

Comment donc!... (A part.) Qui diable est ce monsieur qui se met si à l'aise chez moi?

LÉON.

Vous n'êtes pas mouillé, vous?

DE VERTPRÉ.

Je suis venu de Paris en cabriolet; j'étais très-pressé de voir madame de Vertpré.

LÉON.

Ah! oui; n'est-ce pas vous qu'elle attend? Oui, oui, elle attend un monsieur. Je vais la prévenir.

(Il va vers la chambre de madame de Vertpré.)

DE VERTPRÉ.

Comment! vous allez entrer ainsi chez madame de Vertpré pendant qu'elle change de robe?

LÉON.

Non, je vais lui dire à travers la porte.

DE VERTPRÉ.

Merci, j'attendrai.

LÉON.

Alors, donnez-vous la peine de vous asseoir.

DE VERTPRÉ.

Vous êtes trop bon... Ainsi, madame de Vertpré vous a dit qu'elle m'attendait?

LÉON.

Oui, ce matin, elle a parlé de cela en l'air.

DE VERTPRÉ.

Elle a ajouté que c'était pour affaire pressante?

LÉON.

Non, elle n'a pas ajouté cela. (Il sonne; un Domestique entre.) Joseph, du bois.

DE VERTPRÉ, à part.

Très-bien! (Haut.) Monsieur, l'affaire dont je dois entretenir madame de Vertpré est secrète.

LÉON.

Cela se peut, monsieur.

DE VERTPRÉ.

Ce qui fait qu'à moins que vous ne soyez son mari...

LÉON.

Je n'ai pas cet honneur, monsieur.

DE VERTPRÉ.

J'oserai attendre de votre discrétion...

LÉON.

Que je me retire, n'est-ce pas?

DE VERTPRÉ.

Si vous aviez cette complaisance...

LÉON.

Dites-moi, est-ce que vous en avez pour longtemps?

DE VERTPRÉ.

Pourquoi cela?

LÉON.

Ah! c'est que vous dérangeriez toute notre journée.

DE VERTPRÉ.

J'abrégerai.

LÉON.

Merci, vous serez fort aimable.

(Il va pour sortir.)

DE VERTPRÉ.

Et votre habit?

LÉON, revenant et emportant son habit.

Je vais achever de le faire sécher chez Hélène.

SCÈNE IX

DE VERTPRÉ, puis MADAME DE VERTPRÉ.

DE VERTPRÉ, regardant Léon qui s'éloigne.

Voilà un jeune homme fort original, et, si j'étais jaloux... Maintenant qu'il est parti, je crois que je puis entrer chez ma femme.

(Il frappe à la porte.)

MADAME DE VERTPRÉ, de sa chambre.

Ne vous impatientez pas, Léon, je suis prête.

DE VERTPRÉ.

Léon!... Eh! pardieu! madame, ce n'est pas Léon, c'est moi.

MADAME DE VERTPRÉ.

Ah! c'est sa voix! (Elle s'élance sur le théâtre.) Cher ami, cher Paul, avec quelle impatience je t'attendais!

DE VERTPRÉ.

Vraiment, Adèle?

MADAME DE VERTPRÉ.

Oh! oui.

DE VERTPRÉ.

Allons, embrasse-moi donc alors... Que tu es belle toujours, chère amie!... Et tu pensais à moi?

MADAME DE VERTPRÉ.

Depuis que j'ai reçu ta lettre qui m'annonçait ton arrivée au Havre, je compte les heures, les minutes, et, sans cet étrange secret que tu me recommandes, j'aurais parlé à tout le monde de mon bonheur.

DE VERTPRÉ.

Ce secret est encore nécessaire... Mais, dis-moi, quel est ce?...

MADAME DE VERTPRÉ.

Mais les circonstances politiques sont bien changées!

DE VERTPRÉ.

Changées, changées... — Il y avait ici, quand je suis arrivé, un jeune...

MADAME DE VERTPRÉ.

Ta traversée a été heureuse?

DE VERTPRÉ.

Dix-huit jours de New-York au Havre. — Ce jeune homme qui était?...

MADAME DE VERTPRÉ.

C'est égal, cela t'a fatigué, et tu as besoin de repos. Je vais donner des ordres...

DE VERTPRÉ.

Non, je t'assure, je ne me sens pas la moindre lassitude. J'ai trouvé en arrivant ici un jeune homme...

MADAME DE VERTPRÉ.

Ah! oui, Léon.

DE VERTPRÉ.

Qu'est-ce que c'est que Léon?

MADAME DE VERTPRÉ.

Un jeune homme charmant.

DE VERTPRÉ.

Je l'ai vu, et, là-dessus, mon avis...

MADAME DE VERTPRÉ.

Plein d'esprit.

DE VERTPRÉ.

Je lui ai parlé, et cependant...

MADAME DE VERTPRÉ.

Avocat distingué.

DE VERTPRÉ.

Est-ce que vous avez des procès, madame de Vertpré?

MADAME DE VERTPRÉ.

Non, monsieur; mais j'ai une nièce.

DE VERTPRÉ.

Après?

MADAME DE VERTPRÉ.

Une nièce à marier.

DE VERTPRÉ.

Et ce jeune homme?

MADAME DE VERTPRÉ.

Vient ici pour Pauline.

DE VERTPRÉ.

Voulez-vous que je vous dise?

MADAME DE VERTPRÉ.

Moi, mon ami? Ah!

DE VERTPRÉ.

C'est que c'est fort délicat, ce que je vais vous dire.

MADAME DE VERTPRÉ.

N'importe.

DE VERTPRÉ

Je n'ai fait qu'apercevoir ce jeune homme, je ne lui ai dit que quatre paroles...

MADAME DE VERTPRÉ.

Eh bien?

DE VERTPRÉ.

Eh bien, je jurerais qu'il ne vient pas ici pour Pauline.

MADAME DE VERTPRÉ.

Par exemple!... et pour qui donc?

DE VERTPRÉ.

Pour une femme charmante, belle comme un ange, fraîche comme une jeune fille, et spirituelle à elle seule comme tous les avocats du monde : pour madame veuve Adèle de Vertpré, ma femme.

MADAME DE VERTPRÉ.

Oh! mais vous êtes fou, mon pauvre Paul! vous faites dix-huit cents lieues pour me revoir, dites-vous, et, en arrivant, au lieu de me parler de vous, de votre voyage, des motifs qui vous font continuer de désirer que le bruit de votre mort soit répandu...

DE VERTPRÉ.

Plus tard, chère amie, je te parlerai de tout cela; mais, pour le moment, vois-tu, j'ai une idée fixe : M. Léon...

MADAME DE VERTPRÉ.

Vient ici pour Pauline.

DE VERTPRÉ.

Je ne demande pas mieux que de le croire; mais..

MADAME DE VERTPRÉ.

Vous en voulez la preuve?

DE VERTPRÉ.

La preuve ne m'en serait pas désagréable... et tout de suite, si cela est possible.

MADAME DE VERTPRÉ.

Eh bien, monsieur, puisque c'est là ce qui vous occupe le plus en me revoyant, je vais vous la donner, cette preuve... Voyons, que puis-je faire?... Ah! tenez, cachez-vous là.

(Elle indique la porte de sa chambre.)

DE VERTPRÉ.

Ensuite?

MADAME DE VERTPRÉ.

Je le ferai venir, je lui dirai de s'expliquer sur ses intentions, et vous l'entendrez me répéter l'aveu de son amour pour Pauline et me demander sa main.

DE VERTPRÉ.

Ce sera très-bien.

MADAME DE VERTPRÉ.

Je ne l'ai pas vu, je ne le verrai pas; je vais le faire appeler, et, séance tenante, nous prenons jour pour le contrat de mariage.

DE VERTPRÉ.

Je le signerai avec plaisir.

MADAME DE VERTPRÉ, sonnant.

Hélène! (Hélène entre.) Prévenez M. Léon que je désire lui parler, et annoncez-le quand il viendra.

(Hélène sort.)

DE VERTPRÉ.

Merveilleusement, chère amie.

MADAME DE VERTPRÉ.

Et, après cette preuve, vous me permettrez sans doute de vous en vouloir tout à mon aise?

DE VERTPRÉ.

Vous êtes la meilleure des femmes.

MADAME DE VERTPRÉ.

Vous êtes un jaloux.

DE VERTPRÉ.

Moi!

MADAME DE VERTPRÉ.

Et vous mériteriez que je ne vous donnasse point...

DE VERTPRÉ.

Quoi?

MADAME DE VERTPRÉ, lui montrant le portrait que lui a donné Léon.

Voyez!

DE VERTPRÉ, prenant le portrait.

Ton portrait! ah!

MADAME DE VERTPRÉ.

Que j'ai fait faire pour vous, et que j'ai fait mettre exprès dans la même boite que le vôtre, afin que, dans l'absence même, nous fussions réunis.

DE VERTPRÉ.

Vous êtes toute charmante, et je serai enchanté d'avoir eu tort dans mes conjectures pour vous demander pardon et vous baiser les pieds.

MADAME DE VERTPRÉ.

Alors, à genoux!

DE VERTPRÉ.

Après l'entrevue!

MADAME DE VERTPRÉ.

Incrédule!

HÉLÈNE, annonçant.

M. Léon.

15.

MADAME DE VERTPRÉ.
Vite dans ce cabinet, et écoutez de toutes vos oreilles.
DE VERTPRÉ.
Je ne perdrai pas un mot de l'entretien, je t'en réponds.
MADAME DE VERTPRÉ.
C'est bien : vous allez voir qui il aime. (De Vertpré entre dans le cabinet à gauche.) Hélène, faites entrer et laissez-nous.

SCÈNE X

MADAME DE VERTPRÉ, LÉON, DE VERTPRÉ, caché dans le cabinet.

LÉON.
Combien je vous rends grâce, madame, de m'avoir fait appeler aussitôt que vous avez été débarrassée de votre fâcheux!
MADAME DE VERTPRÉ.
Comment, monsieur?
LÉON.
Il vous a bien ennuyée, n'est-ce pas? Je m'en doutais. Il n'a pas l'air amusant du tout.
MADAME DE VERTPRÉ.
Mais, monsieur, vous ne connaissez pas la personne...
LÉON.
Et je ne me sens aucune envie de faire sa connaissance.
MADAME DE VERTPRÉ.
Brisons là-dessus, s'il vous plaît; je vous ai prié de venir pour vous parler d'autre chose.
LÉON.
Je vous écoute, madame.
MADAME DE VERTPRÉ.
Depuis deux mois, monsieur, vous venez ici tous les jours.
LÉON.
Et ce n'est pas encore assez souvent, madame.
MADAME DE VERTPRÉ.
Vous avez dû vous apercevoir que vous étiez reçu avec plaisir?
LÉON.
Je l'ai espéré quelquefois, madame.
MADAME DE VERTPRÉ.
Le titre auquel vous vous présentiez me faisait un devoir de

vous accueillir ainsi; mais ne vous semble-t-il pas à vous-même que le temps est aujourd'hui venu de parler plus formellement de vos projets?
LÉON.
Oh! madame, je tremble.
MADAME DE VERTPRÉ.
Vous! jeune, possédant un état distingué, d'une famille honorable et riche, vous ne pouvez pas craindre un refus?
LÉON.
Oh! madame, dites-vous ce que vous pensez?
MADAME DE VERTPRÉ.
Il y a plus, c'est que je crois dire ce que pense Pauline.
LÉON.
Il ne s'agit malheureusement pas de Pauline, madame.
MADAME DE VERTPRÉ.
Comment, monsieur?
LÉON.
Quand je suis venu chez vous, et que vous avez bien voulu m'y recevoir, je connaissais mademoiselle Pauline et ne croyais pas qu'il pût exister une femme qui l'emportât sur elle en grâce, en esprit, en beauté. Je vous ai vue, madame, j'ai eu le bonheur de passer deux mois près de vous, et j'ai été détrompé.
MADAME DE VERTPRÉ.
Oh! que me dites-vous?
LÉON.
C'est vous qui m'y forcez, madame; moi le premier, je n'aurais osé vous parler de mon amour... non, je l'aurais enfermé dans mon cœur, et, si vous ne l'aviez pas lu dans mes yeux, deviné dans le tremblement de ma voix, je vous l'aurais laissé ignorer; mais je me serais du moins enivré du plaisir de vous voir, du bonheur de vous entendre; j'aurais...
(De Vertpré entr'ouvre la porte pour mieux entendre, et la referme presque aussitôt, de crainte d'être aperçu. Ce jeu se répète durant toute la scène.)
MADAME DE VERTPRÉ.
Taisez-vous, monsieur, taisez-vous!
LÉON.
Maintenant, il est trop tard: cet aveu serait une offense, sans ce que j'ai à vous dire encore. Vous parliez de mon état, de ma famille, de ma fortune; vous les regardiez comme des titres à l'amour d'une femme; eh bien, nom, état, fortune,

partagez tout, madame, je vous le demande à genoux... Ah! vous m'avez dit que je ne devais pas craindre un refus.

MADAME DE VERTPRÉ.

Mais, moi, monsieur, je ne puis.

LÉON.

N'êtes-vous pas veuve? n'êtes-vous pas libre? Oh! votre main, votre main chérie!

MADAME DE VERTPRÉ.

Monsieur, comment ai-je pu mériter que vous oubliiez à ce point?...

LÉON.

Je n'oublie pas, madame, je me souviens, au contraire...

MADAME DE VERTPRÉ.

Et de quoi?

LÉON.

C'est de la fatuité peut-être... mais j'avais cru que ces légers services que vous demandiez plutôt à moi qu'à un autre... j'avais espéré que des heures entières passées ensemble s'étaient écoulées pour tous deux avec une rapidité presque égale... quelques mots affectueux...

MADAME DE VERTPRÉ.

Oh! mais, monsieur, ces légers services, ces conversations, ces mots affectueux, tout cela, oh! tout cela, s'adressait à l'ami.

LÉON.

Il y a cruauté à une femme de votre âge de choisir des amis du mien. L'ami d'une femme jeune et jolie doit avoir au moins soixante ans.

MADAME DE VERTPRÉ.

Vous raillez, monsieur?

LÉON, tombant à genoux.

Non, madame, j'implore.

MADAME DE VERTPRÉ.

Ah! c'est trop fort! laissez-moi; sortez, sortez.

LÉON.

Je ne me retirerai pas que...

MADAME DE VERTPRÉ.

Faudra-t-il que je vous cède la place?

LÉON.

J'obéis, madame; mais j'espère que, plus tard...

MADAME DE VERTPRÉ.

Jamais !

LÉON.

Oh ! madame, jamais !

MADAME DE VERTPRÉ.

Encore une fois, laissez-moi, monsieur.

LÉON.

Je me retire. (A part, en sortant.) Le diable m'emporte si j'y comprends quelque chose !

SCÈNE XI

DE VERTPRÉ, sortant du cabinet; MADAME DE VERTPRÉ, stupéfaite.

Ils se regardent quelque temps sans rien dire.

DE VERTPRÉ, sur le seuil de la porte.

Eh bien, madame ?

MADAME DE VERTPRÉ.

Eh bien, monsieur, que voulez-vous que je vous dise?

DE VERTPRÉ.

Effectivement, ce jeune homme venait ici pour Pauline.

MADAME DE VERTPRÉ.

Ah ! monsieur, de la générosité, je vous en prie.

DE VERTPRÉ.

Savez-vous qu'il était temps que cela finît ; j'entendais fort bien de ce cabinet ; mais je voyais fort mal, et, au train dont allaient les choses...

MADAME DE VERTPRÉ.

Grâce, je vous en supplie.

DE VERTPRÉ.

Oui, oui, vous avez raison, ce n'est point à vous que je dois en vouloir; cependant je ne suis pas fâché d'être arrivé.

MADAME DE VERTPRÉ.

Je vais fermer ma porte à ce jeune homme.

DE VERTPRÉ.

Quelle folie ! t'en faire un ennemi ?... Non, non.

MADAME DE VERTPRÉ.

Quelle est donc votre intention ?

DE VERTPRÉ,

Je le verrai.

MADAME DE VERTPRÉ.

Une querelle?

DE VERTPRÉ.

Une explication tout au plus.

MADAME DE VERTPRÉ.

Et vous lui direz?...

DE VERTPRÉ.

Qui je suis.

MADAME DE VERTPRÉ.

Et votre incognito?

DE VERTPRÉ.

J'y renonce.

MADAME DE VERTPRÉ.

Mais vous vous exposez en le perdant!

DE VERTPRÉ.

Je ne m'expose à rien en le gardant, n'est-ce pas?

MADAME DE VERTPRÉ.

Vous ne pensez pas qu'un pareil fat?...

DE VERTPRÉ.

Non, je ne le pense pas; j'aime à ne pas le penser, du moins... et, après notre entrevue...

(Il va pour sortir, madame de Vertpré le retient.)

MADAME DE VERTPRÉ.

Mon ami, je vous en conjure!...

DE VERTPRÉ.

Écoute, chère Adèle, je n'ai pas troublé ton tête-à-tête, ne dérange pas le mien. Ce jeune homme est au jardin, je vais le joindre.

MADAME DE VERTPRÉ.

Paul, cher Paul!

DE VERTPRÉ.

Madame, m'arrêter plus longtemps serait me faire croire que vous craignez cette entrevue encore plus pour vous que pour moi, et ce n'est pas votre intention, n'est-ce pas?

MADAME DE VERTPRÉ.

Oh! non, certes.

DE VERTPRÉ, gaiement.

Alors, au revoir, cher ange.

(Il sort.)

SCÈNE XII

MADAME DE VERTPRÉ, seule.

Que va-t-il faire? Il ne faut qu'un mot ironique de l'un pour blesser l'autre. Si je pouvais voir Léon, je lui dirais de se contenir par amitié pour moi; qu'à cette condition je lui pardonnerais sa folle conduite... Comment pouvais-je penser que ces mille riens qui formaient nos relations encourageaient son amour?... Mon Dieu! que faire?... (Remontant la scène.) Ah! voilà Léon dans le jardin, les yeux fixés sur cette fenêtre... et mon mari de ce côté qui le cherche. Léon m'a vue! Le voilà qui me fait des signes; quelle présomption!... Mais c'est qu'il faut que je l'appelle avec tout cela! Il n'a pas l'air de douter... (Elle fait signe de la tête.) Oui, oui... Il vient, le fat! Et mon mari qui l'a aperçu et qui accourt par l'autre allée!... Ils vont prendre chacun l'escalier opposé, ils se rencontreront ici... et moi au milieu d'eux... Mais c'est impossible! j'en deviendrai folle. Voilà Léon qui monte en fredonnant... J'entends les pas de Paul... Quelle ridicule position! Les voici... Ma foi! je me sauve.

(Elle sort.)

SCÈNE XIII

LÉON, DE VERTPRÉ.

Ils entrent chacun par l'une des portes du fond.

DE VERTPRÉ, s'essuyant le front.

J'arrive à temps.

LÉON.

Encore ce monsieur! Ah çà! mais il y met de l'acharnement.

DE VERTPRÉ, essoufflé.

Monsieur!

LÉON, essoufflé.

Monsieur!

DE VERTPRÉ.

C'est vous qui couriez dans l'allée à gauche?

LÉON.

Et vous dans l'allée à droite?

DE VERTPRÉ.

Moi-même.

LÉON.

Je vous en fais mon compliment : vous avez d'excellentes jambes.

DE VERTPRÉ.

Mais il me semble que les vôtres ne vous refusent pas du tout le service.

LÉON.

Dites-moi, sans indiscrétion, est-ce que vos affaires vous retiendront longtemps ici?

DE VERTPRÉ.

Et vous, monsieur?

LÉON.

Oh! moi, j'y demeure presque.

DE VERTPRÉ.

Et moi, je vais y demeurer tout à fait.

LÉON.

Chez madame de Vertpré?

DE VERTPRÉ.

Chez madame de Vertpré. Vous permettez? (Il tire une robe de chambre de son sac de nuit.) Je suis tout en nage, et...

LÉON.

Que diable faites-vous donc?

DE VERTPRÉ.

Je prends possession.

LÉON.

De cette chambre?

DE VERTPRÉ.

Certainement.

LÉON.

Mais elle touche à celle de madame de Vertpré.

DE VERTPRÉ.

Raison de plus.

LÉON.

Et vous allez vous y mettre en robe de chambre?

DE VERTPRÉ.

Je vous y ai bien trouvé en chemise.

LÉON.

Monsieur, je ne souffrirai pas...

DE VERTPRÉ.

Alors, vous êtes plus susceptible que moi ; car, moi, j'ai souffert.

LÉON.

Raillez-vous quelquefois, monsieur ?

DE VERTPRÉ.

Pour n'en pas perdre l'habitude.

LÉON.

Et quand cette envie vous prend, vous vous attaquez?...

DE VERTPRÉ.

A tout le monde, et de préférence à mes rivaux, monsieur.

LÉON.

C'est-à-dire, monsieur, que vous avouez?...

DE VERTPRÉ.

Que je suis votre rival !... J'ai cette impudence.

LÉON.

Je n'ai pas besoin de vous dire que je ne céderai pas.

DE VERTPRÉ.

Ni moi non plus.

LÉON.

Je ne connais alors qu'un moyen...

DE VERTPRÉ.

Je comprends, je comprends.

LÉON.

Et vous l'adoptez ?

DE VERTPRÉ.

Je ne l'adopte pas.

LÉON.

Monsieur !...

DE VERTPRÉ

Écoutez : que voulons-nous tous les deux ? Réussir, n'est-ce pas ? Eh bien, si l'un de nous deux peut arriver à son but sans tuer l'autre... il me semble qu'être éconduit et recevoir un coup d'épée par-dessus le marché, ce serait du luxe.

LÉON.

Ainsi, nous allons chacun de notre côté?...

DE VERTPRÉ.

Faisons mieux.

LÉON.

J'écoute.

DE VERTPRÉ.

Une proposition.

LÉON.

Dites, dites.

DE VERTPRÉ.

Que celui de nous deux qui est le moins avancé dans les bonnes grâces de madame de Vertpré... C'est de madame de Vertpré que vous êtes amoureux, n'est-ce pas?

LÉON.

Oui, monsieur.

DE VERTPRÉ.

Très-bien!... très-bien!... Que le moins avancé, dis-je, cède la place à l'autre.

LÉON.

Mais qui fera foi?

DE VERTPRÉ.

Vous êtes homme d'honneur, je m'en rapporte à votre parole.

LÉON.

Je vous remercie de votre confiance; mais j'avoue...

DE VERTPRÉ.

Que vous ne m'accordez pas la vôtre? Soit. Je donnerai des preuves, moi.

LÉON.

Pardieu! c'est trop fort.

DE VERTPRÉ.

Acceptez-vous?

LÉON.

J'accepte.

DE VERTPRÉ.

Et vous me direz tout?

LÉON, tendant la main.

Parole d'honneur.

DE VERTPRÉ, lui donnant une poignée de main.

Allons, dites, et dites tout.

LÉON, à part.

Voilà un monsieur passablement fat!

DE VERTPRÉ.

Eh bien?

LÉON.

Eh bien, monsieur, madame de Vertpré, sans doute à titre

d'ami, remarquez bien que je n'ai pas, comme vous, tant de confiance en moi-même, accepte souvent mes services. A la promenade, c'est mon bras qu'elle choisit de préférence ; une main posée sur un bras glisse facilement dans une autre main, et, lorsque cela arrive par hasard à celle de madame de Vertpré, notre conversation la préoccupe assez pour qu'elle l'y laisse, et plus d'une fois...

DE VERTPRÉ.

Plus d'une fois ?

LÉON.

Je l'ai pressée dans les miennes sans qu'elle songeât à la retirer.

DE VERTPRÉ.

Et elle ne pressait pas la vôtre, elle ?

LÉON.

Non, monsieur, je dois le dire.

DE VERTPRÉ.

Eh bien, je dois vous dire, moi, qu'en pareille circonstance, elle pressait la mienne... et très-tendrement encore.

LÉON, surpris.

Très-tendrement ?

DE VERTPRÉ.

Si tendrement, qu'un jour un anneau que lui avait donné son mari...

LÉON.

M. de Vertpré ?

DE VERTPRÉ.

M. de Vertpré... m'est resté entre les mains.

LÉON.

Et qu'a-t-elle fait ?

DE VERTPRÉ.

Elle l'y a laissé.

LÉON.

La preuve ?

DE VERTPRÉ, lui montrant l'anneau.

Le voici.

LÉON.

Je vois bien un anneau ; mais...

DE VERTPRÉ, ouvrant l'anneau.

Regardez.

LÉON, lisant.

« Adèle, Paul. »

DE VERTPRÉ.

Sont-ce bien là leurs deux noms de baptême?

LÉON, un peu déconcerté.

Je l'avoue, je suis battu.

DE VERTPRÉ.

A un autre!

LÉON.

Madame de Vertpré a fait faire son portrait.

DE VERTPRÉ.

Ah! ah!

LÉON.

Une miniature charmante, d'une ressemblance parfaite...

DE VERTPRÉ.

Après?

LÉON.

Eh bien, madame de Vertpré m'a chargé de l'aller prendre chez le peintre, et aujourd'hui, quand je le lui ai rendu, elle m'a demandé comment je le trouvais, de manière à me faire croire...

DE VERTPRÉ.

Quoi?

LÉON.

Qu'il ne tarderait pas à être offert à la personne à qui il est destiné.

DE VERTPRÉ.

Et cette personne?

LÉON.

C'est ma fête demain, monsieur.

DE VERTPRÉ.

Et la mienne aujourd'hui; vous voyez qu'on me l'a souhaitée.

(Il lui montre le portrait.)

LÉON, au comble de la surprise.

Ah!

DE VERTPRÉ.

Continuez, monsieur.

LÉON.

Ma foi, s'il en est ainsi... je vais tout vous dire!

DE VERTPRÉ, s'essuyant le front.

Je suis préparé.

LÉON.

Madame de Vertpré aime la lecture; souvent, le soir, quand la porte est fermée pour tout le monde, quand Pauline s'est retirée, nous choisissons. dans la bibliothèque quelques poésies d'André Chénier ou de Lamartine; nous ouvrons quelque roman de Nodier ou de Victor Hugo; et ce sont les pages les plus tendres, les vers les plus délirants que nous cherchons. Puis le livre se ferme, nos paroles succèdent à celles de ces grands auteurs, et elles conservent, sinon le talent, du moins la teinte de leurs ouvrages; ainsi le temps, si long pour les autres, le temps passe, le temps vole pour nous, et...

DE VERTPRÉ.

Et quoi? Faites-moi donc le plaisir d'achever.

LÉON.

Minuit sonne.

DE VERTPRÉ.

Minuit sonne...

LÉON.

Nous nous promettons pour le lendemain une aussi douce soirée... et je me retire.

DE VERTPRÉ.

Eh bien, moi, monsieur, c'est exactement la même chose, excepté...

LÉON.

Excepté quoi?

DE VERTPRÉ.

Excepté que je reste

LÉON, s'échauffant.

Monsieur, c'est une infâme calomnie, et vous me rendrez raison de l'insulte que vous faites à la plus pure des femmes !

DE VERTPRÉ.

Très-bien, jeune homme !

LÉON.

A celle qui, rare entre toutes, n'a pas dans sa vie une pensée coupable à se reprocher... même en rêve !

DE VERTPRÉ.

Bravo !

LÉON.

De la seule femme enfin de l'honneur de laquelle je répondrais sur ma vie !

DE VERTPRÉ.

Permettez que je vous embrasse.

LÉON, le repoussant.

Oh! ne raillons pas, monsieur; vous m'avez offert des preuves, eh bien, j'en exige à l'instant, à la minute.

DE VERTPRÉ.

Diable! mais de pareilles preuves sont difficiles à fournir.

LÉON.

Je vous préviens cependant qu'il m'en faudra, monsieur.

DE VERTPRÉ.

Une lettre...

LÉON.

Peut être supposée, et, d'ailleurs, je ne connais pas son écriture, je ne crois pas m'être vanté qu'elle m'ait écrit. Autre chose, monsieur!... autre chose!...

DE VERTPRÉ.

Ah ! pardieu !

(Il tire le portrait de sa poche.)

LÉON.

Eh bien?... Son portrait, je l'ai déjà vu.

DE VERTPRÉ.

Poussez ce petit ressort.

LÉON.

Ce portrait ne prouve rien, monsieur.

DE VERTPRÉ.

Poussez !

LÉON, stupéfait.

Le vôtre.

DE VERTPRÉ.

Lisez!

LÉON.

« Donné à mon Adèle, le 28 juin 1825, jour de mon mariage. »

DE VERTPRÉ.

Le trouvez-vous ressemblant?

LÉON.

Le peintre vous a diablement flatté, monsieur.

DE VERTPRÉ.

Cependant vous m'avez reconnu tout de suite.

LÉON.

Ainsi vous vous nommez ?...

DE VERTPRÉ.

Paul de Vertpré.

LÉON.

Et vous n'êtes pas mort ?

DE VERTPRÉ.

Voyez si je vous en impose.

LÉON.

Ainsi le bruit qu'on avait répandu ?...

DE VERTPRÉ.

Était nécessité par les circonstances.

LÉON.

Et madame de Vertpré savait que vous étiez vivant ?

DE VERTPRÉ.

Je ne le lui ai jamais laissé oublier, je vous prie de le croire.

LÉON.

Alors elle se moquait de moi ?

DE VERTPRÉ, riant.

Mais... j'en ai peur.

LÉON.

C'est bien... je me vengerai.

DE VERTPRÉ, avec inquiétude.

Comment cela ?

LÉON.

Je m'entends.

DE VERTPRÉ.

Plaît-il ?

LÉON.

Tout le monde trouvera que j'ai raison.

DE VERTPRÉ.

Du tout, monsieur; tout le monde vous donnera tort.

LÉON.

Peu m'importe !

DE VERTPRÉ.

Vous perdrez votre temps.

LÉON.

Je suis jeune.

DE VERTPRÉ.

Vous vous lasserez.

LÉON.

J'ai de la patience.

DE VERTPRÉ.

Mais c'est de l'entêtement! Moi, monsieur, je ne vous ai rien fait.

LÉON.

Aussi je ne vous en veux pas, à vous.

DE VERTPRÉ.

C'est bien heureux!

LÉON.

Non, vous êtes un brave homme! c'est de votre femme que je veux me venger.

DE VERTPRÉ.

Prenez garde, monsieur l'avocat, que nous sommes mariés sous le régime de la communauté.

LÉON.

Ça m'est égal.

DE VERTPRÉ.

Mais ça ne me l'est pas, à moi.

LÉON.

Tant pis!

DE VERTPRÉ.

Ah çà! vous êtes fou.

LÉON.

Non, monsieur, je suis piqué ; on a sa réputation de jeune homme...

DE VERTPRÉ.

Après?

LÉON.

Et on tient à la conserver.

DE VERTPRÉ.

Et moi, monsieur, ma réputation de mari, croyez-vous que je la veuille perdre?

LÉON.

Ce n'est pas que je l'aime, au moins, votre femme!

DE VERTPRÉ.

Et vous avez raison.

LÉON.

Je la déteste.

DE VERTPRÉ.

A la bonne heure.

LÉON.

Mais c'est égal, je me sacrifierai.

DE VERTPRÉ.

Vous êtes trop bon.

LÉON.

Une coquette!

DE VERTPRÉ.

Ah! oui, par exemple.

LÉON.

Qui se trouve jolie...

DE VERTPRÉ.

Et qui ne l'est pas.

LÉON.

Si, monsieur, elle l'est... Vous ne viendrez pas m'apprendre... Mais un caractère!...

DE VERTPRÉ.

Atroce.

LÉON.

Mais c'est qu'elle croit que je l'aime.

DE VERTPRÉ.

Pourquoi diable le lui avez-vous dit?

LÉON.

Je mentais! C'est Pauline que j'aime... Quelle différence entre elles deux! Pauline si pure, si douce, si naïve, qui pleurerait d'avance à la seule idée de me faire un chagrin! Pauline, qu'elle a pu croire que j'oubliais pour elle!... Oh! elle saura que je ne l'ai pas aimée une minute!... elle le saura!

DE VERTPRÉ.

Tout de suite, tout de suite.

LÉON.

Oui, monsieur... plus tard.

DE VERTPRÉ.

Et, en attendant, vous la laisserez jouir de sa conquête, se vanter de vous retenir près d'elle comme un enfant; vous donnerez le temps à Pauline de s'apercevoir de votre indifférence et d'en aimer un autre.

LÉON.

Vous avez raison, elle serait trop fière.

DE VERTPRÉ.

Écoutez : mieux que cela.

LÉON.

Qu'y a-t-il à faire?

DE VERTPRÉ.

Tenez, je ne vous connais que depuis un instant; mais vous êtes bon, vous avez l'âme candide, vous êtes un excellent jeune homme et je vous aime comme un frère.

LÉON.

Merci.

DE VERTPRÉ.

Et je me ligue avec vous contre ma femme.

LÉON.

Voyons.

DE VERTPRÉ.

A votre place, voici ce que je ferais.

LÉON.

Parlez.

DE VERTPRÉ.

Je demanderais à madame de Vertpré une entrevue.

LÉON.

Je le veux bien.

DE VERTPRÉ.

Devant son mari, ça me serait égal.

LÉON.

Non, j'aime mieux qu'elle soit seule.

DE VERTPRÉ.

Eh bien, seule; ça m'est encore égal... et je lui dirais que ce que j'ai fait n'était qu'un jeu, pour me moquer d'elle; que je ne l'ai jamais aimée, que je ne l'aimerai jamais; que c'est Pauline seule, — suivez bien ce que je vous dis, — que c'est Pauline seule que j'aime, et la preuve, c'est que je la lui demande pour femme.

LÉON.

Si elle me la refuse?

DE VERTPRÉ.

Je vous la donnerai, moi.

LÉON.

Permettez que je réfléchisse.

DE VERTPRÉ.

Non, voyez-vous, ces choses-là veulent être faites tout de

suite, enlevées dans un moment de colère, parce qu'alors, on y met une verve, une vérité qui ne permettent pas de douter de la franchise des sentiments. Pauline est une charmante enfant, vous allez voir. (Il sonne; Hélène paraît.) Hélène, dites à Pauline que son oncle n'est pas mort, qu'il est arrivé, et qu'elle vienne. (Hélène sort.) Je vais me faire reconnaître à elle, je lui dirai vos intentions.

LÉON.

Monsieur...

DE VERTPRÉ.

Je les approuve, elles sont pures... Je veux vous voir heureux, mon jeune ami, et cela le plus tôt possible: vous le méritez si bien! Voici Pauline.

SCÈNE XIV

LÉON, DE VERTPRÉ, PAULINE, entrant toute joyeuse.

PAULINE.

Oh! mon oncle, mon bon oncle, j'apprends que vous n'êtes pas mort; que je suis heureuse! que je suis contente!

DE VERTPRÉ.

Et moi aussi, je suis content et joyeux, et je ne suis pas le seul.

PAULINE.

Comment?

DE VERTPRÉ.

Tiens, voilà Léon qui est dans le délire. (A Léon.) Remettez-vous, Léon, c'est décidé: rien ne s'opposera à votre bonheur.

PAULINE.

Que dites-vous, mon oncle?

DE VERTPRÉ.

Je dis que ce jeune homme t'adore.

PAULINE.

Et moi, je le déteste.

DE VERTPRÉ.

Qu'est-ce que tu dis là? Un amour si pur, si vrai, si ardent!... Mais parlez donc un peu, vous aussi! Ne me disiez-vous pas tout à l'heure?...

LÉON.

Que j'aimais mademoiselle.

DE VERTPRÉ.

Que vous l'aimiez?... Vous disiez que vous en étiez fou, que vous ne pouviez pas vivre sans elle, que vous vous brûleriez la cervelle si vous ne l'obteniez pas... C'est à peu près cela que vous avez dit, n'est-ce pas?

LÉON.

Pas tout à fait; mais...

DE VERTPRÉ.

Entends-tu? il répète qu'il se brûlerait la cervelle... Malheureux jeune homme, un suicide!... y avez vous bien songé?

PAULINE.

Comment, Léon, vous m'aimez à ce point?

LÉON.

Oh! plus que vous ne pouvez l'imaginer.

DE VERTPRÉ.

Et il ajoutait: « Je voudrais qu'elle fût là pour tomber à ses pieds. » (A Léon.) A genoux! (A Pauline.) Qu'il n'y aurait de bonheur pour lui que lorsqu'il aurait obtenu de ta bouche... (A Léon.) A genoux!... (A Pauline.) L'aveu qu'il était payé de retour; et tu ne peux pas le lui refuser, Pauline, car c'est un amour véritable, cela se voit, cela se sent, et tu répondrais de sa mort. (A Léon.) Mais à genoux donc!

(Léon tombe à genoux.)

PAULINE.

Ah! si je le croyais!

LÉON.

Croyez-le, car votre oncle vous dit la vérité tout entière, et j'ai encore mille choses, moi, mille choses à vous dire.

PAULINE.

Et moi, Léon, je n'en ai qu'une.

LÉON.

Dites donc!

PAULINE.

Je vous aime.

DE VERTPRÉ, avec solennité.

Enfants (il saisit leurs mains), je vous unis. (A part.) Ce n'est pas sans peine.

PAULINE, à de Vertpré.

Mon oncle, ma tante seule peut disposer de ma main; elle est ma seconde mère, et je n'appartiendrai qu'à l'homme de son choix.

DE VERTPRÉ.

C'est très-bien! conte-lui tout cela, et nous allons chercher le notaire, nous.

LÉON.

Ah! laissez-nous un peu ensemble.

DE VERTPRÉ.

Non, non, voyez-vous, ces choses-là, il faut les terminer séance tenante. (A part.) On ne sait pas ce qui peut arriver. (Prenant Léon à part.) Et maintenant, mon neveu, tu n'es vengé qu'à moitié. (Haut.) Il te reste à demander la main de Pauline à sa tante, et à lui dire... Tu sais ce que tu as à lui dire, du reste.

LÉON.

Soyez tranquille. Au revoir, chère Pauline; je vous quitte, mais pour m'occuper de notre bonheur, et le hâter autant que possible.

PAULINE.

Vous ne reviendrez jamais assez vite.

SCÈNE XV

PAULINE, puis MADAME DE VERTPRÉ.

PAULINE.

Oh! mon Dieu! mon Dieu! que je suis heureuse! Qui aurait cru cela? Mon oncle qui est assez bon pour n'être pas mort, et qui revient des États-Unis pour me marier; Léon qui m'aime, qui n'aime que moi!... Ce n'était pas vrai, les cheveux noirs... c'est moi qui suis une boudeuse... Ce pauvre garçon qui a été mouillé... mouillé!...

MADAME DE VERTPRÉ, entrant précipitamment.

Où sont-ils?

PAULINE.

Sortis ensemble.

MADAME DE VERTPRÉ.

Grand Dieu! il faut les empêcher!

PAULINE.

Non, ma tante, ne les empêchez pas.

MADAME DE VERTPRÉ.

Mais, malheureuse, s'ils allaient se battre.

PAULINE.

Chez le notaire?

MADAME DE VERTPRÉ.

Comment?

PAULINE.

Ils vont le chercher pour mon contrat de mariage

MADAME DE VERTPRÉ.

Ils ne se querellaient donc pas en sortant?

PAULINE.

Ils se tutoyaient.

MADAME DE VERTPRÉ.

Vraiment!

PAULINE.

Et je suis bien contente! Léon...

MADAME DE VERTPRÉ.

M'a bien l'air d'un fou, ma chère enfant.

PAULINE.

Du tout, ma tante. Il m'adore... Je vous assure qu'il a toute sa raison...

MADAME DE VERTPRÉ.

Je veux dire qu'il me fait l'effet d'un homme bien léger.

PAULINE.

Je ne sais; mais il m'a juré qu'il n'aimait que moi, qu'il n'avait jamais aimé que moi. Est-ce de la légèreté cela, ma tante?

MADAME DE VERTPRÉ.

Et où t'a-t-il fait ce serment?

PAULINE.

Ici, à mes genoux.

MADAME DE VERTPRÉ.

Pauvre enfant!

PAULINE.

Plaît-il, ma tante?

MADAME DE VERTPRÉ, à part.

Peut-être devrais-je lui dire qu'il y a une heure, ici, à mes genoux, à moi!... Oh! non, pourquoi l'affliger d'une folie?

PAULINE.

A quoi pensez-vous, ma tante?

MADAME DE VERTPRÉ.

A ce que tu viens de me dire. Et tu as engagé ta main?

PAULINE.

Ma main? C'est vous qui en disposerez, et je l'ai dit à mon oncle et à Léon.

MADAME DE VERTPRÉ.

Si bien que Léon...?

PAULINE.

Va venir vous la demander.

MADAME DE VERTPRÉ.

D'accord avec mon mari?

PAULINE.

Très-d'accord; c'est mon oncle qui l'y excite.

MADAME DE VERTPRÉ.

Et M. de Vertpré n'est pas plus mort pour Léon que pour toi?

PAULINE.

Très-vivant pour tous deux.

MADAME DE VERTPRÉ.

Je voudrais bien de l'encre et une plume.

PAULINE.

Voulez-vous que je sonne?

MADAME DE VERTPRÉ.

Non; va me les chercher dans ma chambre.

PAULINE.

Vous allez lui écrire?

MADAME DE VERTPRÉ.

Ne t'inquiète pas. (Pauline sort.) Ah! messieurs, il paraît que c'est une ligue, et que vous vous entendez à merveille!... Mon mari, je conçois qu'il presse ce mariage; mais Léon, qui tantôt... Il a besoin d'une leçon, ce jeune homme, elle ne lui manquera pas, et, s'il désire véritablement épouser Pauline... Et mon mari que j'oublie!... c'est injuste! il mérite aussi une punition pour sa jalousie : il l'aura.

PAULINE, rentrant et posant l'encrier sur la table.

Tenez, ma tante, voici. Qu'allez-vous faire?

MADAME DE VERTPRÉ.

Écoute, Pauline, c'est une chose sérieuse qu'un lien qui nous prend toute notre vie pour la donner à un autre, qu'un lien que la mort seule peut rompre, une fois que les hommes l'ont formé.

PAULINE.

Oh! oui, c'est un bonheur céleste.

MADAME DE VERTPRÉ.
Ou un malheur éternel.

PAULINE.
Comment ?

MADAME DE VERTPRÉ.
Eh bien, Pauline, il ne faudrait pas livrer ainsi au hasard toutes les espérances de ton âge. On entre dans la vie par les années riantes et heureuses, ne les abrége pas, chère enfant.

PAULINE.
Vous m'effrayez! refusez-vous de consentir à mon mariage?

MADAME DE VERTPRÉ.
Non, non ; mais, auparavant, je veux tenter une épreuve.

PAULINE.
Sur Léon ?

MADAME DE VERTPRÉ.
Sur Léon. Veux-tu tout remettre en mes mains ?

PAULINE.
Tout ce que vous avez fait jusqu'ici n'a-t-il pas été pour mon bonheur ?

MADAME DE VERTPRÉ.
Je veux continuer. Il ne connaît pas ton écriture ?

PAULINE.
Non.

MADAME DE VERTPRÉ.
Ni la mienne. Bien! Mets-toi là et écris.

PAULINE.
J'obéis.

MADAME DE VERTPRÉ, dictant.
« Restée seule en vous quittant, j'ai presque eu du remords de la manière dont j'avais reçu d'abord l'aveu d'un amour qui paraissait si vrai et si passionné. »

PAULINE.
C'est vrai, cela, ma tante; car je lui ai dit que je le détestais.

MADAME DE VERTPRÉ, dictant.
« Mais il en est ainsi du cœur d'une femme : rarement il lui est permis d'exprimer tout ce qu'elle éprouve. Il faut, quand on est homme, plaindre et pardonner. »

PAULINE.
Je comprends bien moins la fin.

MADAME DE VERTPRÉ, souriant.

Oh! ça ne fait rien, ça. — Donne-moi cette lettre, et va m'attendre dans mon appartement.

PAULINE.

Combien vous faudra-t-il de temps pour votre épreuve?

MADAME DE VERTPRÉ, se mettant à la table que vient de quitter Pauline, et cachetant la lettre.

Un quart d'heure.

PAULINE, à part.

Bon! je reviendrai dans dix minutes.

(Elle sort.)

MADAME DE VERTPRÉ.

Il était temps, voici Léon.

SCÈNE XVI

LÉON, MADAME DE VERTPRÉ.

LÉON, entrant en parlant à M. de Vertpré.

Soyez tranquille, mon cher oncle, je sais ce que j'ai à dire.

MADAME DE VERTPRÉ, à part.

Et moi aussi.

(Elle se lève d'un air troublé et serre la lettre dans sa main.)

LÉON, se retournant, et à part.

Madame de Vertpré!... (Haut.) Pardon d'être entré ici, madame; mais je vous croyais chez vous. D'ailleurs, j'étais avec monsieur votre mari, c'est mon excuse.

MADAME DE VERTPRÉ.

Puis vous pensiez trouver ici une autre personne, n'est-ce pas ?

LÉON.

Non, c'est vous que je cherchais, madame. — Madame... (A part.) Diable! c'est plus difficile à entamer que je ne croyais. (Haut.) Vous avez dû me trouver bien fat et bien ridicule?

MADAME DE VERTPRÉ.

Je vous ai trouvé imprudent, du moins.

LÉON.

Et vous m'avez bien puni de mon imprudence. Je vous en

remercie, madame ; dans les maladies désespérées, il faut employer les remèdes violents : j'ai souffert, mais j'ai été guéri...

MADAME DE VERTPRÉ.

Je me félicite, monsieur, d'avoir fait une cure si merveilleuse et surtout si prompte.

LÉON.

Votre sévérité, madame, en ne me laissant aucun espoir...

MADAME DE VERTPRÉ.

Ai-je donc été si sévère ?

LÉON.

Mais, à moins que de me faire mettre à la porte par vos gens, je ne vois pas trop...

MADAME DE VERTPRÉ.

Vous ignorez dans quelle position j'étais, et que mon mari, caché dans ce cabinet, écoutait notre entretien et devait me forcer à la prudence.

LÉON, étonné.

M. de Vertpré était là ? Ah !... Je disais donc, madame, que cette sévérité... car vous avez été très-sévère... m'avait éclairé sur mes véritables sentiments. Mon amour-propre blessé m'a fait voir clair dans mon propre cœur. Oui, j'avais été fasciné, entraîné par le charme de votre conversation, par ce je ne sais quoi qui attire à vous les yeux et les pensées ; mais ce sentiment était superficiel, il avait laissé au fond de mon cœur, intact, entier, l'amour que j'avais pour Pauline, et, quand vous avez eu pitié de ma folie, elle a disparu comme un songe pour ne plus revenir.

MADAME DE VERTPRÉ.

Voilà le second aveu que vous me faites aujourd'hui, monsieur ; le second est au moins aussi étrange que le premier, et peut-être le moment est-il encore plus mal choisi pour le faire.

LÉON.

Que dites-vous ?

MADAME DE VERTPRÉ.

Je dis, monsieur, que, si vous n'êtes bien égoïste, vous êtes du moins bien léger.

LÉON.

Moi, madame ?

MADAME DE VERTPRÉ.

Qu'il est bon pour soi de jouer avec de pareils sentiments,

lorsqu'on est sûr de s'en débarrasser aussitôt qu'ils nous pèsent, de les rejeter à notre volonté, comme un fardeau qui nous lasse; mais j'ajouterai que Dieu n'a pas donné à toutes les créatures sorties de ses mains votre philosophie et votre force.

(Elle se détourne pour sourire. Le même jeu se continue pendant tout le reste de la scène.)

LÉON.

Je vous demande pardon, madame ; mais...

MADAME DE VERTPRÉ.

Et si, au lieu de suivre votre exemple, la femme à qui vous vous adresseriez pour jouer ce jeu prenait au sérieux ce qui paraît n'être chez vous qu'une plaisanterie; si elle n'avait pas su distinguer dans vos yeux tendrement fixés sur elle, dans votre voix tremblante, lorsque vous lui parliez, cet art du comédien qui fait qu'en vous le faux ressemble si parfaitement au vrai; si, franche et naïve, elle avait laissé son cœur confiant s'abandonner à toutes les espérances d'un amour qui naît; si chaque jour avait ajouté à ses espérances; si cet amour, l'amour d'une femme! s'était glissé dans tout son être, emparé de toute sa vie, s'il était devenu son culte, son seul dieu dans ce monde, et que vous vinssiez alors lui dire, à elle, ce que vous venez de m'avouer, à moi, oh! dites, monsieur, ne serait-ce pas à en devenir folle, à en mourir?

LÉON, dans le dernier embarras.

Oh! mais... cela n'est pas, madame!

MADAME DE VERTPRÉ.

Cela pouvait être, monsieur.

LÉON.

Vous m'avez bien effrayé avec cette plaisanterie.

MADAME DE VERTPRÉ.

Ai-je plaisanté? Je croyais avoir souffert. Pardon, je me trompais.

LÉON.

Mais, madame, ces reproches que vous me faites, Pauline aussi pourrait me les faire.

MADAME DE VERTPRÉ.

Je le sais. Croyez-vous, monsieur, que cela vous rende plus excusable?

LÉON.

Mais, madame, vous m'en dites trop ou trop peu.

MADAME DE VERTPRÉ, feignant le plus grand trouble.

Cette lettre, qui devait vous être remise lorsque je vous ai rencontré ici, vous parlera plus clairement que je ne puis le faire.

(Elle lui tend la lettre.)

LÉON, hésitant.

Une lettre?

MADAME DE VERTPRÉ.

Refuserez-vous de la lire?

LÉON, la prenant.

Refuser? Non, non, au contraire, je suis bien heureux.

MADAME DE VERTPRÉ.

Dites bien cruel !

(Elle rentre en riant à la dérobée.)

SCÈNE XVII

LÉON, seul.

Il tombe accablé sur un fauteuil.

Oui, le fait est que j'ai été bien cruel, et sans m'en douter encore, Dieu me pardonne! Me voilà bien entre deux amours comme ceux-là... C'est qu'il n'y a pas eu moyen de lui dire un mot de mon mariage. Une lettre ! (Il la regarde avec effroi.) Mais c'est que je ne l'aime plus du tout, moi; je ne sais pas comment cela s'est fait. Une lettre; allons, du courage, il faut la lire : « Restée seule en vous quittant, j'ai presque eu du remords de la manière dont j'avais d'abord reçu l'aveu d'un amour qui paraissait si vrai et si passionné. » Oh ! il n'y a pas de doute ! Continuons! (Il s'essuie le front.) « Mais il en est ainsi du cœur d'une femme : rarement il lui est permis d'exprimer tout ce qu'elle éprouve! » J'espère que c'est clair, cela ! « Il faut, quand on est homme, plaindre et pardonner. » Oui, certes, je me plains, mais je ne me pardonne pas. (Il retombe sur sa chaise.) Est-on plus malheureux! mais c'est de la fatalité! Oh! les femmes! les femmes! c'est affreux, quand on y songe! Madame de Vertpré trahir son mari, un homme charmant,... plein d'esprit,... de franchise,... aussi jeune que moi; car il n'a pas quarante ans, et j'en ai plus de vingt... Et pour qui? Pour... Certainement, c'est flatteur pour moi; n'importe, je ne dois pas le souffrir. Mais que faire? (Se relevant vivement.) Mon oncle qui va venir me demander le résultat; il est joli, le résultat! Enfin, moi, je ne puis pas lui dire...J'aime mieux qu'il l'apprenne par un autre, et, ma foi!... (Il va pour se sauver par la porte du fond et s'arrête.) Ah! le voilà en bas sur la terrasse... Si je descends par cette porte ou par l'autre, il va me voir... Est-ce qu'il n'y a pas moyen de m'échapper? Par là!... Ah! oui, c'est l'appartement de Pauline; qu'est-ce que je lui dirai si je la rencontre? Cette porte!... Elle conduit chez madame de Vertpré; si je la vois, décidément il faudra une réponse à cette lettre. Ah çà! mais je suis cerné, moi!... Ah! cette fenêtre, qui donne sur le parc? Un peu haute; mais, ma foi, c'est sur le gazon.

(Pendant qu'il monte sur la fenêtre, M. de Vertpré entre doucement, et, le voyant prêt à sauter, il l'arrête par le pan de son habit. Tous les deux se regardent.)

SCÈNE XVIII

LÉON, DE VERTPRÉ.

DE VERTPRÉ.

Que diable fais-tu là?

LÉON, descendant de la fenêtre.

Moi? Rien, mon oncle; je prends l'air.

DE VERTPRÉ.

Eh bien, l'entrevue?

LÉON, à part.

Ah! oui, l'entrevue, nous y voilà.

DE VERTPRÉ.

La scène a-t-elle été chaude?

LÉON.

Très-chaude.

DE VERTPRÉ.

Raconte-moi ça.

LÉON.

Laissez-moi m'en aller, mon oncle.

DE VERTPRÉ, le retenant.

Comment!

LÉON.

Je vous en prie; vous n'en serez pas fâché.

DE VERTPRÉ.

Mais du tout.

LÉON.

Vous voulez que je reste?

DE VERTPRÉ.

Je l'exige.

LÉON, à part.

On ne peut pas fuir sa destinée.

DE VERTPRÉ.

Tu dis?

LÉON.

Mon pauvre oncle!

DE VERTPRÉ.

Hein?

LÉON.

Vous me faites de la peine.

DE VERTPRÉ

Plaît-il?

LÉON.

Car enfin vous êtes bon, et vous méritez d'être aimé.

DE VERTPRÉ

Allons, allons, au fait.

LÉON.

Mais ne voyez-vous pas que c'est le fait qui m'embarrasse?

DE VERTPRÉ.

Qu'est-ce que ça veut dire? Est-ce qu'elle t'a refusé Pauline?

LÉON.

Pardieu!

DE VERTPRÉ.

Comment, pardieu? Voilà un *pardieu* qui est bien bizarre.

LÉON.

Mais, franchement, peut-elle me la donner? De pareils sacrifices sont au-dessus de la force d'une femme.

DE VERTPRÉ.

Allons, quand tu voudras t'expliquer...

LÉON.

Mais vous ne me comprenez donc pas?

DE VERTPRÉ.

Quoi?

LÉON.

Vous ne comprenez donc pas que votre femme?... Mais c'est

très-difficile à dire à un mari, ces choses-là, et vous devriez m'épargner le désagrément... Non? Eh bien, mon oncle, votre femme m'aime, voilà tout!...

DE VERTPRÉ.

Ah! voilà tout?... Ah çà! mais tu es... tu es... aliéné, j'espère?

LÉON.

Non, mon oncle, je suis... je suis très-mortifié.

DE VERTPRÉ.

Et moi, donc! il me semble!... Mais, ce matin, j'ai entendu... j'étais là...

LÉON.

Eh bien, c'est justement cela. Ce matin, vous étiez là, et on savait que vous étiez là ; ce soir, vous n'y étiez plus, et on savait que vous n'y étiez plus.

DE VERTPRÉ, regardant d'un air hébété.

Bah !

LÉON.

C'est votre faute aussi, mon oncle ; c'est vous qui êtes cause de tout cela ; a-t-on jamais vu se faire passer pour mort ! Je vous demande un peu s'il existe dans le monde des circonstances capables de faire adopter une pareille résolution à un mari? Mais dites-moi donc un peu ce qui vous y forçait?

DE VERTPRÉ.

Oui, le moment est bien choisi, n'est-ce pas, pour te faire ce récit?

LÉON.

C'est vous qui nous avez conduits où nous sommes. Vous avez voulu que j'eusse une entrevue avec votre femme; eh bien, je l'ai eue, cette entrevue... et je vous pardonne.

DE VERTPRÉ.

Il me pardonne ! eh bien, il est excellent, lui !

LÉON.

Oui ; car vous ne pouviez pas deviner le résultat.

DE VERTPRÉ.

Le résultat?

LÉON.

Il vous était impossible de penser qu'on me donnerait à entendre aussi clairement...

DE VERTPRÉ.

On t'a donné à entendre clairement?

LÉON.

Oh ! si cela se fût arrêté là, il y avait encore moyen d'éluder.

DE VERTPRÉ.

Ah ! ça ne s'est pas arrêté là ?

LÉON.

Non, non, mon oncle, cela a été plus loin.

DE VERTPRÉ.

Dis-moi donc vite jusqu'où cela a été ?

LÉON.

Je ne le devrais pas, peut-être; car un homme d'honneur doit garder de pareils secrets, si ce n'est pour lui, du moins pour la femme qui les lui a confiés; mais...

DE VERTPRÉ.

Mais nous nous sommes donné notre parole de tout nous dire.

LÉON.

Je le sais, et c'est cette parole qui faisait que j'aimais mieux m'en aller par la fenêtre.

DE VERTPRÉ.

Jeune homme, au nom de cette parole que j'ai respectée, moi, puisque je vous ai tout dit, au nom de l'honneur, je vous adjure...

LÉON.

Vous vous souvenez, mon oncle... ce matin, je vous disais que je ne connaissais pas l'écriture de votre femme.

DE VERTPRÉ.

Eh bien ?

LÉON.

Eh bien, ce soir, je la connais.

DE VERTPRÉ.

Elle t'a écrit ?

LÉON.

Elle m'a écrit.

DE VERTPRÉ.

Cela ne se peut pas.

LÉON.

Cela ne se peut pas? C'est inouï ! ils sont tous comme cela.

DE VERTPRÉ.

Tu dis cela pour m'effrayer. C'est une plaisanterie! allons, allons, c'est une plaisanterie, n'est-ce pas ?

LÉON.

Oui, je suis bien en train de plaisanter ! Vous mériteriez que je vous montrasse sa lettre.

DE VERTPRÉ.

Je t'en défie !

LÉON, montrant la main gauche avec laquelle il la serre.

Eh bien, mon oncle, tenez, je ne puis vous la laisser lire, mais la voilà !

DE VERTPRÉ, s'avançant pour la prendre.

La voilà ! Léon, au nom de l'honneur de ton oncle si gravement compromis, car il est gravement compromis, l'honneur de ton oncle, tu n'en doutes pas?

LÉON.

Non, mon oncle, je n'en doute pas.

DE VERTPRÉ.

Remets-moi cette lettre, je t'en supplie.

LÉON.

Impossible !

DE VERTPRÉ.

Mais elle contient donc des choses?...

LÉON.

Elle en contient.

DE VERTPRÉ.

Plus fortes que celles que tu m'as dites?

LÉON.

Oh ! non.

DE VERTPRÉ.

Eh bien ?

LÉON.

Mais une lettre, mon oncle, c'est une preuve; est-ce à moi de vous la donner?

DE VERTPRÉ.

Je te la rendrai, parole d'honneur. (Il la lui enlève.) Je la tiens !

LÉON.

Mon oncle ! mon oncle !

DE VERTPRÉ.

Laissez-moi, je serai prudent. Que vais-je lire ?

(Il tombe anéanti dans un fauteuil.)

LÉON, se parlant à lui-même.

Quelle bizarrerie ! je vous le demande ! attendre le retour de son mari, lorsque, me voyant tous les jours tête à tête, il lui était si facile...

DE VERTPRÉ, se levant vivement.

Qu'est-ce que tu dis donc là, toi ?

LÉON.

Pardon, pardon! mais je suis désespéré, car enfin, si elle me refuse Pauline...

DE VERTPRÉ.

Pauline? Tu penses à te marier, avec mon exemple sous les yeux? Non, non, je ne le souffrirai pas.

LÉON.

Mon oncle, mon oncle! si vous m'exaspérez... (Avec intention.) Je suis capable de tout, je vous en préviens.

DE VERTPRÉ.

Jeune homme! jeune homme! Léon, mon neveu, veux-tu donc me faire mourir? ne vois-tu pas que je suis hors de moi, que je ne sais ce que dis?

LÉON.

Ah! c'est vrai! Pauvre oncle! pardon! pardon!

DE VERTPRÉ.

Ah! (Ils se jettent dans les bras l'un de l'autre, et s'embrassent à plusieurs reprises.) Allons, du courage! (Il ouvre la lettre dans la plus grande agitation; puis, à mesure qu'il lit, sa figure devient riante.) L'écriture de Pauline!... Qu'est-ce que cela signifie? Tu es sûr que c'est ma femme qui t'a remis cette lettre?

LÉON.

Il en doute!

DE VERTPRÉ.

Alors, je comprends.

LÉON.

Pauvre homme! il comprend! C'est affreux! (De Vertpré rit.) Dans quelle agitation il est! (De Vertpré remonte la scène.) Que va-t-il faire? où va-t-il?... Mon oncle, je vous en supplie, pas d'imprudence!

DE VERTPRÉ.

Sois tranquille.

LÉON.

Cette lettre, au moins, rendez-moi cette lettre.

DE VERTPRÉ.

Je te la rendrai devant ma femme.

SCÈNE XIX

Les Mêmes, MADAME DE VERTPRÉ, PAULINE.

MADAME DE VERTPRÉ, paraissant avec Pauline à la porte de son appartement.

Nous voici.

LÉON.

Elles écoutaient toutes deux.

DE VERTPRÉ, allant à sa femme et l'amenant par le bras sur le devant de la scène.

Madame, quand désormais Pauline écrira des lettres, priez-la de les signer, et vous m'épargnerez une des scènes les plus chagrinantes qui me soient arrivées de ma vie.

MADAME DE VERTPRÉ.

Cela vous apprendra à être jaloux.

DE VERTPRÉ.

Moi, jaloux?... Si on peut dire! Pauline... (en remettant la lettre), rends cette lettre à monsieur.

LÉON.

Comment! cette lettre?...

PAULINE.

Est de moi. Êtes-vous fâché, monsieur, que je vous aie écrit?

LÉON.

Oh! (A madame de Vertpré.) Ainsi, madame, vous ne m'aimez pas?

MADAME DE VERTPRÉ, gaiement.

Pas le moins du monde, monsieur; mais je devais une leçon à un étourdi.

LÉON.

Oh! que je vous remercie! Mais cette scène?

MADAME DE VERTPRÉ.

Ne m'avez-vous pas dit vous-même que les reproches que je vous faisais, Pauline pouvait vous les faire aussi? J'étais son fondé de pouvoirs.

LÉON.

Ah! puis-je du moins espérer?...

MADAME DE VERTPRÉ.

Vous ne le méritez guère; cependant (regardant Pauline), nous voulons bien croire que vous ne mentiez pas lorsque, ce matin, vous lui disiez que vous ne m'aimeriez jamais et n'aviez jamais aimé qu'elle.

LÉON.

Ainsi, Pauline?...

MADAME DE VERTPRÉ.

Vous appartient.

DE VERTPRÉ.

Elle t'appartient, mon neveu. Et dire que tout cela n'est arrivé que par la nécessité où j'étais de me faire passer pour mort!

LÉON.

Ah! maintenant, j'espère que vous allez nous en dire la cause.

DE VERTPRÉ.

Rien de plus juste. Imagine-toi...

(Tout le monde l'écoute.)

HÉLÈNE, entrant.

Monsieur, c'est le notaire et le contrat.

DE VERTPRÉ.

Je te conterai cela demain.

FIN DU TOME TROISIÈME

TABLE

	Pages
RICHARD DARLINGTON.	1
THERESA.	135
LE MARI DE LA VEUVE.	241

F. Aureau et Cie. — Imprimerie de Lagny

www.ingramcontent.com/pod-product-compliance
Lightning Source LLC
Chambersburg PA
CBHW071142160426
43196CB00011B/1980